阎崇年 著

阎崇年史学论集

燕史卷

生活·读书·新知三联书店

图书在版编目（CIP）数据

阎崇年史学论集. 燕史卷／阎崇年著. —北京：
生活·读书·新知三联书店，2023.4
ISBN 978 - 7 - 108 - 07059 - 3

Ⅰ. ①阎⋯　Ⅱ. ①阎⋯　Ⅲ. ①史学－文集②北京－地方史－文集
Ⅳ. ① K0-53 ② K291-53

中国版本图书馆 CIP 数据核字（2021）第 007791 号

责任编辑　张　龙
装帧设计　蔡立国
责任印制　卢　岳
出版发行　**生活·讀書·新知** 三联书店
　　　　　（北京市东城区美术馆东街 22 号　100010）
网　　址　www.sdxjpc.com
经　　销　新华书店
制　　作　北京金舵手世纪图文设计有限公司
印　　刷　山东新华印务有限公司
版　　次　2023 年 4 月北京第 1 版
　　　　　2023 年 4 月北京第 1 次印刷
开　　本　635 毫米 × 965 毫米　1/16　印张 24
字　　数　269 千字
印　　数　0,001 - 3,000 册
定　　价　98.00 元
（印装查询：01064002715；邮购查询：01084010542）

阎崇年，北京市社会科学院研究员，著名历史学家。从事清史、满学和北京史研究。获得北京市有突出贡献专家、中国版权事业终生成就者等称号，享受国务院特殊津贴。

总　序

　　拙著《阎崇年史学论集》，经责任编辑从我发表学术论文中，遴选80篇、附录5篇，按类组合，分成五卷——《清史卷》（上）、《清史卷》（中）、《清史卷》（下）、《满学卷》和《燕史卷》，由生活·读书·新知三联书店出版。笔行于此，体会有三。

　　第一，学习历史的重要。每个人，从出生到离世，生命时间太短，生活空间太窄，亲身阅历太浅，交往师友太少。怎样使自己的生命，时间延长到千年、空间拓展到全球、师友延展到人类？一个好办法，就是读历史。人类在自然、社会和自身演进中，兴与亡、君与臣、官与民、正与邪、胜与败、荣与辱、浮与沉、合与分、喜与悲、健与病等，留下记忆，传给后人。历史上圣人、贤人、智者、勇者之德功言行，既有成功宝典，也有失败殷鉴。茹古涵今，知行知止，淡泊寡欲，平满安流。学习成功者的智慧与修养，鉴戒失败者的贪婪与骄纵。从历史中学知识、长经验、悟智慧、润品德。

　　第二，历史研究的难点。学术研究，难在其始，苦在其中，乐在其后。历史研究的学术论文，是衡量史学研究者学术水平的重要标尺。一篇具有开创性的论据充分的学术论文，胜过10本平庸之作。学术论文，贵在开创：说别人没有说过的义理，用别人没有用过的资料，写别人没有濡墨的论著，能够经得住时间不断的考问。这才是一篇高水准的学术论文。愚实在不才，却心向往之。

第三，研究历史的方法。史学是一门科学，需遵循科研路径。读书人多算作"士"，许慎《说文解字》"士"云："士，事也。数，始于一，终于十，从一从十。孔子曰：'推十合一为士。'"这里说了读书、做事的两个过程："始一终十"和"推十合一"。我做一个补充，就是"从一贯十"。我治史的体验是，始一终十、推十合一、从一贯十，这可以譬喻治史的三个阶段。第一阶段：始一终十，就是"博"，所研究专题的视野、史料，要"独上高楼，望尽天涯路"。第二阶段：推十合一，就是"约"，研究论题的水平，达到创新专精，为前人世人所未发未解。第三阶段：从一贯十，就是"通"，如《淮南子》所说，在"四方上下""往古来今"中求索，亦如司马迁所说："究天人之际，通古今之变。"从"博"经"约"到"通"——贯天人、通古今。然而，古往今来，众多学者，或在"始一终十"时停步，或在"推十合一"时辍止，而能走完上述全程者，稀矣，少哉！是为治史成功者赞言，亦为自己之不才镜戒！

治史的基本方法，依然是问题、考据、顿悟、论述。

以上赘言，是为总序。

目 录

北京城史溯源

"水有源头，而九派流。"北京城史像一条滔滔的江河，既源远，又流长。但是，它源于何时，又源于何地——这不仅是北京市民、全国人民和外国朋友所关注的问题，而且是多年来北京城史研究中的"斯芬克斯之谜"。

一

北京是辽、金、元、明、清五代帝都。人们谈论起北京的城史，便自然地由此附会是从辽代开始的。辽会同元年（938），北京城时称"幽州城"，辽太宗耶律德光升幽州城为五京之一[1]，因其在上京之南，故称"南京"，又称"燕京"。然而，北京城史的源头，并不在此时，也不在此地。那么，北京城史的源头，是在何时？又在何地？近年来北京考古的一个重大发现，揭开了北京城史源头这个"斯芬克斯之谜"。

第一，古城文化遗址。1962年，北京市文物工作队在房山琉璃河地区进行考古调查时，发现这里有一处商周时期的文化

---

[1]《辽史》卷四《太宗纪》下，中华书局，1974年，第45页。

遗址。后经多年陆续考古发掘，及有关专家、学者的研究，证明它为一座古城的遗址。古城遗址位置在今北京市房山区琉璃河乡（今为琉璃河镇。——编注）董家林村附近。城为长方形，北城墙长约 850 米，南城墙基被河水冲毁而无法测量其长度，东、西城墙的北段各长约 300 米。[1] 城墙是用黄土夯实，分段版筑而成的。主城墙高耸坚固，其内外侧有护城坡。城外四周有护城壕沟。经考古断定：这座古城的始建年代在商末周初时期。这座古城遗址，结合当地出土的青铜器物等，以及其他历史资料，证明它是西周初年燕国的封地所在，也就是方国燕的政治、经济和文化的中心，即燕国的都城。

第二，青铜礼器铭文。在琉璃河董家林古城址附近，有大片西周初期墓地。在已发掘的诸多墓葬中，出土了大量的青铜器，有礼器、兵器、车马器和铜工具等。青铜礼器，多有铭文，少则二三字，多则四十余字。如复尊，通高 24.5 厘米，尊底铸有 3 行 17 字的铭文。铭文记载燕侯赏赐名叫复的大臣以冠服、侍妾和货贝。又如伯矩鬲，三足凝重铜鬲，通体雕刻牛头，铸冶精美，造型雅致，鬲上和盖内铸有铭文。铭文记述燕侯赏赐大臣伯矩的事迹。具有代表性的礼器是堇鼎，它通高 62 厘米，重 41.5 公斤，造型浑厚，纹饰素朴，内壁铸有铭文 4 行 26 字：

匽侯令堇饎大保于宗周。庚申，大保赏堇贝。用〔因〕

---

〔1〕 郭仁、田敬东《琉璃河商周遗址为周初燕都说》，《北京史论文集》，铅印本，1980 年。

作大子癸宝尊鬻珗。[1]

上引铭文中的"匽侯",就是燕侯;"堇",是燕侯大臣的名字;"大保",是召公奭;"宗周",就在今陕西省西安市西,因"武王自酆居镐,诸侯宗之",所以称宗周。这段铭文的大意是:燕侯派大臣堇去宗周,向大保奉献食物,并受到赏赐;堇因此铸鼎,以纪荣宠。这就清楚地表明,召公奭受武王所封之后,仍留在宗周辅弼王室,而以他的长子就封于燕。所以,琉璃河董家林的古城,除青铜礼器铭文外,再参照历史文献记载,当为西周初期燕国的都城。

第三,历史文献记载。《史记·周本纪》载:武王克商后,"封召公奭于燕"[2]。召公姓姬,名奭,原是周王室的支族,因食邑于召,所以史称召公。《史记·燕召公世家》也载:"召公奭与周同姓,姓姬氏。周武王之灭纣,封召公于北燕。"[3]这里记载的北燕,就是周武王封召公的燕。[4]以上文献说明,武王伐纣之后,封召公于燕,其都城当在今琉璃河董家林古城址处。

综上,古城文化遗址、青铜礼器铭文和历史文献记载,彼此参酌,鼎相印证:今北京市房山区琉璃河乡董家林村古城遗址,就是西周初期燕国都城所在。这是至今已知北京最早之城,也是北京城史之源,它距今已有 3000 余年。

---

[1] 北京市文物研究所《北京考古四十年》,北京燕山出版社,1990 年,第 47 页。

[2] 《史记》卷四《周本纪》,中华书局,1959 年,第 127 页。

[3] 《史记》卷三四《燕召公世家》,第 1549 页。

[4] 秦嘉谟等辑《世本·居篇》,商务印书馆,1957 年,第 33 页。

二

北京作为都城的历史，在全国六大古都中，算是为都次数较多、历史流变较长的一大古都。在历史长河中，杭州曾经"二次为都"，开封曾是"七朝都会"，南京曾为"八代之都"，洛阳和西安被称作"九朝古都"（西安奠都次数超过九朝），而北京则先后十二次成为都城。这"十二为都"大体上可以分作三个时期，这就是方国都城时期、三燕都城时期和帝国都城时期。

第一，方国都城。这主要是指方国蓟和燕的都城。蓟，《礼记·乐记》载："武王克殷反商，未及下车，而封黄帝之后于蓟。"[1]《史记·周本纪》也载：武王追思先圣王，乃褒封"帝尧之后于蓟"[2]。这里存在两个历史疑点：武王封蓟者是黄帝之后还是帝尧之后？其封地蓟城位在何处？这两个问题争辩2000多年，至今仍见仁见智而未得到同解。但是，武王分封先圣之后于蓟，蓟城在今北京地区，这两点学术界已取得共识。蓟和燕都是在今北京地区自然形成的两个小国，同受西周武王所封。蓟与燕的关系，《史记·周本纪》正义记载："蓟、燕二国，俱武王立，因燕山、蓟丘为名，其地足自立国。蓟微燕盛，乃并蓟居之，蓟名遂绝焉。"[3]蓟和燕原为自然生长的二国，都受武王所封。后来燕盛蓟衰，燕并蓟，二归一。蓟国虽亡，蓟名实未绝，后别称北京为蓟，相沿至今。北京自商末、西周、春秋至战国，曾作为蓟、燕的都城（燕曾设下都），达千年之久。

---

[1]《礼记正义》卷三七，中华书局影印《十三经注疏》本，1980年，第1542页。又，郑玄注："反商当为及字之误也。及商，谓至纣都也。"
[2]《史记》卷四《周本纪》，第127页。
[3]《史记》卷四《周本纪》，第128页。

第二，三燕都城。从秦至五代的千年间，北京先后成为前燕、大燕和刘燕的都城。前燕曾以蓟城为都。东晋衰微，群雄争立。前燕主慕容儁于永和六年（350），自和龙（今辽宁省朝阳市）砺甲严兵、凿山入塞，"克蓟城，而都之"[1]。永和八年，慕容儁登帝位，置百官，年号元玺，国称大燕。仅八年，迁都邺。至唐中叶，安禄山发动叛乱，自范阳（今北京）起兵，下洛阳，陷长安。天宝十四载（755），安禄山自称大燕皇帝，"以范阳为大都"[2]。这是北京称大都之始。后安禄山部内讧，自相残杀，史思明又称帝，"号范阳为燕京"[3]。这是北京正式称燕京之始。至五代，幽州卢龙军节度使刘仁恭之子守光，杀父囚兄，于后梁乾化元年（911）即帝位，以幽州（今北京）为都城。所以，从秦朝到五代，北京城既是北方军政重镇，又是三燕政权都城，达千年之久。

第三，帝国都城。北京在辽代始为陪都。辽有五个京城，国都临潢府为上京，大定府为中京，辽阳府为东京，大同府为西京，析津府（今北京）为南京。辽帝四时巡狩，故上京之外另设四京。北京从金代开始成为皇都。元灭金后，元世祖忽必烈于至元九年（1272），移鼎大都[4]。从此，北京取代长安、洛阳等古都的历史地位，成为中国这个统一的多民族国家的政治中心。大都是当时世界上最大的都城。城墙土筑，披盖苇席，以避风雨的剥蚀。元亡明兴，明初改大都称北平，是取赶跑蒙古贵族骑兵而北方平安之意。但是，北方并不安宁。明太祖朱

---

〔1〕《魏书》卷九五《慕容儁传》，中华书局，1974年，第2061页。

〔2〕《安禄山事迹》，《日下旧闻考》卷三，北京古籍出版社，1985年，第39页。

〔3〕《新唐书》卷二二五上《史思明传》，中华书局，1975年，第6430页。

〔4〕《资治通鉴》卷二六八，中华书局，1956年，第8745页。

元璋死后，他的第四子燕王朱棣驻守北平，发动"靖难之役"，攻占南京，夺取皇位。永乐元年（1403），朱棣改北平名为北京。[1]这是北京名称之始。但在中国历史上，还有五城叫过北京，就是唐朝的太原、北宋的大名、金代的临潢和大定、明初的汴梁（今开封）。以上五城称北京为时较短，距今久远，且已成历史陈迹。北京却不然，它成为中国封建社会后期中华各族的政治中心。北京还曾做过李自成大顺政权的都城42天，做过清朝都城268年，并做过民国初期的都城16年。

综上，北京城史的流变历程，自蓟、燕、前燕、大燕、刘燕、辽、金、元、明、大顺、清至民国（初期），曾先后12次成为都城。当今，则是中华人民共和国的首都。

三

北京城史的溯源——西周燕国都城遗址的发现及北京城史的流变，于北京、于全国、于世界，都具有学术价值。

第一，西周燕国都城遗址的发现，将北京城史提到3000年以前。商末周初的都城遗址考古发掘，是考古学史上的一个薄弱环节。琉璃河董家林村商末周初古城址的发现，填补了北京城史源头这个考古学、历史学和历史地理学研究上的空白。它的发掘与研究，有助于探讨北京城址变迁的规律。龚柴在《中国历代都邑考》中说："自古帝王建邦设都，总以势据建瓴，河山表里，能致苍生利赖者，斯为金汤之业，百世之基。"纵观北

---

〔1〕《明太宗实录》卷一六，永乐元年正月辛卯，台北"中研院"史语所，1961年。

京城址的历史流变，由南而北，由低而高，最终选定在明、清北京城址之处，恰为河山表里，势据建瓴，可谓最佳选择。这个城址至今仍是祖国首都的中心区域之所在。

第二，西周燕国都城遗址的发现，丰富了中华历史文化的内涵。西周燕国都城文化遗址，是北京的，也是全国的。它有价值于北京，也有价值于中国。20世纪以来，北京考古史上有两大发现：一是1929年发现"北京猿人"头盖骨化石，二是1962年发现燕国都城遗址。前者使北京的历史提到约70万年之前，而居中国六大古都悠久历史的首位；后者使北京的城史提到3000年之前，而居中国六大古都悠久城史的首列。首都是中华各族人民的政治心脏，也是全国的首善之区。首都城史之悠久，是我国历史之悠久的一个缩影，同时它丰富了中华文明历史的内涵。爱祖国，必爱首都。全国每年有数以千万计的同胞宾至北京，都受着北京优秀历史文化的熏陶；他们又回散向四面八方，将北京优秀历史文化加以传播，从而使全国人民更加热爱首都，热爱祖国。因此，西周燕国都城文化遗址是一部全国各族人民"爱首都、爱祖国"的历史考古实物教科书。

第三，西周燕国都城遗址的发现，充实了人类历史文化的宝库。西周燕国都城文化遗址，是北京的，是中国的，也必然是世界的。它诞生于北京，根植于中华，影响于世界。北京从"北京人"时算起，已有约70万年的历史，在世界十大名都——北京、东京、巴格达、巴黎、罗马、伦敦、莫斯科、开罗、华盛顿和墨西哥城中，北京的历史最为悠久。3000年前燕国故都城址的发现，也使北京的城史在世界十大名都的城史中居于前列，这就大大地提高了北京作为世界文化名都的历史地位。北京的城史，历3000余年，虽屡经兴衰，但趋向发展，直至明清的北京城，蔚为人类都城文化的一大奇观。北京历史文化在人类文化中的位置，仅举两例：在美国自然历史博物馆里，陈列着"北京猿人"复原头像，旁边展柜中陈放着 1929 年 12 月 16 日《纽约时报》关于发现"北京猿人"头盖骨化石的长篇报道。该馆还陈列着巨大的明清北京城立体模型，其城池宫殿、坛庙寺观、店铺市廛、四合院落等，一应俱全，形象逼真。前门楼和箭楼高耸，棋盘街一带房舍栉比，店堂林立，招幌诱目，商客熙攘。燕国都城文化遗址的发现，似应在这个陈列的说明中加以补充：北京城已有 3000 余年的城史。

总上，西周燕国都城遗址的发现，为北京城史追溯到源头，也给作为中国历史文化名都和世界历史文化名城的北京增添了光辉。

（原载《学习与研究》1991 年第 12 期）

北京城市的历史演进

北京有悠久绚丽的历史文化。从"北京人"揭开北京历史的序幕，迄今已有 70 万年；从琉璃河商周古城揭开北京城史的帷幕，至今已有 3000 余年。自公元前 11 世纪中叶周武王封召公奭，到 1949 年中华人民共和国成立，北京曾先后为蓟、燕、前燕、大燕、刘燕[1]、辽、金、元、明、大顺、清和中华民国（初期）的都城。[2] 在这漫长的历史演进中，北京在商周先为方国蓟、燕的都邑。秦汉时期，北京发展成为统一中原王朝的北方重镇。从东晋至五代，北京三为"燕都"，是它将正式成为都城的历史信号。辽代陪都南京，则是北京作为都城历史的前奏。至金代中都，北京第一次成为皇都——北中国的政治中心。而后，在元、明、清三代，北京发展成为中国统一多民族国家的政治中心。像北京这样历史悠久的大城市，不仅在中国各历史名都中首屈一指，而且在世界诸著名首都中也为仅见。

北京城市的历史演进，先从它所赖以生存和发展的自然环境说起。

---

[1] 《旧五代史》载：刘守光据燕，称大燕皇帝，以蓟城为都。为同安禄山自称大燕皇帝相区别，这里称其为刘燕。

[2] 参见拙作《北京"十二为都"诌议》，《中国古都研究》第 3 辑，1987 年。

自然环境

北京位于燕山脚下，华北大平原的北端。北京的天安门位于东经116°23′17″，北纬39°54′27″。以中国版图看，从北陲重镇漠河，到南海巨港海口，北京位置，恰好居中。

北京左环沧海，右拥太行，南襟河济，北连朔漠。燕山和军都山交会于其西北，呈弧形屏障着北京。燕山起伏蜿蜒，其东段迤抵山海关，其西段有军都山，其西南端同太行山接合。燕山以南、太行山以东，是地壳结构与诸河冲积所形成的北京小平原。燕山、军都山和太行山既构成北京的壁嶂，又有许多河流切山而过，形成若干重关要隘。

北京的河流，主要有海河的两条支流——永定河与潮白河。永定河自西北穿山顺谷而下，潮白河从东北流向平原，北京就处在这两河流域之间。永定河流量不稳，夹带泥沙，时有泛滥，又称无定。清康熙三十七年（1698），赐无定河名为永定河，想以皇威止其泛滥，而驯服永定。但一道谕旨不能改变它桀骜不驯的脾气，闹起性子，就会导致城内房舍被冲，午门积水，盈尺之深。潮白河上游为潮河与白河，两河汇合后称潮白河。密云水库的兴建使潮白河得到控制，京密引水渠的开通，使密云水库成为北京市的重要水源。古代的北京，池泊棋布，泉水丰沛。北京著名的皇家苑囿，就是在这些优美水景区构建的，从而形成北京园林的璀璨明珠。然而，北京是一个严重缺水的城市。全市水资源总量约为105亿立方米，实际可利用水资源仅有40亿立方米，既分布不均，又切变率较大。水资源短缺已成为制约北京发展的一个极为重要的因素。

北京的气候，冬季寒冷干燥，夏季高温多雨，春秋短，冬夏长，季风活动显著，是典型的温带大陆性季风气候。

北京市现有面积为 16807.8 平方公里。人口约 1300 万。行政区划为 14 个区、4 个县（本段均为 2005 年数据。另，2015年随着密云区、延庆区设立，北京告别县治时期。下文仍用旧称"县"的，依原文，不作改动。——编注）。

我们的祖先，从洪荒的太古时代起，就居住、劳作、繁衍在这块土地上。而后，经过漫长的历史演进，北京在元、明、清三代，发展成为中国统一多民族国家的政治中心。

北京地区的金石文明，拉开了北京城市历史文化演进的帷幕。

金石文明

距今约 70 万年前，在今北京西南离城区 50 公里的房山区周口店龙骨山的天然洞穴里，居住着"北京人"的原始人群落。他们的生活和劳动，拉开了北京历史演进的序幕。"北京人"的生活来源，主要依靠采集果实和狩猎野兽。他们过着原始群居生活，使用石器和木棒。通过考古发掘，发现在"北京人"居住过的洞穴里，有很厚的灰烬和烧过的兽骨。[1]这说明他们已经懂得使用火；而火的使用，则是人类发展史上的一座里程碑。"北京人"的石器文明，放射着北京历史文化发展的晨晖。

距今约 10 万年至 4 万年前，居住在北京地区的古人类，考古学上称为"新洞人"。他们以烧烤过的兽肉为重要食物。在"新洞人"居住过的洞穴里，还发现了磨制的骨片，说明他们的

---

〔1〕 裴文中《中国的旧石器时代文化》，《史前考古学论文集》，文物出版社，1987 年，第 152 页。

蒙昧文化有了新的进步。

距今约 18000 年前，在周口店龙骨山的山顶洞里，居住着考古学上称为"山顶洞人"的北京先民。在其遗址中出土了石器和装饰品，有穿孔的兽牙、蚶壳、石珠等。他们已经掌握刮挖、磨光、钻孔等技术。特别是在山顶洞里出土的骨针，说明他们会用骨针和骨椎缝制衣服，围着兽皮做的裙子，从而结束了赤身裸体的生活。他们已懂得人工取火，迈入了传说中的燧人氏"钻燧取火"的时代。[1]

约 10000 年前，生活在北京地区的"东胡林人"，已经离开山洞而到平原居住。其文化遗存有螺壳项链和骨制手镯。距今六七千年前的平谷的北埝头和上宅遗址，前者发现半地穴式房屋遗迹，后者则出土了陶器 300 余件、石器 200 余件。其中的蝉身猴面石像，雕工精细，惟妙惟肖。距今 4000 年前，昌平县雪山二期文化表明，这时的"雪山人"已经掌握轮制法制作陶器。此后，在今海淀区白家疃、朝阳区立水桥、密云县松树峪、顺义县大北坞、怀柔县汤河口、密云县坑子地和平谷县前吉山等地，都出现了从事原始农业与畜牧业的聚落。从这些星罗棋布的遗址中，发掘出石斧、石镰、石纺轮和房基，表明他们已会种植庄稼、饲养家禽、缝缀衣服和建造房屋。他们已从蒙昧状态跨过文明时代的门槛。

北京地区居民结束石器时代后，进入了青铜时代。这个时期燕山南北、长城内外的文化，考古学上叫作"夏家店下层文化"。这时北京地区的居民聚落，开始出现许多自然生长的小方国，其中蓟和燕是商朝北域的两个方国。此期的重要遗址为平

---

[1] 阎崇年《钻木取火辨》，《社会科学战线》1980 年第 3 期。

谷县刘家河的一座商代中期墓葬，出土青铜礼器 16 件，金装饰品 4 件，铁刃铜钺 1 件。其中，"三羊铜罍、鸟柱铜盘、铁刃铜钺和金装饰品——金耳坠、金臂钏、金发笄，都具有极高的历史价值和艺术价值，是北京向中国、向世界，放射出青铜文化的灿烂光辉！"[1]

此外，神话传说也是北京金石文明的一个映现。相传中原各族的共同祖先黄帝，曾在"涿鹿之战"和"阪泉之战"中，先后战胜了蚩尤和炎帝，还在涿鹿建立都邑。黄帝之孙颛顼曾到幽陵祭祀；帝尧在虞舜执政时将共工流放于幽州。[2]神话传说中上述幽都等地名，虽不能实指其地，但多注释为北京地区。后来幽州便成为北京早期的名称。

由上可见，北京地区的金石文明，在中华民族古代文化中，占有重要的位置。北京地区是中华民族文化的一个摇篮。

燕都蓟城

北京的城史，据文献记载和考古发掘，始于商。商朝后期，在今北京地区有燕和蓟等自然生长的方国。周灭商后，分封诸侯。据《史记》载：周武王"封召公奭于燕"，又"封帝尧之后于蓟"。[3]后来燕盛蓟衰，燕并蓟，居其地，蓟城遂为燕都。

---

[1] 阎崇年《古都北京》，朝华出版社，1987 年，第 22—24 页。

[2] 幽州、幽都、幽陵，《庄子·在宥》："流共工于幽都"，成玄英疏："幽都在北方，即幽州之地。"《楚辞·大招》："北至幽陵"，王逸注："幽陵犹幽州"。

[3] 《史记》卷四《周本纪》，中华书局，1959 年，第 127 页。

20 世纪 60 年代，在北京房山区琉璃河乡地区，发现了燕国文化遗址。遗址分为居住区、墓葬区和古城址三部分。这个古城基址，城呈长方形，东西长 850 米，南北长约 600 米，城墙分为主城墙、内附墙和护城坡三部分。城垣外有沟池环绕。这是考古发现的北京历史上最早的城邑。[1]

除古城遗址外，还在居住址中发现了当时居民的生活遗迹，如房屋、窖穴、陶窑以及陶瓷、骨器、蚌器等。在墓葬区中，发掘出大量的铜制兵器和礼器。如琉璃河第 1100 号车马坑，有 14 匹马、5 辆马车。在第 53 号墓葬里，还有一名青年驭者被埋在马车后面。[2]

在琉璃河燕国文化遗址中，出土了大量的随葬品，有陶器、漆器、玉器和铜器等。铜器包括攸簋、伯矩鬲、青釉瓷罐和堇鼎。堇鼎通高 62 厘米、口径 48 厘米、重 41.5 公斤，其内壁铸有铭文 4 行 26 字。[3]这段铭文的大意是：燕侯派大臣堇去宗周，向大保奉献食物，并受到赏赐；堇因铸鼎，以纪荣宠。琉璃河董家林古城遗址，青铜礼器铭文，参照文献记载，表明这里当为西周初期燕国的都城，从而证实西周燕侯的始封地就在今北京。

春秋时期，燕国较弱，蓟城北部地区，有肃慎、山戎等族居民。武王灭商后，其东北有肃慎，史称"东北夷"；北部有山戎，"散居溪谷，自有君长"[4]。在今北京延庆县玉皇庙、古城

---

〔1〕 北京市文物工作队《北京房山县调查简报》，《考古》1963 年第 3 期。

〔2〕 中国科学院考古研究所《北京附近发现的西周奴隶殉葬墓》，《考古》1974年第 5 期。

〔3〕 北京市文物研究所《北京考古四十年》，北京燕山出版社，1990 年，第47 页。

〔4〕 《史记》卷一一〇《匈奴列传》，第 2883 页。

村等处，发现春秋末期山戎墓葬 400 余座，石祭坛一处，出土陶器、石器、骨器、玉器、金器及青铜器等 8000 余件，其中有山戎青铜兵器——青铜短剑近百件。[1] 这是青铜时代在北京地区发掘的少数民族文化遗存中，年代最早、规模最大、文物最多、内涵最丰的墓葬群。这些遗迹是燕都蓟城地区的民族交融与经济发展的实录。

战国时期，燕列七雄。燕齐争战，齐胜燕败。燕昭王在燕败后即位，卑身厚币，求贤若渴。相传他筑黄金台，以延揽天下英才。经过 28 年奋争，燕国富强起来。后燕昭王以乐毅为上将军，会同秦、楚、赵、韩、魏合谋以攻齐，大败齐军。乐毅又率燕军攻占齐都临淄，尽收其钟鼎宝器，运至燕都，陈列宫中，"蓟丘之植，植于汶皇"[2]。燕都蓟城成为战国名城之一，有"富冠天下"之誉。燕昭王死后，齐军反攻，燕军大败。到战国末年，燕国屡受强秦侵逼。燕太子丹派荆轲去刺秦王（即后来的秦始皇），图穷匕首现，失败后被杀。后秦国派大将王翦领兵攻燕，于公元前 226 年占领蓟城。四年后，逃到辽东的燕王喜为秦军所俘。燕国覆亡，蓟城作为燕国都邑的历史结束。[3]

北方重镇

蓟城在秦汉至西晋时期，是统一中原王朝的北方重镇。

---

〔1〕 靳枫毅《东周山戎文化考古新收获》，《北京文物报》，1988 年 8 月，试刊第 2 期。

〔2〕 《战国策注释》卷三〇《燕策二》，中华书局，1990 年，第 1160 页。

〔3〕 燕之都，有上都、中都、下都等诸说。

秦帝国时期,秦置广阳郡,治所在蓟城。郦道元《水经注》载:"秦始皇二十三年灭燕,以为广阳郡。"[1]秦始皇曾下令把战国时秦、赵、燕等修筑的北长城接连为万里长城。蓟城位于华北平原北端通向西北、漠北和东北地区的要冲,也处于居庸、古北、山海三条通道的交会点。秦长城兴筑与驰道修通,加强了蓟城作为秦朝北郡重镇的地位。

西汉时期,燕地或为国,或为郡,其治所都在蓟城。汉文帝时博士燕人韩婴,以传授《诗经》闻名,他的《韩诗外传》流传至今。汉武帝封其子旦为燕王,封地在蓟城。燕王旦在蓟城建万载宫、明光殿。后旦谋反事败,会宾客群臣悲饮,坐者皆泣。[2]旦引绶自缢。其子建后被立为广阳顷王。1974年,丰台区大葆台一号汉墓被发掘。墓规模巨大,为"梓宫、便房、黄肠题凑"葬制。[3]墓中出土随葬朱斑轮车、陶器、铜器、铁器、玉器、漆器等400余种。蓟城的商业很发达,市场上有汉人、匈奴人、挹娄人等喧嚣交易。

东汉时期,蓟城地区经济有所发展,民族更为融合。当时有两个著名的太守——郭伋与张堪。[4]郭伋在任五年,整顿社会秩序,防御匈奴犯扰,使民安业,户口倍增。张堪则整饬治安,率兵大破匈奴万骑入犯。他又在狐奴(今顺义)开辟稻田8000余顷,劝民耕种,以致殷富。百姓赞道:"张君为政,乐

---

〔1〕 秦广阳郡之设置,史有争议,本文取郦道元之说。

〔2〕 《汉书》卷六三《武五子传》,中华书局,1962年,第2757页。

〔3〕 北京市古墓发掘办公室《大葆台西汉木椁墓发掘简报》,《文物》1977年第6期。

〔4〕 《后汉书》卷三一《郭伋传》《张堪传》,中华书局,1965年,第1091、1100页。

不可支。"后修建张堪庙，以纪念其功绩。

三国时期，蓟城是曹魏北部的军事重镇。蓟城地区水利在这个时期得到发展。先是东汉末曹操凿通自滹沱入泒水（今海河）的平虏渠，为隋朝开凿大运河北段创造了条件。魏又在蓟城地区修建车箱渠和戾陵堰。驻守广阳的魏镇北将军刘靖，在前幽州牧刘虞戾陵渠基础上，将其扩修、改造为车箱渠，又在梁山（今石景山）戾陵旁漯水上修拦河坝，名戾陵堰。工程完竣之后，旱能灌溉，涝能排洪，灌田 20 万亩。[1]后经樊晨更制扩修，所润合四五百里，所灌田有万余顷。车箱渠和戾陵堰是北京历史上最早的大型水利工程。

西晋时期，蓟城初为燕王封地，后为幽州治所。骠骑大将军、领幽州刺史王浚图谋帝位，称"受中诏承制"。羯族首领石勒诈降浚，率轻骑入蓟城。[2]寻命甲士执浚。石勒登厅，与浚妻并坐，立浚于前，加以羞辱，后斩之。王浚之妻华芳墓，在今北京西郊八宝山，1965 年进行发掘，出土银铃、骨尺和墓志。[3]其时蓟城地区佛教开始流行，北京现存最早的佛教名刹潭柘寺即建于晋代。它初建时叫嘉福寺，后屡经扩建和改名。因寺后有龙潭、寺内有柘树，所以俗称为潭柘寺。

从秦始皇灭燕到司马睿迁都，前后 500 余年间，蓟城是中原王朝的北方重镇和商业都会。此后，蓟城历史进入了前燕、大燕和刘燕三为都城的时期。

---

〔1〕《三国志·魏书·刘馥传附子靖传》：镇北将军刘靖，有父馥遗风，"修广戾陵渠大堨，水溉灌蓟南北，三更种稻，边民利之。嘉平六年（254）薨，追赠征北将军"。

〔2〕《晋书》卷一〇四《石勒载记》上，中华书局，1974 年，第 2723 页。

〔3〕《北京西郊西晋王浚妻华芳墓清理简报》，《文物》1965 年第 12 期。

三为燕都

自晋元帝建武元年（317），至宋太祖建隆元年（960），其间643年，北京曾先后三次成为短暂割据政权的都城。

一是慕容儁以蓟城为都。东晋偏安南方，北方出现由匈奴、鲜卑等少数民族建立的政权，史称"五胡十六国"。鲜卑人慕容皝自称燕王，都龙城（今辽宁朝阳），建宫阙。皝死后，子儁嗣。慕容儁砺甲严兵，凿山除道，"克蓟城而都之"。[1]永和八年（352），慕容儁"僭称皇帝，置百官，号年天〔元〕玺，国称大燕"。[2]后慕容儁自蓟迁都邺。蓟城作为前燕国都，虽只八年，却是历史上少数民族初次建都北京地区。这是北京历史的一个转折点，即北京由方国都邑、北方重镇而变为少数民族政权的都城。

北魏基本统一北中国后，燕郡属幽州，州、郡治所都在蓟城。其时佛教大兴，太和十三年（489），在今海淀区温泉镇西北车耳营村雕石佛像，称"魏太和造像"。这是北京现存最古的石雕佛像。

隋文帝结束南北朝分裂状态，中国重新出现大一统局面。隋初废燕郡存幽州，大业初又改幽州为涿郡，均治蓟城。隋开通京杭运河、刻房山石经、编《幽州图经》，对于北京物质与文化的发展意义重大。隋代运河，以洛阳为中心，西至长安，南通余杭，北至蓟城，全长3000余里。隋代刻经，始自静琬法师，后历唐、辽、金、元、明，共刻佛经1100多种，15000余

---

〔1〕《魏书》卷九五《慕容儁传》，中华书局，1974年，第2061页。
〔2〕同上。

石，并有碑刻与题记 6800 余条，工程浩大，历时长久，资料珍贵，举世无双。《隋书·经籍志》著录《幽州图经》一卷。[1]"图则作绘之名，经则载言之别。"此书"幽州图"是北京及其周围地区最早的历史舆图，可惜今已不存。

唐兴隋亡，控制涿郡、自称幽州总管的罗艺归附于唐。唐改涿郡为幽州，仍治蓟城（又称幽州城）。据《太平寰宇记》引《郡国志》和《元和郡县志补志》所载，幽州城南北 9 里，东西 7 里，周长 32 里（约今 25 里）。它的东城墙在今宣武门外大街西侧，南城墙在今白纸坊街至姚家井一带，西城墙在今莲花池东岸，北城墙在今新文化街一线稍南，共有十门。子城位于大城的西南部。

唐太宗用兵辽东，往返都经过蓟城。他为追念死亡将士，下诏在蓟城修建佛寺。寺在 696 年建成，赐名悯忠寺。该寺曾几毁几修，清雍正十二年（1734）修葺时赐名法源寺。它是北京城区内现存历史最久的名刹。幽州城不仅有名刹，还是唐代东北商业重邑。据《房山石经题记汇编》统计，有米行、肉行、油行、果子行、绢行、布行、靴行、磨行、炭行、生铁行、杂货行、角行、宝行等 31 行。幽州城有北市，百货交易，景象繁荣。

二是"大燕皇帝"安禄山以范阳（蓟城）为京。先是天宝元年（742），幽州改称为范阳郡，仍设治蓟城。唐节度使安禄山托名"备寇"，在蓟城北面另筑雄武城，峙兵积谷。他于天宝十四载（755）起兵蓟城，后占洛阳。翌年，"禄山自称大燕皇

---

[1]《隋书》卷三三《经籍志》，中华书局，1973 年，第 986 页。

帝，改元圣武。"〔1〕安禄山"以范阳为东都"。〔2〕史思明杀其首
领安禄山后，自称应天皇帝，"号范阳为燕京"。〔3〕是为北京称
燕京之始。唐平定安史之乱后，改范阳郡为幽州。

三是刘守光据燕称帝，以蓟为都。唐亡之后，出现五代十
国的分裂局面。五代时，后梁初，曾任唐幽州卢龙军节度使的
刘仁恭，据有燕地，驻镇幽州。刘仁恭在幽州城西大安山，"盛
饰馆宇，僭拟宫掖，聚室女艳妇，穷极侈丽"。他又"令燕人
用堇土为钱，悉敛铜钱，凿山而藏之。已而杀其工以灭口"〔4〕。
仁恭子守光，兵夺幽州，囚父杀兄。刘守光于后梁乾化元年
（911）八月，"即皇帝位，国号大燕，改元应天"，以幽州为都
城。刘守光之大燕与安禄山之大燕同名，且各燕均有称谓，故
称守光所建之燕为刘燕。但是，守光都蓟，三年而亡。后梁、
后唐时幽州政区未变，仍以蓟城为治所。

从东晋至五代，每当中原王朝强盛时，常以蓟城为经略东
北的前进基地；相反，每当东北少数民族崛起时，又常以蓟城
为南犯中原的进军据点。其间，北京先后成为前燕、大燕、刘
燕的都城，这是北京由中原王朝北方重镇，向北中国政治中心
发展的历史信号。

〔1〕《资治通鉴》卷二一七，中华书局，1956年，第6951页。
〔2〕姚汝能《安禄山事迹》卷下，上海古籍出版社，1983年，第31页。《日
　　下旧闻考》卷三引称"以范阳为大都"，北京古籍出版社，1985年，第
　　39页。
〔3〕《新唐书》卷二二五上《史思明传》，中华书局，1975年，第6430页。
〔4〕《新五代史》卷三九《刘守光传》，中华书局，1974年，第424页。

辽代南京

唐末以后，契丹崛兴，建立辽朝（初称契丹）。后唐河东节度使石敬瑭兵变，向契丹主耶律德光求援，答应事成后割地称臣。契丹兵南下灭后唐，立石敬瑭为帝，是为后晋。天福三年（938），后晋高祖石敬瑭把幽、蓟等十六州并图籍献契丹。

辽太宗耶律德光得幽州后，于辽会同元年（938），"升幽州为南京"，又称燕京，作为陪都。府名幽都，后以"燕分野旅寅为析木之津"，而更名为析津。《辽史·地理志》载：南京"城方三十六里，崇三丈，衡广一丈五尺"。城共有八门：东为安东、迎春，南为开阳、丹凤，西为显西、清晋，北为通天、拱辰。大内在城西南隅，宫殿林立，堂阁栉比。西城高处有凉殿，东北隅有燕角楼。其时，辽、宋对峙，宋军北攻，兵至燕京城下，但失败而归。辽统和二十二年（1004），宋、辽订"澶渊之盟"。从此，燕京地位更为重要。

辽南京城内，街巷纵横，星井万家，据《契丹国志》记载：南京"户口三十万，大内壮丽，城北有市，陆海百货，聚于其中。僧居佛寺，冠于北方。锦绣组绮，精绝天下。膏腴蔬蓏果实稻粱之类，靡不毕出；而桑柘麻麦羊豕雉兔［之属］，不问可知。水甘土厚，人多技艺，秀者学读书，次则习骑射"[1]。南京城内二十六坊，是居民聚住的地方。坊巷布局，井然有序，百货汇聚，经济繁荣。手工业的刻经和印刷，具有很高水平。在燕京刻印的大藏经《契丹藏》，彩印的《南无释迦牟尼像》，都是明证。城里的六街和北市，特别是六街，节日之夜，灯火

---

〔1〕《契丹国志》卷二二，上海古籍出版社，1985年，第217页。

同昼，马车击毂，士庶嬉游，连辽帝也微行观之。

辽帝倡导佛教，优礼僧徒，兴寺拜佛，南京尤甚。辽太宗在南京"幸菩萨堂，饭僧五万人"[1]。辽南京留下城西阳台山麓的大觉寺[2]，西郊马鞍山麓的戒台寺，今广安门外的天宁寺塔，以及今宣武门外牛街清真寺等，都成为北京辽代文物的胜迹。辽还创制契丹大字、契丹小字，并在南京开科取士，"放进士高正等二人及第"[3]。辽南京实际上是辽代北中国文化与教育的中心。

燕京作为辽代陪都达 82 年，在金陷上京临潢府后至陷燕京前，它实际作为辽代都城又达 3 年，共历时 85 年。燕京随着辽祚的终结，而先为北宋燕山府，后为金中都。

金代中都

金收国元年（1115），女真族首领完颜阿骨打建立金朝，定都上京（今黑龙江省哈尔滨市阿城区）。宋徽宗宣和二年（1120），宋、金结盟攻辽，约定由宋出兵燕京，胜利后幽、蓟等州归宋，宋则把原给辽的"岁币"转纳给金。但宣和四年（1122），宋军攻辽兵败。同年十二月（1123 年 1 月），金兵攻辽，夺取燕京。金向宋索取所谓"燕京代租金"100 万贯，并索米 20 万石，才将燕京移交给宋。宋改燕京为燕山府。宣和七年（1125），金灭辽。同年十二月（1126 年 1 月），金军南下攻

---

〔1〕《辽史》卷四《太宗纪》下，中华书局，1974 年，第 52 页。
〔2〕《杨台山清水院创造藏经记》，《全辽文》卷八，中华书局，1982 年，第 187 页。
〔3〕《辽史》卷一二《圣宗纪三》，第 135 页。

宋，占领了燕山府。第二年，北宋亡。

金海陵王完颜亮于贞元元年（1153）从上京迁都燕京，"以燕乃列国之名，不当为京师号，遂改为中都"，意为天下中心之都城。同时改析津府为永安府，次年又改称大兴府。[1]金"袭辽制，建五京"——上京会宁府、东京辽阳府、北京大定府、西京大同府和南京开封府，而以中都为京师。从此，北京正式成为皇都——北中国的政治中心。其府辖区为大兴、宛平、安次、漷阴、永清、香河、昌平、武清、良乡、通州、涿州、顺州、平州、滦州、蓟州、易州、信安军。

金中都城是仿照北宋都城东京（汴梁）的规制，就辽南京城改建而成的。中都城分为大城、皇城和宫城三重。大城除北城墙未动外，其余三面城墙比辽南京城有所增广。《金史·地理志》上记载：大城周长37里，呈方形，城墙高4丈，楼910座，壕堑3重。大城"城门十三：东曰施仁、曰宣曜、曰阳春，南曰景风、曰丰宜、曰端礼，西曰丽泽、曰颢华、曰彰义，北曰会城、曰通玄、曰崇智、曰光泰"[2]。大城套着皇城。皇城正门宣阳门内，东为文楼，西为武楼，中为宽阔的御道，两旁有沟，沟边植柳。北端为宫城正门应天门。门内前为大安殿，是金帝举行大典的地方；后为仁政殿，是金帝听政之所。宫城的殿堂馆阁，亭楼宫观，金碧翠飞，规模壮丽。城外有天、地、日、月四坛。都城自丰宜门经宣阳门至应天门，有一条宽广的御道贯通。城外大路宽阔平直，夹道植柳，延伸百里。

---

〔1〕《金史》卷二四《地理志》上，《校勘记》第52则，中华书局，1975年。

〔2〕《大金国志·燕京制度》载：中都城十二门，正北无光泰门，西中门"颢"作"灏"。

金帝在中都还大兴离宫苑囿。金世宗大定六年（1166），在辽代瑶屿离宫基础上兴建太宁宫（今北海公园）。[1]金帝又在今颐和园、香山和玉泉山址兴建离宫。今钓鱼台国宾馆址也曾建有金帝的宫苑。[2]著名的"燕京八景"，是在金代见称于世的。这就是：太液秋风、琼岛春阴、道陵夕照（后称金台夕照）、蓟门飞雨（后称蓟门烟树）、西山积雪（后称西山晴雪）、玉泉垂虹（后称玉泉趵突）、卢沟晓月和居庸叠翠。

金中都人口众多，每年要运入上百万石的粮食。为漕运粮食径达京师，大定十年（1170）议分卢沟河为漕渠，即开金口河，自金口疏导卢沟河水，至京城北入壕，流向通州之北，东注潞水。两年之后，漕渠虽成，但以地势高峻，水性浑浊，竟不能行："峻则奔流湍洄，啮岸善崩；浊则泥淖淤塞，积滓成浅，不能胜舟。"[3]后卢沟河决，诏发中都三百里内民大塞之；不久，复决。二十七年（1187），以金口闸比中都城高一百四十余尺，屡为祸患，帝命塞之。京师漕运不通，仅以车辆挽运。

金口漕渠，竟未见功。金章宗命建卢沟石桥，以代舟船。明昌三年（1192），石桥落成，敕名广利桥。桥长 266.5 米，宽7.6 米，下分 11 个涵孔，桥身两侧安设石雕护栏望柱 140 根，柱头雕有卧伏的大小石狮 485 个，神态各异，栩栩如生。《马

---

〔1〕《金史·地理志》上载："京城北离宫有太宁宫，大定十九年建，后更为寿宁，又更为寿安，明昌二年更为万寿宫。"王灿炽先生考证，该宫始建于金大定六年。

〔2〕《问次斋集》，《日下旧闻考》卷九五，北京古籍出版社，1981 年，第1592 页。

〔3〕《金史》卷二七《河渠志》，中华书局，1975 年，第 686 页。

可·波罗行纪》一书记述它是一座"美丽石桥，各处桥梁之美，鲜有及之者"[1]。

金中都是当时北中国的文化中心。金在中都颁行女真大字、女真小字，设国子监，还设女真学。中都会试，学子为盛。在中都设司天台，台中既有汉人学生，也有女真学生；又设医学试科等。中都还有繁盛的戏剧——"院本杂剧"和诸宫调。流行于金中都的讲唱文学——诸宫调，以董解元的《西厢记诸宫调》最为有名。

金大安三年十二月（1212年1月），中都第一次遭到蒙古军的进攻。贞祐二年（1214）三月，成吉思汗亲率蒙古骑兵攻至中都城下，金宣宗屈服议和，蒙古军北撤。同年五月十一日，金宣宗决意南迁，移鼎汴梁。第二年五月初二日，蒙古军攻破中都，宫殿被焚毁。此后几十年间，燕京宫阙苍凉，"可怜一片繁华地，空见春风长绿蒿"。

元代大都

蒙古崛兴，金朝衰微。金泰和六年（1206），成吉思汗即位，创建蒙古帝国。元世祖忽必烈于至元元年（1264）八月，诏以燕京为中都，作为陪都。至元八年十一月，忽必烈定国号为"大元"。次年二月，忽必烈采纳霸突鲁、刘秉忠等之议，以中都"龙蟠虎踞，形势雄伟，南控江淮，北连朔漠"，[2]改中都为大都。同年，元从上都（今内蒙古正蓝旗上都镇）迁鼎大

〔1〕 冯承钧译《马可·波罗行纪》中册，商务印书馆，1936年，第418页。

〔2〕 《元史》卷一一九《霸突鲁传》，中华书局，1976年，第2942页。

都。[1] 从此，北京成为统一多民族国家的政治中心。其府辖区：大兴、宛平、良乡、永清、宝坻、昌平、潞阴、香河、武清、涿州、霸州、通州、蓟州、檀州、东安州、固安州。

大都城较金中都城东北移，格局宏大，规划严整，建筑壮丽，气势雄伟。大都的大城，略呈长方形，"城方六十里，十一门"：东为光熙门（今和平里东）、崇仁门（今东直门）、齐化门（今朝阳门），南为文明门（今东单南）、丽正门（今天安门南）、顺承门（今西单南），西为平则门（今阜成门）、和义门（今西直门）、肃清门（今学院南路西），北为健德门（今德胜门小关）、安贞门（今安定门小关）。城门外筑有瓮城，城四隅建有角楼，环城还有宽深的护城河。城墙没有包砖，为防风雨剥蚀，披盖着芦苇编织的蓑席。

皇城在大城内南部中央地区，皇城的墙，称为萧墙，又称阑马墙，周长约20里。皇城南面中门为棂星门，棂星门内，金水周桥，高柳万株，气氛森严。

宫城在皇城东部，为长方形，周围9里。宫城有4门：东华门、西华门、崇天门、厚载门。宫城内南面以大明殿为主体，北面以延春阁为主体。大明殿东西长200尺，深120尺，高90尺，规模雄伟，建筑宏丽。中设御榻，并设后位。皇帝登基、元旦、庆寿、会朝都在这里举行。御榻之前设置灯漏，并设酒瓮。《南村辍耕录》载："木质银裹漆瓮一，金云龙蜿绕之，高一丈七尺，贮酒可五十余石。"延春阁比大明殿还高，3重檐，高100尺。阁前为寝殿，内设楠木御榻，嵌金为饰，壁皆绘画，飞龙舞凤。

---

[1]《元史·地理志一》载：至元四年，迁都大都；《元史·刘秉忠传》载：至元八年，以中都为大都，盖误。

太液池在宫城之西，池中盛长芙蓉。太液池东西两岸之间，以仪天殿（今团城）为枢纽。水上设木吊桥，车驾行幸上都，移舟断桥，以禁往来。它的北面为万寿山，又称万岁山，即今琼华岛。山顶有广寒殿，内置黑玉酒瓮，殿柱刻云龙，饰以黄金，光辉灿烂。其东为灵囿，蓄养奇兽珍禽。蒙古为游牧民族，喜欢绿色，殿顶盖绿瓦，山上铺绿石，形成山绿、水绿、树绿、草绿、石绿、殿绿的整体绿色景观。

隆福宫和兴圣宫在太液池西。隆福宫靠南，主要建筑为光天殿，重檐藻井，琐窗朱阑。其后为寝殿，外有围庑围廊。隆福宫为皇太后、皇太子等的住所。兴圣宫靠北，在万寿山正西，主要建筑为兴圣殿，殿后有延华阁，呈方形，十字脊，东西两殿对称，前有轩间，后有圆亭。收藏文物图书、招揽学士才俊的奎章阁，就在兴圣宫内。

大都的街道，规划整齐。城内居民，分为五十坊。坊各有门，上署坊名。大都街道，形如棋盘。南北和东西各有九条大街，在南北向大街的东西两侧，小街和胡同平行排列，居民住宅坐北朝南，无论是冬季防寒和日照取暖，还是夏季消暑和通风采光，都较为便利。全城街道，整齐划一，大街宽 24 步，小街宽 12 步。在南北主干大街两旁，有排水沟渠。道路两侧，相距数步，种植树木，美化环境。

元大都是当时世界上最为宏伟、最为繁华的都市。大都城高池深，宫殿伟丽，户口繁盛，街道整齐。《马可·波罗行纪》中记下了作者对大都的美好回忆。他说道：大都城的"全城地面规划，有如棋盘，其美善之极，未可言宣"[1]。

---

〔1〕 冯承钧译《马可·波罗行纪》中册，第 339 页。

　　大都经济繁荣，与通惠河相关。大都每年从南方运进的粮食，水路运抵通州后，要起岸陆运到城内。为使水路直达大都，在都水监、大科学家郭守敬的倡议和主持下，导昌平白浮村神山泉水，西折南转，汇集诸流，入瓮山泊，经高梁河，汇注城内积水潭，东南出文明门，流经通州张家湾，尾入白河，长164里。因大都地势高出通州约20米，设水闸，安斗门，完工之后，赐名为通惠河。[1]于是船只由海道或由运河，可经通州直达大都城内积水潭，漕粮和货物方便地运入大都。

　　大都的商业，尤为繁盛。全国各地以及波斯、阿拉伯、高丽、缅甸等外国的许多货物都集中到这里。马可·波罗称赞大都是商业繁盛之城："外国巨价异物及百物之输入此城者，世界诸城，无能与比。"[2]文献记载：大都百物，输入之众，川流不息，仅丝一项，每日入城，计有千车。运粮之数，更为可观。每年海运南粮至大都，多达352万余石。水运码头——积水潭，漕船如织，舳舻蔽水，歌肆酒楼，昼夜喧闹。

　　元朝是当时世界上最强盛的大帝国，对外文化交往有了空前的发展。外国的科学家、医生和传教士等成批地来到大都，大都成为世界文化交流的一个中心。在亚洲，大都同波斯和阿拉伯国家交往空前。波斯和一些阿拉伯国家，当时受蒙古伊尔汗国统辖，同元朝关系密切；中国的匠师、医生到那里，火药及其使用方法也传了过去。波斯天文学家札马剌丁来到大都，带来天文仪器和回回历法，并担任大都回回司天台提点[3]，他

---

〔1〕《元史》卷一六四《郭守敬传》，中华书局，1976年，第3852页。

〔2〕冯承钧译《马可·波罗行纪》中册，第379页。

〔3〕《元史》卷九○《百官志六》，第2297页。

还主持制造了"咱秃哈剌吉"（浑天仪）等七种天文仪器。在元朝的秘书监中，保存了不少阿拉伯文书籍，其中多数是阿拉伯人关于天文历法、仪器制造和医学药物等方面的著作。"回回医学"在大都颇为流行，在太医院下设广惠司，掌管回回医药事务，叙利亚人爱薛就在广惠司中任职。[1]大食人也黑迭尔为大都城的设计与建造，尼泊尔人阿尼哥为大圣寿万安寺塔（白塔寺塔）的兴造都贡献了才华。在欧洲，不少传教士和商人来到大都。意大利传教士孟高维诺于至元三十一年（1294）抵大都，居住34年，建教堂三所，用蒙古文译《圣经》，并任大都总主教。[2]传教士还曾出入宫廷，举行宗教仪式，施行洗礼。《马可·波罗行纪》是早期中西文化交往的重要记录。元代到过中国的摩洛哥旅行家伊本·白图泰，曾在其游记中对大都做了生动描述，为中非文化交往留下珍贵的资料。

大都也是当时全国的文化中心。元代在中国科学技术史上是居于先进行列的。伟大的科学家郭守敬在天文历法等方面的杰出成就即为例证。他先在前人基础上，设计制造了简仪、仰仪和圭表等天文仪器。在他的建议下，在大都设置司天台即天文台，为明、清观象台奠定基础。郭守敬在其倡议"东至高丽，西极滇池，南逾朱崖，北尽铁勒"[3]的四海测验的基础上，主持编制新历《授时历》，精确度极高，以365.2425天为一年，比地球绕太阳一周的实际时间只差26秒，其准确度与现行公历相同，但公历的使用要比《授时历》晚300年左右。《元史·天

---

〔1〕《元史》卷一三四《爱薛传》，第3249页。

〔2〕方豪《中国天主教史人物传》（上）之《孟高维诺》，中华书局，1988年，第27—28页。

〔3〕《元史》卷一六四《郭守敬传》，第3848页。

文志》记载：郭守敬还主持设计制造了大型计时器七宝灯漏，陈列在大明殿里，高1丈7尺，以金为架，共分4层，内为机械，以水激转，用小木偶神12尊，捧12神牌，每辰初刻，各持时牌，四门通报，一人在门内以手指其刻数。这种灯漏，设计精巧，构造复杂，是计时机械制造技术的巨大进步。元代还在大都兴建国子监、孔庙和妙应寺、白云观等许多学宫、庙宇、道观等，都具有很高的文物价值和艺术价值。

元大都总管府领院二、县六、州十。其府志《析津志》已佚，今人从《永乐大典》等书中辑出部分资料，定名《析津志辑佚》出版，没有舆图。《大都图册》有图，但书已不存。

宏伟繁华的大都，既是贵胄豪富的天堂，也是贫苦民众的地狱。到元顺帝时，元朝政治更加腐败，"大霖雨，京畿水，平地丈余，饥民四十余万"。接着，地震不断发生。至正十一年（1351）正月，元末农民战争爆发。不久，海运与河运都被切断，大都的粮食货物奇缺。至正十四年（1354），"京师大饥，加以疫疠，民有父子相食者"[1]。后大都连续发生饥疫，"沟中人啖尸，道上母抛儿"。饥者充坊巷，死者相枕藉。据《元史·朴不花传》所载，仅宦者朴不花请旨市地"前后瘗者二十万"。元大都城内，天怒人怨，景象悲惨。至正二十八年（1368）正月，朱元璋在金陵建立明朝。不久，朱元璋派大将徐达领兵北伐。闰七月二十八日夜半，元顺帝妥懽帖睦尔带着后妃、太子等人从健德门仓皇出走，逃向上都。八月初二日，徐达率明军进入大都，元朝灭亡，大都作为元代京师的历史随之结束。

---

[1] 《元史》卷四三《顺帝纪六》，第918页。

明代北京

明太祖朱元璋于洪武元年（1368）正月，在应天（今南京）称帝。八月，定应天府为南京，汴梁（今开封）为北京，大都路改称北平府。洪武三年（1370），朱元璋封第四子朱棣为燕王。后燕王朱棣就藩北平。朱元璋死，其孙朱允炆继位，是为建文帝。朱棣在建文元年（1399）起兵北平，发动"靖难之役"，四年（1402）攻下南京，夺取帝位。明成祖朱棣，以北平为"龙兴之地，北枕居庸，西峙太行，东连山海，南俯中原，沃壤千里，山川形胜，足以控四夷，制天下，诚帝王万世之都"[1]，决定迁都。永乐元年（1403）正月，升北平为北京，改北平府为顺天府。四年（1406），朱棣下诏迁都北京。翌年五月，开始营建北京宫殿、坛庙。由于大规模建筑准备不易，特别是对北元蒙古势力连年作战，营建工程到十五年（1417）才全面展开，于十八年（1420）完工。十九年（1421）正月，正式迁都北京，以北京为京师，以南京为陪都。其顺天府辖区：大兴、宛平、良乡、固安、永清、东安、昌平、顺义、怀柔、密云、通州、霸州、涿州、蓟州。

北京城是在元大都城基础上，吸收历代都城规划之长，参酌南京城池宫殿规制，略作变通，北城南移，而进行营建的。明北京城分为宫城、皇城、内城和外城四重。

宫城又称紫禁城，是北京城的核心。紫禁城周长6里，城高7.9米，内外砖砌，外围护城河，四隅角楼，英姿高耸。宫

---

[1]《明太宗实录》卷·八二，永乐十四年十一月壬寅。

城六门，正南第一重为承天门[1]（清改为天安门），第二重为端门，第三重为午门，东为东华门，西为西华门，北为玄武门（清改为神武门）。宫城内，前部为皇帝坐朝和举行大典的外朝，奉天（后改名为皇极）、华盖（后改名为中极）、谨身（后改名为建极）三大殿为主体，文华殿和武英殿为两翼。后部为皇帝和后妃居住的内廷，以乾清宫、交泰殿和坤宁宫为主体，东六宫和西六宫为两翼。最后为幽丽的御花园。紫禁城宫殿巍峨壮丽，金碧辉煌，气势雄伟，凝重威严，是中国古代宫殿建筑总结性的杰作，也是世界古代宫殿建筑中伟大的奇迹。

皇城在宫城的外面，周长 18 里，有六门：正南为大明门（清改为大清门），大明门东转为长安左门，西转为长安右门，东为东安门，西为西安门，北为北安门（清改为地安门）。承天门内东西朝房两旁，布置了"左祖右社"的太庙（今劳动人民文化宫）和社稷坛（今中山公园）。这样布置改变了元朝"左祖右社"远离宫城的布局，使太庙与社稷坛紧连着皇宫。承天门前有一条宽阔的御道，两旁有连檐通脊的千步廊，组成巨大的广场。广场两侧红墙外面，左文右武，对称地排列着中央政府的主要衙署，从而改变了元大都城内中央衙署分散的布局。宫前的中央衙署和"左祖右社"，宫后的御园，宫左的皇史宬，宫右的太液池等，都围在皇城之内。

内城又称京城或大城，在皇城的外面，周长 45 里，城墙高约 12 米，全部用砖包砌，开有九个城门：东为东直、朝阳，南为崇文、正阳、宣武，西为阜成（城）、西直，北为德胜、安

---

[1] 阎崇年《北京皇城正门析辨》，《北京晚报》1988 年 2 月 6 日。

定。[1]正统四年（1439），修成内城九门城楼，正阳门正楼一座、月城中左右楼各一座，其他八门各正楼一座、月城楼一座，各门外建牌楼，城四隅立角楼，又深浚壕堑，砌以砖石，并改九门木桥为石桥，两桥之间各有水闸。正阳、崇文、宣武等门，各设水关，内外三层，分置铁栅。九门楼成，崔嵬宏丽，堤坚水清，焕然金汤。

外城环包内城南面，转抱东西角楼。外城之筑，几议几停。正统己巳（1449）之变，蒙古瓦剌也先直入城下，九门紧闭，庶众奔窜。蒋瑜议筑外城，廷议暂缓举行。后毛伯温再言筑外城，以物力所艰，乃命暂止。[2]嘉靖二十九年（1550），俺答率鞑靼兵攻到北京城下。明廷为加强京师城防，仿"城必有郭，城以卫民，郭以卫城"之制，于三十二年（1553），修筑外城。原计划外城120里，环绕内城，但因财力不足，至四十三年（1564），只修了环抱南郊的外城。外城长28里，共有七门：东为东便、广渠，南为左安、永定、右安，西为广宁（清道光时改为广安）、西便。修建外城门楼和瓮城，绕外城挖了护城河。于是，北京城平面呈"凸"字图形。外城修完后，京城（大城）才称为内城。

明代北京城由一条长达16里的子午线纵贯南北，作为全城布局的中轴线依据。外城南边正中的永定门，是这条子午线的起点；皇城后门之北的钟鼓楼，则是这条子午线的终点。奉天

---

〔1〕《日下旧闻考》卷三八："永乐中定都北京，建筑京城，周围四十里，为九门：南曰丽正、文明、顺承，东曰齐化、东直，西曰平则、西直，北曰安定、德胜。正统初，更名丽正为正阳、文明为崇文、顺承为宣武、齐化为朝阳、平则为阜成，余四门仍旧。"

〔2〕《明史》卷一九八《毛伯温传》，中华书局，1974年，第5241页。

殿（皇极殿）金銮宝座正落在子午线上，外城、内城、皇城和宫城，都以这条子午线为中轴而对称展开，形成完整和谐、举世无双的巨大建筑群。

随着永乐帝迁都北京，贯穿南北大运河的开通，许多农民、工匠的移实京师，北京经济有了显著的发展。

北京成为明朝的都城，与全国各地区、各民族的经贸联系密切而繁荣。正阳门大街和东四牌楼、西四牌楼地带，是京城的三个主要市场。正阳门大街以东有果子市、鲜鱼口、戥子市、瓜子店，以西有珠宝市、粮食店、煤市街、钱市胡同等，都是各种专业市场的名称。大明门前的棋盘街，全国士民工商，"各以牒至，云集于斯，肩摩毂击，竟日喧嚣"[1]。《皇都积胜图》中描绘正阳门外商业繁盛景象，就是形象的画证。东四牌楼附近有猪市大街、小羊市、礼士（驴市）胡同，西四牌楼附近有马市大街、羊市大街、缸瓦市、粉子胡同等，都是热闹的商业区。除商业市场外，还有集市、庙市。东安门内的内市、城隍庙和隆福寺、护国寺的庙会、灯市口的灯市等，都定期开市。直省商旅，各族珍异，三代八朝古董，士农工商用品，衢行列市，喧腾交易。其时"九市开场，货随队分，人不得顾，车不能旋，阗城溢郭，旁流百廛"[2]。少数民族的"贡使"和商人也来京贸易。他们归装所载，仅瓷器一项，每车高至三丈余，"多至数十车"[3]。商业繁盛，可见一斑。

明代北京还是全国的文化教育中心。明朝最高学府国子监

---

[1] 蒋一葵《长安客话》卷一，北京古籍出版社，1980年，第11页。
[2] 刘侗、于奕正《帝京景物略》卷二，北京古籍出版社，1980年，第58页。
[3] 沈德符《万历野获编》卷三〇，中华书局，1959年，第780页。

有两处，在南京的叫南监，在北京的叫北监。永乐时在北京国子监的学生约有 1 万人，其中有朝鲜、安南（今越南）、暹罗（今泰国）、琉球（今属日本）的学生。明朝规定三年举行一次会试和殿试，届期有上万考生齐集北京。从永乐十三年（1415）乙未科开始在北京举行会试，到崇祯十六年（1643）癸未科，共有 78 科，22967 人在北京成为进士。明政府还在太医院、钦天监、四译馆内设科，培养医药、天文、语言等方面的专门人才。四译馆分为八个馆，学生们在这里学习少数民族和各国的语言文字，如蒙古文、藏文、维吾尔文和缅甸文、梵文等。

科技方面，明代后期出现了李时珍、徐光启、宋应星和徐霞客等大科学家。徐光启官至礼部尚书兼内阁大学士，撰写了《农政全书》，还钻研刚从西方传来的近代自然科学。其时，意大利籍耶稣会士利玛窦于万历二十九年（1601）到北京，带来《坤舆万国全图》等西方科技著作。徐光启向利玛窦学习新的科学知识，两人还合作译出《几何原本》。利玛窦死后葬在滕公栅栏（今车公庄大街 6 号）。万历年间，北京观象台在元大都司天台的基础上，吸收西方科学优长，制作出纪限大仪、平悬浑仪等新的天文仪器。

北京各寺院中泥塑、绘画、木雕和石刻均有出色成就。大慧寺殿内的塑像，造型各异，文绣斑斓；法海寺殿内的壁画，惟妙透体，如飞似流；智化寺内的藻井，雕刻雄朴，技艺精绝；真觉寺（五塔寺）塔上的石雕，刻工精细，纹饰生动。上例均为明代的艺术珍品。

总之，明代的北京，文化兴盛，经济繁荣，宫殿伟丽，街市规整。嘉靖二十年（1541）到过北京的葡萄牙作家平托，后来在《游记》中写道：北京是个富足、文明、宏伟、美丽的世界大都会，城墙高厚，楼阁相望，城中商店林立，百货充塞于市，行走于街市之中，如入幻境。

明代开始留下北京的舆图。明朝前期，国力强盛，修志绘图，尤胜前代。明朝北京的舆图册籍，首推洪武《北平图经》，顾名思义，有图有文。在洪武北平府属州县志中，昌平、密云、通县、顺义、大兴、平谷有图志。上列七书，均已亡佚。明代顺天府，先修永乐《顺天府志》（二十卷），近人从《永乐大典》中辑出八卷，只有文字，没有舆图。明朝顺天府的舆图，今见有三种：一是《北京城宫殿之图》，二是《京师五城坊巷胡同集·总图》，三是万历《顺天府志·舆图》。

《北京城宫殿之图》，约绘于嘉靖年间，刻印于万历年间。图纵99.5厘米，横49.5厘米。现藏日本宫城县东北大学图书馆。在图名下、舆图上有文字30行，每行9字。如"鸡声三唱晓星高，万岁山呼贺圣朝。御驾将军擎月斧，锦衣校卫捧金刀。丹墀拥立文官贵，玉陛列排武士豪。静鞭三下珠帘卷，大明皇帝正当朝"云云。然后叙述明朝自洪武、永乐、洪熙、宣德、正统、景泰、天顺、成化、弘治、正德、嘉靖至万历十二朝的历史。[1]

判定此图绘制于嘉靖年间的主要根据是，图中绘制紫禁城三大殿——奉天殿、华盖殿、谨身殿。三大殿自嘉靖三十八年（1559）十月十日兴工，至四十一年（1562）九月三殿告成，"改奉天殿曰皇极，华盖殿为中极，谨身殿为建极"[2]。是知该

〔1〕《北京城宫殿之图》，现藏日本东北大学图书馆，引自《中华古地图珍品选集》，哈尔滨地图出版社，1998年。
〔2〕《日下旧闻考》，卷三四，第518页。

图绘于嘉靖四十一年之前。此图判定刻印于万历年间的主要根据是，图中题诗有"万历当今福寿延，四海无虞天下静"。"万历当今"明确标出时间。图中标明：自"端门至午门，直八十丈长，横六十四丈"。这是重要的历史数据。图中标明坊巷，在正阳门两侧，其东为"东江米巷"，其西为"西江米巷"。图中的西安门外"南城殿"旁，特别标明"景太（泰）在此养病"。《北京城宫殿之图》以古代缩绘方法，绘制北京的宫殿、城墙、庙宇、衙署、坊巷等，是现存最早的北京城地图。

《京师五城坊巷胡同集·总图》，是明人张爵所著，成书于嘉靖三十九年（1560）。[1]书中记述了明代北京五城三十三坊的名称、位置及各坊的胡同，还记述了社会与人文景观的地理标志。

万历《顺天府志·舆图》，成书于万历二十一年（1593）。书中《地理志·序》记载："王畿重地，辇毂大观，金门有图。"故首列"金门图"。这是一幅北京城图，其中记载，外城南向正门为"永安门"，皇城后门为"北安门"。在《北京城宫殿之图》中，皇城后门为"厚载门"。另一幅《畿辅图》实为"顺天府州县图"，图中共列五州——昌平州、通州、涿州、霸州、蓟州，二十二县——大兴、宛平、顺义、良乡、密云、怀柔、固安、永清、东安、香河、三河、武清、漷县、宝坻、房山、文安、大城、保定、玉田、丰润、遵化、平谷。[2]万历《顺天府志》第一卷有顺天府舆图，是现存北京最早的顺天府舆图。

---

〔1〕 张爵《京师五城坊巷胡同集》卷首，北京古籍出版社，1982年。

〔2〕 万历《顺天府志》卷一，万历二十一年（1593）刻本，中国国家图书馆善本部藏，第8页。

此外，嘉靖《通州志略》收录图十四幅，是现存最早且最详的北京区县舆图。[1]

明朝前期国力强盛，后期日渐衰弱。满族崛兴东北，农民揭竿西北。崇祯十七年（1644）三月十八日，李自成率军攻破北京外城。第二天，崇祯帝自缢，明亡。原明山海关总兵吴三桂，加紧同清睿亲王多尔衮勾结。四月间，李自成亲自领兵东征，山海关一战失利败回。李自成于四月二十七日退回北京，二十九日在紫禁城武英殿即皇帝位，三十日率大顺军退出北京。五月初二日，多尔衮统领清军进入北京。

清代京师

清朝是我国满洲贵族建立的王朝。清朝奠基人努尔哈赤最早建都于赫图阿拉城（今辽宁新宾），后金天命六年（1621）迁都辽阳，天命十年（1625）再迁都沈阳。现在的沈阳故宫，便是当年后金汗临朝与住居之所。天聪九年（1635），努尔哈赤的儿子皇太极，汗谕将女真改称满洲，从而标志着满洲族作为一个正式族名，开始出现在中华大地上。崇德元年（1636），皇太极改国号为清。崇德八年（1643）皇太极死，其六岁儿子福临即位，改年号为顺治。顺治元年（1644）四月，山海关大战之后辅佐福临的睿亲王多尔衮，率清兵尾追农民军，于五月初二日进占北京。六月十一日，多尔衮召集王公大臣会议，以"燕京势踞形胜，乃

---

〔1〕 杨行中纂嘉靖《通州志略》十三卷，图一卷，日本东京尊经阁文库藏，首都图书馆复印本。

自古兴王之地，有明建都之所"，[1]定议迁都北京。十月一日，清顺治帝因皇极殿（今太和殿）被焚毁，便登临皇极门（今太和门），颁诏天下，定鼎燕京。[2]从此，北京继元、明之后，再次成为中国统一多民族国家的政治中心。其顺天府区：大兴、宛平、良乡、固安、永清、东安、香河、三河、武清、宝坻、漷县、顺义、密云、怀柔、房山、文安、大城、保定、玉田、平谷、遵化、丰润、通州、霸州、涿州、蓟州、昌平州。

明、清之际，北京没有受到大的破坏。清代迁都燕京，对故明宫殿"因胜国之旧，而斟酌损益之"，做了部分更易。如坤宁宫既为皇后正宫，又为萨满祭祀之所，宫前竖索罗杆子。乾清宫、宁寿宫、南三所等都设西南北大炕；紫禁城内建箭亭；设理藩院衙门（在今南河沿南口路东），以掌管蒙古、西藏和新疆等地的民族与宗教事务；雍正初在皇宫隆宗门东建立辅佐皇帝处理军务的军机处，成为直接秉承皇帝旨意执掌军政的中枢机构。北京内城的民居，则发生了巨大变化。

清朝迁都北京后，在北京实行旗、民分城居住的制度。这在北京历史上是空前绝后的。旗指旗人，民指汉、回等族居民。清朝的八旗，旗有正黄、镶黄、正白、镶白、正红、镶红、正蓝、镶蓝八种不同的颜色。它分为满洲八旗、蒙古八旗和汉军八旗。八旗官兵及其家属进驻北京以后，清廷下令圈占内城的房舍给旗人居住。原在内城居住的民人，一律搬到外城居住。原房主的房子，或拆除移址另建，或卖给旗人。旗、民分城居住，不得擅自越制。内城以皇城为中心，"分列八旗，拱卫皇

---

〔1〕《清世祖实录》卷五，顺治元年六月丁卯，中华书局，1985年。

〔2〕《清世祖实录》卷九，顺治元年十月乙卯朔。

居：镶黄居安定门内，正黄居德胜门内，并在北方；正白居东直门内，镶白居朝阳门内，并在东方；正红居西直门内，镶红居阜成门内，并在西方；正蓝居崇文门内，镶蓝居宣武门内，并在南方"[1]。各旗都在所驻城内外设校场、演武厅，熟练骑射，操演技勇。

满洲军事贵族从关外一隅，入主中原，最关心的是"和"与"安"。北京作为清朝政治中心，这一统治意图在各处均有体现。顺治二年（1645）五月，重建皇极殿、中极殿、建极殿，依次改名为太和殿、中和殿、保和殿[2]，突出一个"和"字。八年九月，重修承天门竣工，改承天门名为天安门。第二年七月，改皇城后门名为地安门。[3]皇城原有东安门与西安门，突出一个"安"字。皇城、宫城各门的匾额，都以满文与汉文合璧书写；太庙祭祖、圜丘祭天时读祝文，也是既读满文，又读汉文。另如敕制碑文，用满、汉、蒙、回、藏五体文书写。再如乾隆帝在接见满洲王大臣时讲满语，接见汉族官员时讲汉语，接见蒙古王公时讲蒙古语，接见西藏班禅六世时讲藏语。清帝以此显示满、汉、蒙、藏、回等族协和为其国策。

清代北京的楼、堂、寺、塔建筑，集中反映了北京是统一多民族国家的政治中心这一主题。满族人信奉萨满教，建造堂子，立杆祭天。清在御河桥东路南建堂子，堂子的形制，为八角形殿。[4]蒙古等族信奉喇嘛教，雍正帝登基后将其原住过的

[1]《八旗通志》卷二，东北师范大学出版社，1985年，第17页。

[2]《清世祖实录》卷一六，顺治二年五月。

[3]《清世祖实录》卷六六，顺治九年七月丙子。

[4]《钦定满洲祭神祭天典礼》卷六，台湾商务印书馆影印文渊阁四库全书本，第2页。

雍亲王府赐名雍和宫。乾隆九年（1744），将雍和宫改为北京最大的喇嘛庙。雍和宫万福阁内耸立着由一整根 26 米高白檀木雕成的佛像，被誉为旷世珍宝。为接待达赖五世来京，而在安定门外修建了西黄寺。乾隆四十五年，班禅六世到北京，不久因病圆寂。乾隆帝命在他生前住过的西黄寺建清净化城塔，敕四体文碑，以示纪念。

清代由于袭用明朝的城池、宫殿，除重建和增建了紫禁城内一些殿阁，以及增建"三海"（南海、中海、北海）皇家园林外，把主要财力和物力用于开发西郊园林"三山五园"——香山静宜园、玉泉山静明园、万寿山清漪园（颐和园）和畅春园、圆明园等。东起海淀，西到香山，皇家及王公大臣的园林，墙垣相接，连绵不绝，成了园林之海、殿阁之林。其中最突出的是至今仍然保存完好的颐和园和已经成为废墟的圆明园。

清代北京经济的一个特点，是"前三门"（崇文门、前门、宣武门）一带经济的繁荣。这除了是由于京郊农业、京城手工业、商品交换经济的发展，外地来京举子、商人在外城居住，大运河终点临近崇文门等因素外，还由于旗民分城居住，民人商户迁至外城。旗、民分城居住，在内城居住的旗人，不许经商设店，也不许设剧场演戏。他们为着贸易、游乐，便川流不息地进出前三门一带。崇文门设税关，门内往西有会同四译馆。正阳门外东三里河经大通河至张家湾，由大运河运来的南方货物在这里集散。宣武门外有许多会馆。当时士子常出入宣武门，商人多出入崇文门，官员上下朝多进出正阳门。正阳门外大街一带，店铺栉比，百货云集，摩肩接踵，喧嚣交易，是清代北京最繁华的闹市区。六必居、同仁堂、都一处、合香楼等名店铺林立，牌匾相望。珠宝店、绸布店、粮食店、杂货店沿街售货，盛极一时。《南巡盛典图》描绘的前门闹市区盛况，是当时繁华景象的写照。

在前三门商业区中，还出现了以经营经史子集、文房四宝、碑帖字画和印玺古玩为特色而驰名中外的琉璃厂文化街。在琉璃厂的书肆与文物中，古籍珍本，插架充栋；金石字画，琳琅满目。每年新春，厂甸开市，书店及其他商贩在此设摊，游人众多，成为北京的岁时盛事。琉璃厂文化街市的形成，是清代北京文化昌盛的一个标志。清代"康乾盛世"为文化的兴盛提供了有利条件。作为清代首善之区的北京，成为全国的文化教育中心。

在教育方面，全国最高学府国子监，既有汉、满、蒙古等族儒生，也有日本、越南、朝鲜、琉球、俄罗斯的学生。此外，还有宗学、觉罗学、八旗官学，以及府学、县学和金台书院等。有清一代共举行会试114科，有26846人在京成为进士。同治元年（1862），设同文馆，有英、法、德、俄和日文馆，后增设算学馆，选拔八旗子弟学习外语和自然科学。光绪二十四年（1898），建京师大学堂（今北京大学前身）。二十八年，京师大学堂设师范馆，是为北京师范大学的前身。宣统元年（1909），设游美学务处，后衍变为清华学堂（今清华大学前身）。同期，育英、汇文、贝满等一批中等学校相继兴办。此外，光绪二年（1876），北京开始有了博物馆。宣统元年，学部在京师建图书馆（今北京图书馆前身）。这一时期，北京还先后创办了《官局书报》《顺天日报》《京话日报》《北京要报》等报刊。

在编纂刻书方面，康熙、乾隆等朝，集中全国在京文萃，整理编纂册籍，敕撰100余种、10余万卷，包括《佩文韵府》、《一统志》、《全唐诗》、《全唐文》、《古今图书集成》、《四库全书》、

《清实录》（汉文本、满文本、蒙古文本）、《大藏经》、《满文大藏经》，以及北京地方文献《日下旧闻考》等。在这前后，康熙和光绪《顺天府志》，汇集了大量资料，是两部重要的北京文献。

在文学艺术方面，清朝宫中曾编刻过多种书法丛帖。乾隆时，编成《三希堂法帖》。这部法帖包括 495 块刻石，摹刻从魏晋到明末 135 位书法名家墨迹，镶嵌在北海阅古楼墙壁上。还有乾隆时蒋衡手书《十三经》刻石，今存首都博物馆。京剧也是清代在北京形成的。在清代北京的文坛，《红楼梦》的作者曹雪芹长期生活在北京，《纳兰词》作者、著名满族词人纳兰性德，长篇小说《镜花缘》作者李汝珍，都是比较突出的。

在科学技术方面，承袭明观象台的清观象台，康熙至乾隆年间，在我国已有成就基础上，汲取西方之长，研制了新的天文仪器——象限仪、天体仪、地平经仪、赤道经纬仪、黄道经纬仪、玑衡抚辰仪和纪限仪等，先后编著了《数理精蕴》等书，对后来天文学与数学发展有重要影响。蒙古族科学家明安图，任钦天监监正，经过三十多年的研究，于乾隆二十八年（1763）写出《割圜密率捷法》书稿（后由他的儿子和学生续写完成），这是我国数学史上的一部杰作。

清代舆图，尤值一提。仅中国第一历史档案馆现存各种清宫舆图即达七千多件（册）。清朝舆图的绘制与保存，分为内务府造办处舆图房舆图、内阁会典馆舆图稿和军机处舆图等。其中最重要的为《皇舆全览图》《雍正十排图》《乾隆十三排图》等。康熙任用耶稣会士白晋（Joachim Bouvet）、雷孝思（Jean-Baptiste Régis）、杜德美（Pierre Jartoux）等参与测绘。他们使用西方测绘方法，历时十年，除新疆、西藏部分地区外，绘成《皇舆全览图》。今存其康熙五十八年（1719）最早版本。该图东北到库页岛（今萨哈林岛），东南到台湾，南到崖州（今海南岛），西北到伊犁河，北到贝加尔湖。英国学者李约瑟评论此图："不仅是亚洲当时所有的地图中最好的一幅，而且比当时的所有欧洲地图都好，更精确。"雍正时在《皇舆全览图》的基础上，测绘新舆图，因其共 10 排，称为《雍正十排图》。此图范围东起太平洋，西到地中海，南到南海，北到北冰洋，其绘制地域范围之广，为当时世界舆图所罕见。乾隆朝平定准噶尔、统一天山南北，又击败廓尔喀入侵、维护西藏统一，进而测绘《乾隆内府舆图》（《乾隆十三排图》），共 13 排、104 张，其地理范围东至太平洋、西抵印度洋、南达南海、北尽北冰洋，为当时世界上最早、最完善的亚洲大陆全图。[1]

清代的京师舆图，种类多、绘图精、数量大、珍藏好。其中珍贵京师舆图有：

《北京皇城宫殿衙署图》，成图于康熙年间，绢底，彩绘，纵 238 厘米，横 178 厘米。原藏清内阁大库，现藏台北"中央图书馆"。图中绘出宫殿、衙署、庙宇、城垣、坊巷、湖泊、河流等。[2]《北京皇城宫殿衙署图》是第一幅经过实测绘制的北京城地图，成为《乾隆京城全图》的基础与蓝本。

《乾隆京城全图》，始绘于乾隆十年（1745），成图于乾隆十五年，纸本，墨印，纵 1414.5 厘米，横 1350.4 厘米，因图幅较大，分成 17 排，折装成册。现藏于中国第一历史档案馆。《乾隆京城全图》是北京史上继康熙《北京皇城宫殿衙署图》之后，用近代方法测绘的第一幅大比例尺的京城全图，也是当时

---

〔1〕 邹爱莲《关于清宫舆图》，《明清论丛》第 2 辑，紫禁城出版社，2001 年。
〔2〕 《北京皇城宫殿衙署图》，现藏台北"中央图书馆"，蒙孙果清先生赠该图照片。

世界上精美的都市地图。这幅图细致到每条坊巷、巷中每座院落、院中每间房屋，都加以标绘，且刻画清晰。[1]

《宸垣识略》，吴长垣编，乾隆五十三年（1788）刻本，书中编绘 18 幅京师地图，包括《城池全图》《大内图》《皇城图》《内城图》（总图一、分图八旗每旗各一）、《外城图》（总图一、分图四）和《城郊图》。[2]分类雕梓，刻画清晰。

《嘉庆首善全图》，嘉庆年间木刻本，单幅挂轴，纵 108.5 厘米，横 63.5 厘米，中国国家图书馆善本部藏。

《唐土名胜图会》，日本人冈田玉山等编绘，成书于文化二年即嘉庆九年（1804）。书中第一卷绘《京师总图》《大内总图》，第二卷绘《皇城图》，第三卷绘《内城总图》《分列八旗居址图》，第四卷绘《外城总图》等。[3]

《京城内外城全图》，绘制于道光年间，绢底，彩绘，纵 240 厘米，横 180 厘米。现藏于中国国家图书馆善本部。图中绘京城的宫殿、官署、王府、寺庙、街道、胡同、湖泊、河渠。《京城内外城全图》是现存最早绘本的北京地图。

光绪朝后期，成立测绘局，而后测绘大量省、府、州、县舆地图。光绪《顺天府志·图》仅有太学图、顺天府学图、顺天府署图、顺天贡院图和金台书院图五幅。八国联军侵入北京，绘制反映这个重大历史事件的《京城各国暂分界址全图》。此图说明，其错别字，不予改动，照录如下：

〔1〕 《乾隆京城全图》，中国第一历史档案馆藏，北京燕山出版社影印本。

〔2〕 吴长垣《宸垣识略》卷首，北京古籍出版社，1981 年。

〔3〕 冈田玉山等编绘《唐上名胜图会》，北京古籍出版社影印本，1985 年。

今将京城内外各国暂管地面并各国所站各衙门公所，均照界限分别清楚及各国旗式，按界分清。以便一目了然。现有俄、美国府所管地面，业已英、德管辖，其俄兵退据东三省也。大内及詹事府、顺天府具（俱）系日本所站，吏、户、礼部、宗人府、太医院、钦天监具（俱）系俄站兵，兵、工部、銮驾库、天坛系英站据。其景山系法站，先农坛系美站，理藩院系各国公署。英界黄色、法界蓝色、美界绿色、德界红色、义界米色、日本蛋青色。

其图名下自右至左，依次绘出俄国、法国、英国、德国、美国、奥匈、日本、意大利八国的彩色国旗。这幅《京城各国暂分界址全图》是帝国主义列强侵略中国、侵占北京的舆图明证。

清末绘制许多北京地图，如《北京城图》《京城详细地图》。清代最后的北京舆图是《清北京城图》。该图主要反映清朝宣统年间北京城区的行政区划、坊巷胡同、衙署王府、坛庙寺观等，同现代北京城图在绘制上几乎没有什么差别。

光绪《顺天府志·疆域志》前编绘《顺天府属总图》《大兴县图》《宛平县图》以及《良乡县图》等22幅州县图。在《城池志》编绘《太学全图》《顺天府学全图》《顺天府署全图》《顺天贡院全图》《金台书院图》。这是总纂缪荃孙重文重教的理念体现，也是首次出现京师府有关书院、科考的舆图。[1]

此外，京师有许多专图：江河图——《通州永定二河图》、《江河图说》（玉泉河、惠通河、长河、凤河、团河）等，湖渠

---

〔1〕　光绪《顺天府志》，北京古籍出版社，1987年。

图——京师水利图、京师内城河道图、紫禁城内沟渠图等，苑
囿图——南海图、中海图、北海图、景山图、香山图、万寿山
图、圆明园图等，坛庙图——天坛全图等，行宫图——各路的
行宫等，军事图——八旗驻防京畿图、八旗练兵场图等，宫殿
图——紫禁城图、天安门至三大殿图、紫禁城各门图、乾清门
至太和门图、午门至天安门图、天安门至大清门图等。[1]

1911年（宣统三年）10月10日，武昌起义爆发，辛亥革
命推翻了清朝统治。1912年1月1日，中华民国政府成立，孙
中山在南京就任临时大总统。不久，南北妥协。2月12日，宣
统帝溥仪退位，北京作为清代都城的历史随之结束。

民国北平

辛亥革命后，北洋军阀统治着北京。民国初期北京仍为中
华民国的首都。1927年4月18日，南京成立国民政府。第二
年6月28日，南京国民政府改北京名为北平，并划为特别市。

清宣统帝退位的次日，孙中山辞去临时大总统职，让位
给北洋军阀首领袁世凯，并促其南下就职。但1912年2月29
日，袁世凯暗中策动北京兵变，以此作为拒绝南下的借口。3
月10日，袁世凯在北京石大人胡同（今外交部街）前清外交部
公署内，宣誓就任临时大总统职。1913年10月，袁世凯成为
正式总统。袁的总统府在中南海居仁堂（原名海晏楼）。后改总
统府为新华宫，并在清宝月楼下辟门为新华门。1914年，袁世
凯宣布恢复帝制。在国民愤怒声讨和蔡锷等人发起护国战争的

---

[1]《清内务府舆图册》，中国第一历史档案馆。

打击下，袁世凯被迫于 1916 年 3 月 22 日取消帝制。不久，袁世凯病死。

袁世凯死后，仍有人想在北京复辟帝制。1917 年 6 月 14 日，盘踞徐州的军阀张勋，带着他的三千辫子兵闯入北京。7 月 1 日，张勋等人扶持溥仪复辟，北京城内一时又挂出了清朝的龙旗。7 月 12 日，"讨逆军"进入北京，张勋逃入东交民巷的荷兰公使馆，这出复辟帝制的闹剧收场。

接着，段祺瑞作为国务总理控制了北京政府。其时皖系、直系和奉系军阀交替统治着北京。1924 年，在第二次直奉战争期间，直系将领冯玉祥在前线倒戈，于 10 月 23 日回师北京，囚禁了靠贿选而当上总统的直系头目曹锟，并将自己的军队改称国民军。11 月 5 日，冯玉祥派国民军将溥仪等逐出紫禁城。其后奉系又勾结直系，迫使国民军从北京撤出。之后，直奉关系破裂，奉系头目张作霖退出北京，率部出关。国民军进入北京。1928 年 6 月 28 日，南京国民政府改北京名为北平。

这个时期，北京的城垣、殿宇发生了巨大变化。1914 年 2 月 4 日，在故宫外朝成立古物陈列所；10 月 10 日，武英殿对外开放。1925 年 4 月 1 日，据《参观故宫暂行条例》，故宫局部售券开放参观，9 月 29 日，决定成立故宫博物院；10 月 10 日，举行故宫博物院开幕典礼，售票开放，供人观览。

紫禁城开放后，北京的坛庙园囿也相继开放。社稷坛于 1914 年改为中央公园，1928 年又改为中山公园；太庙于 1924 年改为和平公园。这样，"左祖右社"的禁地都被打开了。同时天坛于 1913 年供外国人游览，1918 年正式开放；地坛于 1925 年辟为京兆公园，1929 年改名为市民公园（今地坛公园）。日坛和月坛也随之开放。从而"天地日月"的神坛禁地也都被打开了。皇家园囿开放最早的是颐和园，1914 年先由清皇室售票开放，1924 年正式开辟为公园。其后北海于 1925 年辟为公园，景山也在 1928 年成为公园，中南海于 1929 年开放。

民国初期，北京的城墙街道变化很大。城墙变动最大的是皇城，从 1923 年开始，皇城东、北、西三面墙垣渐次拆除，南面墙垣后来也大都被拆除。街道变动最大的是新辟纵横四条交通干线：纵向为紫禁城东侧南北池子和西侧南北长街两条通道，横向为紫禁城南面大街（今东西长安街）和北面今景山前街两条通道。这样东西南北四城之间的交通较为通畅，行人和车辆也不用绕行。为着城内交通方便，1924 年在正阳门与宣武门之间开兴华门（今和平门）；后在东长安街东开启明门（今建国门）；在西长安街西开长安门（今复兴门）。

民国北平的人民斗争，此起彼伏，波澜壮阔。从 1915 年开始，中国先进的知识分子掀起了以“民主”和“科学”为两大口号的新文化运动。1916 年底，新文化运动的代表人物陈独秀、李大钊、胡适等，都在北京大学任教。文化古都北京成了新文化运动的策源地。1919 年的五四运动，首先从北京开始，而后迅速发展成为全国性的群众反帝爱国运动。北京成了中国新文化运动的发源地。

1931 年“九一八”事变后，日军占领了东北辽宁、吉林、黑龙江三省，1932 年又占领热河省。“抗日则生，不抗日则死。”1935 年 12 月 9 日，北平万余人举行请愿游行，要求停止内战，一致对外。1937 年 7 月 7 日，卢沟桥事变爆发，揭开了中国人民全面抗日战争的帷幕。同年 10 月 13 日，日伪改北平为北京。中国人民经过八年全面抗战，打败了日本侵略者。日本投降后，北京又改名为北平。

1949 年 9 月 27 日，全国政协会议决定："中华人民共和国建都北平，即日起改名北京。"10 月 1 日，中华人民共和国中央人民政府成立，北京成为中华人民共和国的首都。

（原载《中国古代地图集·城市地图》，

西安地图出版社，2005 年）

北京史研究中的几个问题

为了推动北京史研究工作的开展，1980年9月27日至29日，在京召开了首届北京史学术讨论会。有70多个单位的120多位专业和业余的北京史研究工作者，参加了这次会议。大会收到学术论文50篇，内容涉及先秦、汉唐、辽金、元明清及现代北京史发展的各个主要时期、主要方面的学术性问题。专业和业余的北京史研究工作者，在会上对北京史研究中存在争论的一些问题，各抒己见，畅所欲言，阐述各自的观点，展开热烈的讨论。

一、燕都蓟城问题。近三十年来，北京的文物考古工作取得重大收获，其中琉璃河遗址的发掘，为确定燕都城址提供了新资料。远在周武王灭商之前，北京地区已有两个在原始聚落基础上，自然成长的并存国家——燕和蓟。

武王克商，"封召公奭于燕"。后来，"蓟微燕盛"，燕并蓟而据其地，以蓟城为燕都。这是研究北京城史的起点。燕都蓟城的位置，多年来传统的看法认为，古代蓟城的遗址，就是今北京广安门内白云观以西的高丘（蓟丘）。会上有的同志提出，蓟丘城遗址下面曾发掘出东汉时期的墓葬，这就证明它不可能是汉代以前的城址。那么，周初燕都在什么地方呢？有的同志根据 1962 年以来考古工作者对北京市房山县琉璃河公社董家林[1]古城遗址发掘的情况，在董家林及其附近，曾钻探出墓葬 200 余座（已发掘 60 座）、车马坑 10 余座（已发掘 6 座），出土带有"匽（燕）侯"铭文的礼器 10 余件，并有由主城墙、内附墙和护城坡围起的城垣，证实了董家林古城遗址应是周初燕国的国都所在。但有的同志另据考古资料，认为蓟城可能在蓟丘的西北之处。

二、北方少数民族在北京发展史上的作用问题。3000 多年以来，北京从一个地域政治中心，发展成为北中国政治中心，乃至全中国政治中心，是与我国古代北方各民族发展紧密相关的，尤其是在辽、金、元、清四代，由于契丹、女真、蒙古、满洲等北方少数民族的崛兴与南进，才促发了封建中国政治中心的东移，才促使了北京向全国政治中心的转变，才促进了北京作为全国政治中心的发展。与会代表一致认为，我国古代北方各少数民族与汉族的融合，对北京历史发展做出了重大贡献。探讨这段时期北京地区的民族关系，有学术论文多篇。在论及决定宋辽对峙局面的高梁河战役时，有同志认为，过去不少学者说高梁河在今北京西直门外紫竹院一带，这是不对的。根据实地考察与文献记载相印证，这个同志认为辽代余水与高梁河是一水异名，就是今南沙河的古代名称，高梁河即为今昌平南沙河。但有的同志提出不同意见。

三、明初营建北京城问题。有关北京明代史的论文，包括政治、经济、军事、民族等多方面内容。而明初营建北京城，是北京史上一件大事。但开始修建北京城的年代，各书记载不

---

[1] 今北京市房山区琉璃河镇董家林村。

同。有的同志根据《明太宗实录》等书，经过详细考察，认为营建北京城的时间是永乐十五年（1417）兴工，永乐十八年（1420）十二月完工，历时三年半。但《明史·成祖纪》缺载北京城兴工的年月，《国榷》误作永乐六年（1408）"肇工"，《明史·陈珪传》误作"永乐四年董建北京宫殿"，《明史·地理志》也误作"永乐四年闰七月诏建北京宫殿"，《大明会典》仅记载永乐"十八年营建北京"，《寰宇通志》和《大明一统志》作永乐十八年营建宫殿成，都不确切。但有的同志对此提出商榷意见。

四、"大观园"问题。北京清代史争论问题颇多，诸如八旗、圈地、人物评价、街坊沿革、宫殿坛庙、园林营建等。其中，"京华何处大观园"是会议热烈讨论的一个问题。有人认为，今北京什刹海稍西的恭王府和恭王府花园，就是《红楼梦》中的荣国府与大观园。但是，有的同志根据恭王府及花园的历史沿革、古建筑史和《乾隆京城全图》等资料，论证曹雪芹的生年之时，这里根本没有王府，或相当于王府规模的宅邸，也没有花园，因而无从构成《红楼梦》环境的素材，更无所谓遗址。由此，大观园的模特儿不是恭王府，它是曹雪芹胸中丘壑化成的纸上园林。

五、北京历史分期问题。针对北京历史的分期，主要有两种意见：一种意见主张用中国通史分期方法划分北京历史时期；另一种意见则主张依据北京历史发展的阶段及特点划分北京历史时期。后者认为，"在漫长的北京历史演进过程中，它呈现出阶段性及特征性。应当根据北京历史发展的阶段性与特征性，来确定北京历史的分期。如果用中国通史分期法来划分北京历史时期，那就会忽视北京历史发展的阶段与特点"[1]。北京历史发展有一条基本的线索，这就是从原始聚落，逐渐发展为地域政治中心，发展为北中国政治中心，乃至成为全中国政治文化中心。依据北京历史发展的基本线索、阶段及特点，把有文字记载的北京史分为五段：（1）先秦：方国政治中心；（2）汉唐：北方军事重镇；（3）辽金：北中国政治中心；（4）元明清：统一多民族国家政治中心；（5）现代时期。

会上认为，北京史研究中的一些重要课题，如夏家店文化与燕国历史的关系，北京形成全国政治中心的历史条件，北方诸少数民族对北京历史发展的贡献，北京历史文化的特点，北京史在中国历史和世界历史上的地位等，未及展开讨论，尚待深入研究。

在这次学术讨论会上，成立了"北京史研究会"。北京史研究会的成立，是北京史研究工作的重要新起点。它将团结和组织北京史研究工作者，开展学术研究和学术活动，交流研究成果和信息资料，普及北京史知识，为尽快地把首都建设成为四个现代化的全国政治文化中心而贡献力量。

北京成为中华人民共和国首都已经 31 年，加强北京史研究，编纂一部多卷本的北京史，是首都史学工作者一项光荣而紧迫的任务。

（本文是"首届北京史学术讨论会综述"，发表于《光明日报》1980 年 10 月 14 日"史学版"）

---

[1] 阎崇年《北京历史的分期》，《北京社联通讯》1980 年 11 月 10 日。

古都北京：天地之合，文脉之汇

　　我们奉献在读者面前的《古都北京》，是北京这座伟大东方古代文化艺术博物馆的图文并茂的历史实录。

　　这部书的缘起，是在 1984 年 9 月 5 日，北京朝华出版社编辑马悦女士突然光临我的研究室，约我撰写《古都北京》。这在我平静的心湖中，有如谢灵运《山居赋》所云"拂青林而激波，挥白沙而生涟"，引发了漫漫思绪，激起了层层涟漪。我想，撰写这本书很难，但又很有意义。中国历史悠久，幅员辽阔，民族繁盛，人口众多，将她的神经中枢和文化中心——古都北京，以图文并茂历史实录的形式奉献给读者，虽关重要，却非易事。然而我又觉得：我的曾祖父、祖父、父亲和我，祖孙四代，久居北京；我是研究历史学的，又任职在北京社会科学院；我熟悉北京、喜欢北京、研究北京……这些都激发了我写古都北京之决心。因此，作为北京的一个市民、一个学者，向北京、向中国、向世界介绍中国古都北京，责任在肩，义不容辞。1987 年，《古都北京》由朝华出版社以中文和英文同时出版，获得法兰克福和莱比锡的两个国际图书荣誉奖，并获得中国文化部的奖项；2008年，为配合北京举办第 29 届奥林匹克运动会，经过修订，该书以"中国古都北京"为书名，由中国民主法制出版社，又以中文和英文同时出版，并获得香港和美国的两个奖项；2016 年，再次增订，仍以"古都北京"为书名再由朝华出版社出版；除中文版外，先后以英文、德文、法文出版，并正在筹划以西班牙文、阿拉伯文出版。

打开世界地图，在东方的中华大地上，刻画着两个伟大的人工奇迹：一是蜿蜒起伏、横贯东西的万里长城，另一是晶明平直、纵穿南北的三千里京杭运河。它们历史之悠久，工程之伟大，作用之显著，影响之深远，在中国和在世界，有哪一项文化遗产能与之相比拟呢？长城内外，运河左右，座座城市，星罗棋布，宛如中国历史文化的灿烂星汉。而在万里长城拱卫的中心和京杭运河漕运的起点，闪耀着一颗最明亮的星辰，这就是中国古都北京。

北京城营建的主题和布局，是中国 3000 余年都城建设的总结。中国古书《管子·乘马》说："凡立国都，非于大山之下，必于广川之上。高毋近旱，而水用足；下毋近水，而沟防省。因天材，就地利，故城郭不必中规矩，道路不必中准绳。"意思是说，都城的选址，既不宜离河太远，也不宜离河太近；离河过远会用水不足，离河太近需筑堤防洪。都城还要依山川形势营筑，城墙不一定要方正规整，道路也不一定要平直整齐。

中国古代都城的主要形制是方正形。虽然也有圆形、椭圆形、菱形等，但以方正形为主。最早论述都城的方正形理论的是儒家经典《周礼·考工记》：

> 匠人营国，方九里，旁三门，国中九经九纬，经涂九轨，左祖右社，面朝后市。

　　它包括四项相互联系的原则，即城垣方正，街道齐整，祖社朝市，布置对称。这就是说，都城呈方形，每边九里，旁开三门。城中的道路，纵横各九条，路宽可以九辆车并行。左翼是祭祀皇帝祖先的太庙，右翼是祭祀土地和五谷之神的社稷坛。前面为皇帝治居的宫殿，后面为人们交易的市场。这种规制严整的都城方正形理论，是儒家大一统思想在都城规划与建设上的体现。儒家学说认为天圆地方，国字外面为"囗"，就是表示疆域。作为国家政治心脏的都城，围绕以"囗"形的城墙，都城便成为方正形。它既是进行防御的军事城堡，又是"普天之下，莫非王土；率土之滨，莫非王臣"的政治象征。明清北京城是依照《周礼·考工记》都城方正形理论而营建的现存唯一的都城典型。

　　北京城是地球表面一项最伟大的文化工程，也是世界文明史上一个最壮丽的文化奇观。只有中国才有北京，也只有中国这样的国家才能创造北京。在这座城市里，中华民族五千年的精神文明和物质文明，达到了光辉灿烂、登峰造极的境地。古都北京——这座东方历史文化艺术的璀璨宝库，不仅住在北京的两千多万人民关心她、热爱她，中国的十四亿各族人民关心她、热爱她，而且海外的华侨、华裔关注她、向往她，世界各国的朋友也关注她、向往她。每年有数以千万计的同胞和朋友，从四域八方，宾至北京，以观览她那瑰丽的身姿、博大的气魄、巍峨的长城、蜿蜒的运河、壮丽的宫殿、优美的园林、奇魅的艺术、灿烂的文化、古老的胡同、淳朴的民俗……当然，很多到过或未到过北京的同胞和朋友，都希望能有一册反映北京历史文化艺术的画卷——图文并茂的《古都北京》，在插架书斋，信手翻阅，一览北京，如临其境。因此，我作为北京的一个市民，便率尔操觚，滥竽纂述。像每个人都有自己的性格一样，古都北京也有她的文化特征。那么，古都北京有些什么文化特征呢？我做概括，归纳为八。

居民原生，历史悠久，源远流长，是古都北京历史文化的第一个文化特征。北京历史长河的源头，上溯至 70 万年前洪荒时代的北京人。而后，像滔滔江河，越往下游，河面越宽，河床越深。北京不仅历史悠久，而且文明薪传不断。自公元前 11 世纪以来，北京曾先后 13 次为都，这就是：蓟、燕、前燕、大燕、刘燕、辽、金、元、明、大顺、清、中华民国（初期），当今又是中华人民共和国的首都。特别是到辽、金、元、明、清五代，北京历史江河的激浪，更如"天排云阵千雷震，地卷银山万马奔"。试想，在中国六大古都——西安、洛阳、开封、南京、杭州、北京，在世界十大名都——巴黎、伦敦、罗马、莫斯科、华盛顿、墨西哥城、开罗、东京、巴格达、北京之中，有哪座都城历史之悠久性与连续性、多元性与包容性，可与北京相比拟呢！古都北京这样悠久的历史，绵延不断的文化，不仅在中国各历史名都中是首屈一指的，而且在世界著名首都中也是仅有的。

主客分明，布局宏大，是古都北京历史文化的第二个文化特征。就明清的北京城而言，它是作为封建皇帝治居之所而设计和建造的。君王为主，臣民为客；君权为主，神权为客——这就是北京城设计的主题。美国首都华盛顿城是美国独立战争胜利的产物，也是美国民主和独立的象征，在其城市设计中突出国会大厦，林肯纪念堂亦四面开放。然而，明清皇帝治居之所的北京城，则以一条长 7.8 公里的子午线即中轴线纵贯南北，皇宫位于全城的中心。这在世界都城史上是罕见的，也是中国传统文化智慧在都城建设上的一个创造。城池宫殿、坛庙苑林、衙署寺观、市井民舍，都在子午线即中轴线两侧依次对称展开，格局严谨，主次分明。它的城垣依次由宫城、皇城、内城、外城分为四个方阵（外城因财力不足未能围成方形），呈封闭式，层层相套，等级森严，界限分明。北京城的园囿——宫城的御花园、皇城的太液池、内城的坛庙苑林、近郊的三山五园，远及避暑山庄和木兰围场，也都布局有序，呼应相连。这一整套的都城规划设计，都是中华优秀传统文化和雄伟精湛瑰丽艺术的完美结合。

皇家宫殿，珍宝荟萃，是古都北京历史文化的第三个文化特征。北京从辽代开始成为皇都，至清末宣统皇帝退位，历时近1000年。古都北京不仅集中国历代都城建设之大成，而且集中华民族自古以来文化艺术之精粹，是一座伟大的艺术宫殿，也是一座文物荟萃的博物院。秦朝阿房宫，汉朝未央宫，唐朝大明宫，宋朝大庆殿，金之宫殿，元之大内，明之紫禁宫殿，清之文渊书阁，琼楼玉宇，金殿飞阙，其艺术精粹，其设计构思，古都北京，含其精华。北京故宫博物院现存180万余件文物，另有分存南京博物院10万余件文物及台北故宫博物院和沈阳故宫博物院的文物，还有1000万件汉文、200万件满文档案，以及数以万计的典籍文献。北京还有天坛、颐和园、明十三陵、清东西陵以及与之生息攸关的被列为世界文化遗产的大长城、大运河、大故宫。雄伟的宫殿，绮丽的楼阁，配置以亭台轩榭，陈设以奇珍异宝，北京城成为一座宛若仙境的城市。当大地送暖，万木染绿，登上景山中峰的万春亭，举目远眺，面前会展现一幅世界上最壮丽的图画：绿色筒子河与灰色紫禁城的画框之中，一片黄色琉璃瓦顶金光闪烁的宫殿之海。

坛庙园林，水木京华，是古都北京历史文化的第四个文化特征。北京的坛庙寺观，盛时达 1000 余座。现存最早的是西山潭柘寺，谚语说："先有潭柘寺，后有北京城。"这是说它历史之悠久。而后，辽、金、元、明、清的寺观，遍布京城。如辽大昊天寺，殿后塔高 66 米有余，矗立天空，俯视苍穹。这座高塔虽毁，却留下四座古寺——大觉寺、戒台寺、天宁寺、灵光寺。到了明、清，天坛、地坛、日坛、月坛，分布南、北、东、西。北京城外的园林，南有下马飞放泊（南苑），北有积水潭（北海子），西有三山五园——香山静宜园、玉泉山静明园、瓮山即万寿山清漪园（颐和园）、畅春园、圆明园。在京畿地区，东南有延芳淀（今河北雄安新区），西北有避暑山庄和木兰围场。皇宫之内，有御花园、建福宫花园、慈宁宫花园和宁寿宫花园（乾隆花园）等。古都北京是一座整体布局有序、坛庙寺观点缀、金水玉河环绕、名树异草遍布的花园城市。

各族文化，熔冶一炉，是古都北京历史文化的第五个文化特征。北京，正如陶宗仪《南村辍耕录》所言："右拥太行，左注沧海，抚中原，正南面，枕居庸，莫朔方，峙万岁山，浚太液池，派玉泉，通金水，萦畿带甸，负山引河，壮哉帝居，择此天府。"北京成为元、明、清三代首都，正是由于天地之合，文脉之汇——南襟河济，北连朔漠，东濒大海，西依太行，成为中华多元文化之汇，也成为中国的政治中心和文化中心。这是历史的选择，也是民族的选择。北京历来为中华民族内部各族争融之区，这突出反映在自秦始皇到清宣统两千多年皇朝历史政治中心的移动，前一千年中国政治中心，秦在咸阳，西汉在长安（今西安），东汉在洛阳，唐在长安（今西安），但主要是在西安；后一千年中国政治中心，北宋在汴梁（今开封），南宋在临安（今杭州），辽上京在临潢（今内蒙古赤峰巴林左旗林东镇波罗城），金都先在上京（今黑龙江省哈尔滨市阿城区）、后在中都（今北京），明都先在金陵（今南京）、后迁北京，清都先在沈阳、后迁北京，但主要是在北京——这可以看出一个有意思的历史现象：中国2000多年皇朝历史政治中心的摆动，先是东西摆动，后是南北摆动，从而呈现大"十"字形变动的特点。所以说，正是由于各个兄弟民族长期的争局与融合（还有其他原因），中国经济、政治、文化中心的东移，北京才成为元、明、清时全中国的都城。北京城的建筑和园林，也汇合了各个民族文化之优长。四方民族，杂居北京，他们的衣食住行，坊里风情，宗教信仰，岁时习俗，使北京的市井生活更加色彩斑斓。因此，北京一个重要的特点是民族融合。辽—契丹、金—女真、元—蒙古、明—汉、清—满洲，在五朝皇权中有四朝政权是少数民族建立的。国内民族文化交流、国际东西文化交流，就成为近千年来北京文化发展的一个显著特征。

五种文化，汇聚一都，是古都北京历史文化的第六个文化特征。中华文化，多元灿烂。自商周以来，有五种基本经济文化形态：中原农耕文化、西北草原文化、东北森林文化、西部高原文化、东部暨南部沿海及其岛屿海洋文化。千年以来历史证明，北京是中华民族五种经济文化的中心。就地理区位而言，在明清盛时，北京北到黑龙江入海口的庙街即奴儿干，约一万华里；南到曾母暗沙，也约一万华里。北京可谓南北居中。

世界文化，密切交融，是古都北京历史文化的第七个文化特征。辽南京的清真寺（今牛街清真寺），是北京对外文化交流的一例。到了元代，大都是当时世界的一个文化中心。《元史·地理六》记载："元有天下，薄海内外，人迹所及，皆置驿传，使驿往来，如行国中。"明朝取代元朝，永乐帝迁都北京，文化交通呈现南北通、东西通的大局面。明永乐帝一面派郑和下西洋，创中外文化交流史上的空前壮举；一面派亦失哈赴奴儿干，竖立永宁寺碑，设立奴儿干都指挥使司。《明史·外国传》记载，明朝同 87 个国家和地区有外事交往，可见其时中外文化交流之盛况。晚明利玛窦将西方近代文明带到京师，《坤舆万国全图》《几何原本》、自鸣钟等使北京士大夫耳目为之一新。清朝取代明朝，顺治帝迁都北京。盛清时的版图，东临大海，西达帕米尔高原，南到曾母暗沙，北至外兴安岭，领土面积达 1400 万平方公里，北京成为全国的政治中心和文化中心。清代康熙时耶稣会士南怀仁为钦天监监正。西方耶稣会士进入宫廷，使近代科技文化对宫廷产生影响，也将中华文化传到欧洲。后在英国出现中华风格的园林，称为"英华园庭"，法王路易十四也在王宫中建立"瓷宫"，陈设中国的瓷器等，其他国家更争相仿效。中国儒家经典开始被翻译到西方，《康熙皇帝》传记也呈现在凡尔赛宫。晚清时期，外国在北京设立 29 个使领馆，中西方文化交往出现新的特征。

不断发展，在在求新，是古都北京历史文化的第八个文化特征。《大学》开宗明义说："苟日新，日日新，又日新。"说的是新，是创新。北京 3000 多年文明史，就是一部不断创新、不断发展的历史。

古都北京千年的历史表明：北京历史始终贯穿着一条中轴线，不是姓"皇"，而是姓"新"，就是不断创新。创新，既是北京历史之魂，也是北京文化之魂。在这里，我想起朱熹的《观书有感》，诗云：

半亩方塘一鉴开，天光云影共徘徊。

问渠那得清如许，为有源头活水来。

此诗旨趣是："言日新之功。"诗分四层，因果递进：因源头活水，方渠清如许；因渠清如许，才光影徘徊；因光影徘徊，故方塘如鉴。所以，朱熹这首诗的精粹就是"活水"，也就是"日新"。古都北京，贵在求新。由此，我联想到"古都北京"的历史文化中隐藏着的精华是"新"，就是思想创新、管理创新、技艺创新、产品创新！创新，既是北京历史文化发展之动力，更是北京历史文化绵延之生命！

《古都北京》内容纷繁，错综复杂，我力求驭繁执简，博观约取。我希望本书像一轴画卷，可以将北京的历史文化胜迹一幅幅地展示出来。本书再现北京历史文化时，内容务求丰富，史实务尽翔实，图片务冀精美，结构务期严谨。本书的叙述，以时间为经，自石器初晖、青铜文明、燕都蓟城、北方重镇、三燕建都、辽代南京、金代中都、元代大都，到明代北京、清代京师、民国北京，划分段落，纵向铺叙；以事物为纬，自历史事件、名人胜迹、城池宫殿、坛庙寺宇、园林陵寝、文物精华、教育科技、文化艺术，到帝后生活、坊巷市俗、四合院落、岁时节令，分设纲目，横向铺叙。

这样经纬交织，纵横错综，以复原中国古都北京的历史文化面貌。但古都北京灿烂的历史文化如经天日月，本书则不过爝火之光。虽纂述并不惬心，但也是辛勤的收获。

这里，我特别要感谢摄影大师严钟义先生。我和他在 20 世纪 80 年代相识，三十年来先后三次合作出版《古都北京》。特别是最近，在相隔三十年后，又重温旧谊，推出增订新版《古都北京》，献给中国的读者，也献给世界的朋友。

在结束此序之前，我想起了中国"千人糕"的古老故事。故事的大意是说，一盘丰盛的糕点，要有人耕田种麦、有人磨麦成粉、有人养鸡生蛋、有人榨蔗制糖等，经过千人之手的辛劳方能制成，而不只是糕点师一个人的杰作。同样，《古都北京》的成书，汲取了历史、考古、文物、古建、园林、艺术和历史地理、城市规划等多个方面学术研究的成果，还经过多人之手编辑、翻译、摄影、设计、印刷等，才呈现给读者。为此，我谨向各方及诸位先生、女士，敬致谢忱。

[本文为《古都北京》（中、英、法、德文版）序言，此次收入本书，略作文字修改]

北京历史上的对外文化交流

　　北京是人类文明的摇篮之一。早在 70 万年之前，在北京城
西南五十公里的龙骨山上，就居住着"北京猿人"，即"北京
人"。[1]他们已会用火，这是光明之神——普罗米修斯的历史真
实原型。后经漫长的岁月，至 3000 年前，北京的远古居民已用
金耳环、金臂钏装饰自己，闪耀出人类早期智慧的光华。[2]到
公元前 11 世纪中期，北京开始成为方国燕的都城。在今北京房
山区琉璃河董家林发掘出的古城遗址与铭文铜器，同历史文献
记载相印证表明，北京城已有 3000 余年的历史。[3]自秦以降，中
国无论是统一还是分裂，北京都是中国北方的军事重镇和商业
都会。贞元元年（1153），金帝迁都燕京[4]，以其居于中土，时
称"中都"，北京从此开始成为皇都。元灭金之后，移鼎燕京，

---

〔1〕　贾兰坡、黄慰文《周口店发掘记》。
〔2〕　北京市文物管理处《北京市平谷县发现商代墓葬》,《文物》1977 年第
　　　 11 期。
〔3〕　郭仁、田敬东《琉璃河商周遗址为周初燕都说》,《北京史论文集》, 1980
　　　 年铅印本。
〔4〕　《金史》卷五《海陵王纪》, 中华书局, 1975 年, 第 100 页。

称为"大都"。[1]北京取代了长安、洛阳等古都的历史地位，成为中国这个统一的多民族国家的政治中心和文化中心。

北京不仅历史久远，而且文化辉煌。

永乐十九年（1421），明成祖迁都北京。[2]清继明后，仍以北京为国都。[3]明清的北京城，气势雄伟，规模博大，布局严整，宫苑宏丽；它不仅集中国历代都城建设之大成，而且集中华民族五千年文化艺术之精英，是一座伟大的艺术宫殿。壮丽的殿堂，优美的园林，巍峨的关城，肃穆的陵庙，陈设以奇宝异珍，点缀以轩馆亭榭，配饰以山石花树，绕流以玉泉金水，北京城宛若一座仙境般的宫殿园林城市。北京城是地球表面一项伟大的文化工程，也是世界文明史上一个灿烂的文化奇观。[4]

北京是宫殿园林的都城，又是珍视友谊的都市。北京自金成为皇都以来，尤重同四域国家的交往，密切同八方人民的友谊。特别是它作为元、明、清三代全国的政治中心和文化中心，对外虽不乏封闭之举，但更多为开放之策——它逐渐发展成为世界性的文化之城。

元代出现北京对外文化交流史上的第一个高潮。元的都城——大都，是当时世界上最大的都市。外国的官员、商人、教士、学者、医生、建筑师和艺术家等来到大都，中国的上述

---

〔1〕《元史》卷一五七《刘秉忠传》;《元史》卷七《世祖纪四》，中华书局，1976年，第3694、140页。

〔2〕《明太宗实录》卷二三三，永乐十九年正月甲子朔。

〔3〕《清世祖实录》卷九，顺治元年十月乙卯朔。

〔4〕参见拙著《古都北京·前言》，载《燕步集》，北京燕山出版社，1989年，第399页。

人员也大量从大都去往世界各地。大都成为其时世界文化交流的一个中心。在亚洲，大都同日本、高丽、越南、印度、叙利亚、土耳其、巴基斯坦、印度尼西亚等均有交往。大都的典籍、书画、瓷器、科技传入日本京都，元时将程朱理学传到日本，后来对日本产生很大影响。元仁宗将原宋秘阁珍藏善本四千余册赠送高丽。大都国子监有许多亚洲国家的留学生。大都同阿拉伯的交往盛况空前。大食人也黑迭尔为大都城的设计与建造贡献了才华。[1]阿拉伯人亦速马因曾任大都兵马司都指挥使。叙利亚人爱薛在大都太医院广惠司任职[2]；他还代表中国学者参加国际科学协作，对沟通中西历法与数学做出贡献。尼泊尔建筑师和工艺师阿尼哥同大都工匠修筑了著名的大圣寿万安寺即白塔寺之塔。波斯天文学家札马剌丁将回回历法、天文仪器和星学技艺传到大都，并在大都回回司天台任提点。[3]在欧洲，大都密切了同西方文化的交往。大都籍景教长老列班骚马于至元十五年（1278），领旨西行，经巴格达、君士坦丁堡，先后至罗马、巴黎。列班骚马西行的行记是中国较早记述欧洲的见闻录。列班骚马西行后，教皇尼古拉四世派教士孟高维诺（Montecorvino）于至元三十一年（1294）来到大都。[4]孟高维诺在大都居住三十四年，建教堂，施洗礼，任大都总主教区总主教，还用蒙古文译《圣经》。意大利人马可·波罗（Marco Polo）对大都做了美好的描述——四域八方，富商巨贾，奇宝

---

〔1〕 欧阳玄《马合马沙碑》，载《圭斋集》卷九。

〔2〕 《元史》卷一三四《爱薛传》，第3249页。

〔3〕 《元史》卷九〇《百官志六》，第2297页。

〔4〕 方豪《孟高维诺》，《中国天主教史人物传》（上），中华书局影印本，第27页。

异珍,齐集京华:"外国巨价异物及百物之输入此城者,世界诸城,无能与比。"[1]《马可·波罗行纪》的传播为欧洲人对中国、对大都的了解打开了窗户。在非洲,华瓷西传北非,曾风靡埃及。埃及阿尤布苏丹萨拉丁以拥有中国青瓷而名噪一时。元初,大都有埃及人被元帝派往福州授民以制糖技术。中国人汪大渊于至元三年(1337)航至濒临大西洋的摩洛哥丹吉尔。之后丹吉尔人伊本·白图泰也来到中国。他在行记中对大都做了生动的描述,并赞誉"中国人是各民族中手艺最高明和富有艺术才华的人民"。这是早期中非文化交流的珍贵史料。

明代出现北京对外文化交流史上的另一个高潮。《明史·外国传》对此做了大量记载。我国纪传体史书为中国以外国家立传,始自司马迁的《史记》。《史记·大宛传》中记述了其时中国同中亚、阿拉伯半岛和地中海东岸某些国家和地区的关系。经历代相沿,至《明史·外国传》所记,除蒙古和西域诸传外,凡85个国家和地区[2],特别是撰述《佛郎机传》《和兰传》《意大里亚传》,表明自从世界海道打通以后,中西文化交流乃为之一变。明代的中西文化交流,出现明初和明末两个波峰。15世纪前半叶,明永乐帝派郑和先后七下西洋,架设了从中国大陆,经太平洋、印度洋至非洲和阿拉伯半岛的海上桥梁,成为世界航海与文化交流史上的空前壮举。此后,欧洲近代文明勃兴,西方文化东渐。其佛郎机炮传入后,自闽、粤[3],经京师,

---

〔1〕 冯承钧译《马可·波罗行纪》,第 379 页。

〔2〕 《明史·外国传》所载,有的不属外国,如《外国四》"鸡笼"即今中国台湾基隆。

〔3〕 陈寿祺《福建通志》卷二六七,正德五年九月纪事载:仙游县义民魏昇同典史黄琯"以佛郎机炮百余"击敌,获胜。

至辽东，对后来民族争局产生重大影响。巡检何儒因引进佛郎机炮，诏升顺天府宛平县丞。[1]至 17 世纪前半叶，耶稣会士意大利人利玛窦（Matteo Ricci）于万历二十九年（1601）来到北京，对中西文化交流起过巨大作用。他带来《万国舆图》《几何原本》、科学仪器和自鸣钟等，使京师士大夫耳目为之一新。利玛窦于万历三十八年（1610）卒于京师，御赐祭葬于阜成门外二里沟滕公栅栏。[2]继利玛窦之后，龙华民（Niccolò Longobardi）等大批耶稣会士来华。他们一面向中国士大夫介绍西方近代科学技术和传播宗教文化，一面也向欧洲传送中华文明和京师文化。到清朝，这个文化交流的步伐加快了。

　　清代出现北京对外文化交流史上的又一个高潮。清代的中西文化交流，出现前期和后期两个波峰。其共同特点是，西方科学输入中国，中国文化亦传入欧洲，彼此间融汇交流，均产生很大影响。耶稣会士的书信出版，三十四册的《耶稣会士书简》和十六册的《北京教士报告》，大量介绍了中国及其都城北京的文化。万历十三年（1585）在罗马出版的《中华大帝国史》，顺治十二年（1655）在阿姆斯特丹出版的《中国新地图册》，顺治十三年（1656）在维也纳出版的《中华植物志》，以及在巴黎出版的《满洲语入门》和《满法辞典》，在圣彼得堡出版的《满俄词汇》和《满洲文典》等，都成为欧洲知识界了解中国和北京的钥匙。17、18 世纪欧洲启蒙运动和洛可可运动都根植于欧洲的

---

〔1〕　《明世宗实录》卷一五三，嘉靖十二年八月载："初，广东巡检何儒常招降佛郎机国番人，因得其蜈蚣船铳等法，以功升应天府上元县主簿，令于操江衙门监造，以备江防。至是三年秋秩满，吏部并录其前功，诏升顺天府宛平县县丞。中国之有佛郎机诸火器，盖自儒始也。"

〔2〕　今北京市西城区车公庄大街 6 号院内。

历史文化环境，又受中国文化的影响。中国的轿子演变为后来的马车、轿车，糊墙花纸改饰为室内壁纸，石桥和假山又被移植于欧洲园林。法国路易十四仿中国南京琉璃塔在凡尔赛宫建造瓷宫，外仿琉璃塔风格，内设中国式家具。波兰华沙拉克真御园中建有中国式亭桥，英国的肯德公爵在庭园中建中国式假山、瀑布、曲水、高塔，荷、法、德诸国争相仿造。

在中西文化传递中，早期耶稣会士起着重要的作用，他们为中西文化交流献出了自己的心血和智慧。

耶稣会士汤若望（Johann Adam Schall von Bell）是德国科隆人，来华后曾任钦天监监正。他参与修订历法，编成《崇祯历书》，著《古今交食考》《火攻挈要》[1]等书。他将天文望远镜引进中国，制造后安设在北京观象台上，并将伽利略学说介绍到中国，说："第谷没后，望远镜出，天象微渺，尽著于是。有加利勒阿于三十年前创有新图，发千古星学之所未发，著书一部。"[2]他出入宫廷，顺治末议立皇储时，则"直陈万世之大计"，而康熙帝入继大统。他卒后亦葬利玛窦墓地，至今仍有他的坟墓与石碑。其门生李祖白所撰碑文曰：

> 吾师汤道未先生，讳若望，西海热尔玛尼亚人。幼龄学道，入耶稣会，以宣传天主正教为务。三十游中华，为天启二年。嗣以凤谙历学，岁己巳（1629），由大学士徐文定公荐，应召来京修历，凡十余载。恭遇国朝建鼎，遂用

---

[1] 《火攻挈要》（又名《则克录》）凡三卷，崇祯十六年（1643）初刻，先后收入《海山仙馆丛书》和《丛书集成》，又有韩国刻本。

[2] 汤若望《历法西传》。

西洋新法，济造历颁行。济荷恩礼优异，迄今未艾云。[1]

汤若望的坟墓与石碑，表明中国人对他的功绩的志念。

比利时籍耶稣会士南怀仁（Ferdinand Verbiest），曾任清朝钦天监监副，出入宫廷，备受宠识。他对天文、数学、地理、火器、水利、机械均有研究，曾参与在康熙十三年（1674）刊印的《坤舆全图》的绘制，巴黎图书馆仍有藏本。他主持设计和制造的天体仪等，至今仍陈列在北京古观象台上。南怀仁死后葬利玛窦墓地，并蒙赐谥。这是"在四百年来，万余传教士中，独享有谥的殊荣"。南怀仁的同乡金尼阁（Nicolas Trigault）带来7000余部西文图书，分批运至北京，其中最早翻译出版的是《远西奇器图说》；又将利玛窦所著意大利文《中国传教史》加以增订，译为拉丁文，以《基督教远被中国记》的书名出版，是为《马可·波罗行纪》后西人系统介述中国文化之作，也是欧人汉学奠基之作。金尼阁的同乡卫方济，将中国儒家经典"四书"译成拉丁文，促进了西方对东方文化的了解。

法国耶稣会士来华人数较多，其影响也较大。康熙二十六年（1687），法王路易十四派遣的五位科学家耶稣会士——洪若翰、白晋、李明、张诚和刘应，来到北京。康熙帝在乾清宫接见，旨留白晋与张诚在京备用，令其学习满语。白晋（Joachim Bouvet）出入宫廷，为康熙帝讲授历法、数学、化学等。他在畅春园蒙养斋教授八旗子弟算学，并参与《数理精蕴》的编撰。他还受命参加测量并绘制了北京近郊地图。白晋回法后撰写《康熙皇帝》，呈献给路易十四，于康熙三十六年（1697）在巴黎出版。这是

---

[1] 方豪《中国天主教史人物传》（中），第15页。

第一部用外文撰写的康熙帝的传记。张诚（Joannes Franciscus Gerbillon）也曾用满语为康熙帝进讲几何学，并在中俄尼布楚谈判中任翻译。康熙三十二年（1693），清圣祖玄烨患疟疾，适洪若翰（Joannes de Fontaney）自印度得金鸡纳霜（奎宁），而他与刘应（Claude de Visdelou）在京，于是由张诚进献，康熙帝服后病愈。康熙帝感张诚功，赐地建北堂。[1]李明（Ludovicus Le Comte）返法后著《中国现状新志》，他"赞美中国文化，认极东的中国，在欧洲蒙昧时代，已有灿烂的文明"[2]。杜德美（Pierre Jartoux）等为清朝在全国测量基础上，绘制成当时世界上最大工程、最为精美的《皇舆全览图》花费了心血。

此外，葡萄牙人徐日昇（Thomas Pereira）精于音乐，任宫廷乐师，参与编修《律吕正义》；波兰人穆尼阁（Smogolenski）来华后所撰《天步真原》与《天学会通》，被收入《四库全书》[3]；瑞士人邓玉函（Johann Schreck）同喜欢读奇文、交奇人、做奇器的中国人王征，合译我国第一部介绍西方物理学和机械工程学的书——《远西奇器图说》；西班牙人庞迪我（Didaco de Pantoja）[4]，

---

〔1〕 康熙帝以西安门内蚕池口，前辅政大臣苏克萨哈旧府赐张诚等，谕工部修葺之，工竣后，命名救世堂，即北堂。六年后，又建较大之教堂。

〔2〕 朱谦之《中国思想对于欧洲文化之影响》，《中国天主教史人物传》（中），第 289 页。

〔3〕 《四库全书总目》卷一〇六《天步真原提要》《天学会通提要》，中华书局，1965 年，第 900 页。

〔4〕 方豪据拉丁文《一五五二年至一七七九年中国耶稣会士名录》统计：明嘉靖三十一年（1552）至清乾隆四十四年（1779），227 年间，在 456 名会士中，葡萄牙达 153 人，法国 96 人，意大利 62 人，比利时 13 人，德国 12 人，西班牙只 6 人。

在京著《七克真训》，与修历法[1]；南斯拉夫人刘松龄、墨西哥人宾纽拉、俄罗斯人卢安德等耶稣会士，也都为中西文化交流做出了贡献。

1949年10月1日，北京成为中华人民共和国的首都。从此，北京对外文化交流的历史翻开了新的一页。目前，各国驻京使领馆有111个，外国企业常驻北京代表机构日益增多，来自101个国家和地区的留学生达2000余人。1987年到北京旅游的外国人、港澳同胞和华侨超过100万人。北京已同40多个国家的首都建立了联系，双方开展了友好往来活动。北京已同东京、纽约、贝尔格莱德、利马、华盛顿、马德里、里约热内卢、柏林、巴黎和科隆结为友好城市。北京还同各国首都及历史名城开展民间文化的交往活动，并同许多友好组织和友好人士建立了联系，开展文化、教育、经济、科技、艺术、体育等方面的交流。北京对外文化交流的历史表明：友谊之树常青，文化交流绽出的花朵必将更加绚丽灿烂。

（原载《前线》1988年第4期）

---

[1]《明史》卷三二六《意大里亚传》，第8460页。

中国都城迁移的大十字形趋势

　　1983 年 9 月，中国古都学会在西安成立并举行了第一次学术讨论会。会后将提交大会的 40 余篇论文，选编并结集——《中国古都研究》（第一辑），共收论文 18 篇，承潘一平同志等支持，由浙江人民出版社出版。1984 年 11 月，中国古都学会在南京举行第二次学术讨论会。这是继第一届西安古都学术讨论会之后，一年来古都学新的研究成果的交流和检阅。提交大会的论文有 75 篇。会议期间，由史念海、陈桥驿、潘一平、蒋赞初、苏天钧、徐伯勇、宫大中、叶骁军和阎崇年等组成论文编选组。论文编选组在听取诸都城各方面专家、教授、学者意见的基础上，经过反复研究，议商将 16 篇论文汇编结集——《中国古都研究》（第二辑）。在论文集编选过程中，朱启銮先生惠予关切，徐丹俍同志做了部分史料订正与文字加工的工作。

　　下面略作赘言。

　　古都学是一门既古老又新兴的学科。中国都城史的研究，需要同很多学科密切配合。近年来，中国古都的研究取得了很大的进展，但从历史地理学的角度进行研究比较多——这是很重要的，却是很不够的。自班固《汉书·地理志·京兆尹》始，都城列入地理志。[1]范晔的《后汉书·郡国志》也相踵袭。[2]《隋书·经籍志》始将《京师录》和《国都城记》[3]等撰京都之作，归入地理类。到清代的《四库全书总目》，则把有关都城的史籍划入《史部·地理类》。[4]都城是一个王朝或政权的政治中心，也往往是其经济中心。以往有关都城的政治与文化的史料，相对而言，比较多些，但经济的史料，支离破碎，残缺不全。中华人民共和国成立以来，对农村经济史的研究做了不少工作，但对城市经济史，尤其是对都城经济史的研究，显得相当薄弱。在南京举行的中国古都学术讨论会，都城经济史的论文有两篇，仅占会议论文总数的 2.67%，即是一例。党的十一届三中全会以来，随着城乡经济体制改革步伐的加快，大家越来越重视经济史的研究。因此，对于中国古代的都城，除了从考古、历史、地理、社会、文化、民族、城建、宗教、军事、水利、建筑、园林、交通、民俗、都城规划和城市管理等方面继续加强研究外，应当加强对都城经济史料的搜集、整理和研究。

在加强中国古代都城经济史研究的同时，中国历代都城变迁的规律也值得探讨。中国是一个历史悠久、幅员辽阔、民族众多、都城屡迁的国家。中国历史上重要的王朝或政权的都城数以十计。中国历代都城之多，变迁之频，在世界历史上是罕见的。都城的变迁，其因素是多方面的，如历史与地理、政治与军事、经济与民族、水道与交通、社会与民俗等。然而，在研究某一王朝或政权选址定鼎时，既要将诸种因素加以综合考

---

〔1〕《汉书》卷二八上《地理志第八上》。

〔2〕《后汉书》卷一九《郡国志一》。

〔3〕《隋书》卷三三《经籍志二》。

〔4〕《四库全书总目》卷六八—七八。

察，又要将主导因素进行深入探索。

中国历代都城的变迁，有一个值得注意的现象，这就是东西与南北呈大十字形迁移的特点。都城是王朝或政权的政治心脏。《历代宅京记·序》载："卜都定鼎，计及万世，必相天下之势而厚集之。"[1]天下之势的核心因素是天子必执一，国都必居中。《吕氏春秋·慎势》载："古之王者，择天下之中而立国。"[2]这就是都城选址的"择中论"。《五经要义》亦载："立都必居中土，所以总天地之和，据阴阳之正，均统万方，旁制万国。"[3]但是，天下之势和疆域中土是在变化的。自商、周迄隋、唐，中原王朝的疆土东西长而南北短。《汉书·地理志》载："初雒邑与宗周通封畿，东西长而南北短，短长相覆为千里。"[4]故周、秦、汉、唐的都城在东西摆动，两京均东西设置，以求适中，制内御边。上述都城东西摆动的趋势，《谷山笔麈》载："汉、唐以长安为西京，洛阳为东京；五代及宋，以洛阳为西京，汴梁为东京。"[5]总的说来，自周至宋，都城东西摆动，自西而东迁移。

但是，北宋以后，金、元、明、清的都城在南北迁移，其两京多南北设置。这种都城东西与南北的十字形迁移的特点，徐元文在《历代宅京记·序》中指出："天下之势，自西而东，自北而南，建瓴之喻，据古如兹。"[6]其后，赵翼在《廿二史札

---

〔1〕 顾炎武《历代宅京记》卷首"徐序"。

〔2〕 《吕氏春秋》卷一七《慎势》。

〔3〕 《五经要义》，不分卷。

〔4〕 《汉书》卷二八下《地理志第八下》。

〔5〕 《谷山笔麈》卷一二。

〔6〕 顾炎武《历代宅京记》卷首"徐序"。

记》中又以"地气说"指出：

> 秦中自古为帝王州，周、秦、西汉递都之，苻秦、姚秦、西魏、后周相间割据，隋文帝迁都于龙首山下，距故城仅二十余里，仍秦地也，自是混一天下，成大一统。唐因之，至开元、天宝，而长安之盛极矣。盛极必衰，理固然也。是时地气将自西趋东北，故突生安、史以兆其端。自后河朔三镇名虽属唐，仅同化外羁縻，不复能臂指相使，盖东北之气将兴，西方之气已不能包举而收摄之也。东北之气始兴而未盛，故虽不为西所制，尚不能制西；西之气渐衰而未竭，故虽不能制东北，尚不为东北所制。……当长安夷为郡县之时，契丹阿保机已起于辽，此正地气自西趋东北之真消息。特以气虽东北趋，而尚未尽结，故仅有幽、蓟，而不能统一中原。而气之东北趋者，则有洛阳、汴梁为之迤逦潜引，如堪舆家所谓过峡者。至一二百年，而东北之气积而益固，于是金源遂有天下之半，元、明遂有天下之全。至我朝不惟有天下之全，且又扩西北塞外数万里，皆控制于东北，此王气全结于东北之明证也。[1]

徐元文和赵瓯北都看出了中国都城的转移趋势，但未科学地论述其因。中国古代都城自东西而南北迁移，原因诸多，主要有：

其一，经济重心东移。《清高宗实录》载："古者东南未辟，

---

[1] 赵翼《廿二史札记》卷二〇。

王畿侯甸，皆在西北。"[1]西北秦地，人民众，颇富饶。《汉书·地理志》载："故秦地天下三分之一，而人众不过什三，然量其富居什六。"[2]《谷山笔麈》也载："三代以前，江北繁盛，江南旷阔；汉、晋以下，江南富贵，江北凋敝。"[3]到南朝时，江南日盛。《宋书》载：江南"地广野丰，民勤本业，一岁或稔，则数郡忘饥。会土带海傍湖，良畴亦数十万顷，膏腴上地，亩直一金，鄠、杜之间，不能比也。荆城跨南楚之富，扬部有全吴之沃，鱼盐杞梓之利，充仞八方；丝绵布帛之饶，覆衣天下"[4]。到唐朝，江南经济则干系国家财赋。韩愈在《送陆歙州诗序》中说："当今赋出于天下，江南居十九。"[5]宋代高宗南渡，东南经济，较前发展，"东南地产之饶，足以裕国"[6]。至明、清，孙承泽在《山书》中说："天下财赋，大半取给东南。"[7]经济重心东移，京师粮食要仰仗东南漕运，但航道日益凋敝，物资转输维艰，成为都城东移的原因之一。

其二，东北民族崛兴。周、秦、汉、唐的民族袭扰主要在西北。但前燕慕容儁以蓟城（今北京）为都城；唐朝安禄山以范阳（今北京）为大都，下洛阳，陷长安——是东北少数民族崛兴的两个历史信号。其后，《辽东志》载："天下之治乱，候于辽之盛衰；而知辽之盛衰，候于夷夏之兴废。"[8]及辽、金、

---

〔1〕《清高宗实录》卷二一六，乾隆九年五月乙酉。

〔2〕《汉书》卷二八下《地理志第八下》。

〔3〕《谷山笔麈》卷一二。

〔4〕《宋书》卷五四。

〔5〕韩愈《送陆歙州诗序》，《全唐文》卷五五五。

〔6〕《宋史》卷一七三《食货志上一》。

〔7〕孙承泽《山书》卷七。

〔8〕毕恭《辽东志》，第1卷。

元、清，契丹、女真、蒙古、满洲相继崛起于东北，先在北中国定鼎，进而号令全国。于是对中原王朝汉族统治者的主要威胁，来自东北的契丹、女真、蒙古和满洲，从而长安、洛阳、开封、南京和杭州失去了它们在军事上制内御边的作用，中国都城开始了南北移动。总的说来，中原王朝汉族政权的都城从南向北移动（南宋例外），东北少数民族政权的都城则从北向南移动——南北相反方向移动的交会点就是北京。

中国古代社会（周以后）的都城，前期主要在西安，后期主要在北京。北京在辽、金、元、明、清五代，除明之外，都是少数民族所建立政权（明迁都北京也与防御蒙古有关）的都城。中原王朝汉族政权与东北少数民族政权，为着仰漕江南和制内御边，均将都城作南北移动——北京成为其交会点。于是，北京成为元、明、清三代全国的都城。

中国古代都城东西南北大十字形迁移，是中华民族经济发展与民族融合的必然结果。

（原载《中国古都研究》第 2 辑，1986 年，是为该书"后记"，收入本书时题目重拟）

北京"十二为都"谫议

　　北京作为中国历史名都和世界文化名城，在历史上先后几为都城，历来众说纷纭。本文据考古发掘和文献记载，就北京历史演进之中，累次为都，略作议。

　　在历史上北京几为都城的争议，究其根因，既牵涉历史资料，又涉及都城概念，尤以后者为甚。《左传》记载："凡邑有宗庙先君之主曰都。"〔1〕这只触及中国古代都城祭祀、军事、行政、经济、居住诸功能中祭祀一项，尚不完整。《释名·释州国》载："国城曰都。都者，国君所居，人所都会也。"《华严经音义》亦载："天子治居之城曰都。"〔2〕国君是封建国家的政治象征，国家政权所在之城为都城。都城又称"京师"。《诗经·大雅·公刘》载："乃陟南冈，乃觏于京。京师之野，于时处处。"〔3〕所谓京师者，盖起源于此。《公羊传》载："京师者何？天子之居也。京者何？大也。师者何？众也。"〔4〕在国家统一时，京师城大民众；在国家分裂时，有的京师却城小民寡。

---

〔1〕《左传》庄公二十八年，《十三经注疏》本。
〔2〕《华严经音义》下。
〔3〕《诗经·大雅·生民之什·公刘》，《十三经注疏》本。
〔4〕《公羊传》桓公九年，《十三经注疏》本。

所以，在中国历史上，都城的概念呈现历史性、层次性、复杂性。所谓历史性的一个表现是，在历史上一些人自称为帝王，另一些人却视之为"僭逆"；其治居之城，前者视为都城，后者则斥为"巢穴"。千百年来在都城概念上盖着封建正统观念的烙印，需要分析，加以澄清，挣脱封建正统都城观念的羁绊，匡复历史公正都城观念的原貌。所谓层次性的一个表现是，在历史上位于中原、国祚长久政权的都城，同在历史上局处一隅、为时短暂的都城，有着明显的不同，展现层次差异。所谓复杂性的一个表现是，在历史上局处一隅、历史短暂而自称帝王的政权，又有民族、农民、偏霸、方国、"僭逆"之分，呈现错综复杂的现象。

由上所述，一般地说，都城是在一定历史条件下国家政权的所在地，或民族、农民、偏霸、方国、"僭逆"独立政权的所在地。由此似可以说，尽管一个政权之都城的时间有久暂，范围有大小，位置有中偏，民众有多寡，城墙有筑毁，宫殿有华朴，层次有高低，名分有奇正，然而，凡是历史上载有登极建元者，其最高政权所在地，都可以称为都城。

那么，北京在历史上先后几次成为都城？有元、明、清三都说，也有加金为四都说，还有再加辽为五都说等。但细心考索，北京在历史上作为都城的时间比以上所说都要长，次数也都要多，似应以蓟为始。

蓟是个自然生长的国家，在武王克商以前，就已经存在于今北京地区。其时诸侯国林立，《战国策》载："及汤之时，诸侯三千。"[1]《吕氏春秋》也载：当禹之时天下万国，"至于汤

---

[1] 《战国策·齐策》，上海古籍出版社点校本。

而三千余国"[1]。《尚书大传》载周初诸侯国之数更为具体，云
"千七百七十三诸侯"[2]。《逸周书·世俘解》亦载：武王克商，
"凡憝国有九十九，凡服国六百五十有二"。总之，诸侯国是众
多的。蓟为其时众多的诸侯国之一。蓟的史迹，《史记》载述：
武王克商后，封"帝尧之后于蓟"[3]。史籍于蓟的记载过于疏
略，以致至今人们对蓟仍不甚了解。但是，方国蓟的都城在今
北京地区，当无异议。

燕也是个"自然生长的国家"[4]。它在武王灭商之前，就已
经存在于"今辽西到冀北一带"[5]。甲骨文中的"燕"字，《殷
墟书契前编》里不乏其例[6]。侯仁之教授对西周前的古燕国做
过精当的论述："北京最初居民点的发展，早在周初以前就已
经开始了，这是和燕的兴起分不开的。燕乃是随着地方生产的
发展而自然生长的一个奴隶制国家，并不是从周朝的分封所开
始的。"[7]但是，周初的分封，燕始见于史籍。《史记·周本纪》
载，武王克商后，"封召公奭于燕"。《史记·燕召公世家》也做
了类似的记载。近年来，在北京房山琉璃河地区发现了大面积
的燕国文化遗址，出土了大量的青铜器。这批青铜器中的堇鼎，
内壁铸有铭文4行26字："匽侯令堇馈大保于宗周。庚申，大

〔1〕《吕氏春秋》卷一九《用民》，汉魏丛书本。

〔2〕《尚书大传·洛诰》，《十三经注疏》本。

〔3〕《史记》卷四《周本纪》，中华书局，1959年，第127页。

〔4〕郭沫若《中国古代社会研究》，人民出版社，1964年，第294页。

〔5〕王采枚《古燕国考》，《北京史论文集》第2辑，北京史研究会铅印本，
第55页。

〔6〕罗振玉《殷墟书契前编》六·四四·五。

〔7〕侯仁之《步芳集》，北京出版社，1981年，第1页。

保赏董贝。用〔因〕作大子癸宝尊鬻牂。"〔1〕铭文中的大保,为
封于燕的召公奭。他受封于燕又不在燕,却以大保的身份供职
于京师宗周,以长子就封于燕而为燕侯。铭文的大意是说,燕
侯派名叫董的大臣,到宗周向大保(召公奭)奉献食物,并受
到赏赐,董因铸鼎,以纪荣宠。在琉璃河地区不仅出土众多的
青铜器,而且发现了大型的商周城址,"这是在全国发现的该
时期的两大城址之一"〔2〕。上述历史文献、董鼎铭文与商周城址
鼎相印证,说明周初燕侯的封地在今北京琉璃河地区,北京是
周初方国燕的都城。至于蓟和燕的关系,《史记·周本纪》正义
载:"蓟、燕二国,俱武王立,因燕山、蓟丘为名,其地足自
立国。蓟微燕盛,乃并蓟居之,蓟名遂绝焉。"〔3〕蓟、燕原为二
国,受武王所封。后燕盛蓟衰,燕并蓟,二归一。

北京自西周初至战国末〔4〕,作为方国蓟、燕的都城,达 800
年之久。而从东晋至辽代的 800 年间,北京迭次成为前燕、大
燕、刘燕的都城和辽朝的陪都。

前燕曾以蓟城为都。东晋衰微,群雄争立。自称燕王的慕

---

〔1〕 天戈《北京出土文物》,北京出版社,1980 年,第 24 页。

〔2〕 徐自强《燕山南北长城地带也是中华民族古代文化的摇篮》,《北京日报》
1985 年 6 月 5 日。

〔3〕 《史记》卷四《周本纪》,第 128 页。

〔4〕 秦汉之际,韩广、臧荼曾以蓟为都。据《史记·秦楚之际月表》载:秦二
世元年(前 209)九月,韩广举燕,"略地至蓟,自立为燕王始"。汉元
年(前 206)十二月,项羽至咸阳,焚阿房,立诸侯,分燕为二国。翌年
二月,立臧荼为燕王,都蓟;立韩广为辽东王,都无终,同年,荼击广
于无终,灭之。由上,臧荼为燕王都蓟,其属诸侯王,不是独立政权明
矣;韩广自立为燕王,虽雄踞一方,然其时豪士并起,至乎伯王,未建
国号,亦无年号,时短域狭,不可胜载。故臧荼、韩广都蓟,俱未划入
本文论述奠都者之列。

容皝，都龙城（今辽宁朝阳），起宫阙。[1]皝死后，子儁嗣。永和六年（350），慕容儁闻后赵石氏乱，乃砺甲严兵，"凿山除道，入自卢龙，克蓟城而都之"[2]。永和八年（352），慕容儁"僭称皇帝，置百官，号年元玺，国称大燕"[3]。前燕光寿元年（357）十一月癸酉，"燕王儁自蓟徙都邺"[4]。但《北史·慕容氏传》将慕容儁"自蓟迁都于邺"，系于代国建国十六年（353），显然疏误。慕容儁以蓟为都，前后八年，时间虽短，却是东北地区少数民族进入中原，在北京立国建都的历史信号。

大燕以范阳为大都。唐代版图辽阔，民族繁盛，范阳节度使驻地蓟城，成为维系燕山南北、长城内外政治、经济、文化、民族和军事的中心。兼领范阳、平卢、河东三镇节度使的安禄山，于天宝十四载（755）十一月，发所部兵及同罗、奚、契丹、室韦凡十五万众，号二十万，反于范阳。第二年正月，"禄山自称大燕皇帝，改元圣武"[5]。安禄山"以范阳为大都"[6]，这是北京称大都之始。后禄山内讧，父子相残。乾元二年（759）正月朔，史思明于"魏州北设坛，僭称为大圣燕王"[7]，寻杀安庆绪。四月，史思明"更国号大燕，建元顺天，自称应天皇帝。妻辛为皇后，以朝义为怀王，周贽为相，李归仁为将，号范阳为燕京"[8]。这是北京正式称燕京之始。"安史之乱"不仅是唐

---

[1] 《晋书》卷一〇九《慕容皝载记》，中华书局，1974年，第2822页。

[2] 《魏书》卷九五《慕容儁传》，中华书局，1974年，第2061页。

[3] 《北史》卷九三《慕容氏传》，中华书局，1974年，第3067页。

[4] 《资治通鉴》卷一〇〇，中华书局，1956年，第3166页。

[5] 《资治通鉴》卷二一七，第6951页。

[6] 《安禄山事迹》，见《日下旧闻考》卷三，北京古籍出版社，1985年，第39页。

[7] 《旧唐书》卷二〇〇上《史思明传》，中华书局，1975年，第5380页。

[8] 《新唐书》卷二二五上《史思明传》，中华书局，1975年，第6430页。

朝由盛趋衰的转折点，而且是东北少数民族崛兴的历史先声。是时，"地气将自西趋东北，故突生安、史以兆其端"[1]。清代史学家赵翼上述朴素的论断，表现了深刻的见解。安禄山和史思明以范阳为都城，这是中国都城史上一个重大事件，它成为长安和洛阳行将失去都城地位的重要标志。

刘燕以幽州为都城。五代后梁初，曾为唐检校司空、幽州卢龙军节度使的刘仁恭，时据燕地，驻节幽州。仁恭骄纵富贵，贪婪淫逸，在幽州城西南大安山上，"盛饰馆宇，僭拟宫掖，聚室女艳妇，穷极侈丽"[2]。又与"道士炼丹药，冀可不死。令燕人用墐土为钱，悉敛铜钱，凿山而藏之。已而杀其工以灭口"[3]。仁恭子守光，烝淫父妾，遭到笞责，于后梁开平元年（907）四月，率兵夺取幽州，囚父杀兄。后梁乾化元年（911）八月，刘守光"即皇帝位，国号大燕，改元应天"[4]，以幽州为都城。刘守光之大燕与安禄山之大燕同名，且各燕[5]均有称谓，故称守光所建之燕为刘燕，以示区别。

辽朝以燕京为陪都。辽太宗耶律德光得幽、云等十六州后，于会同元年（938）十一月，诏"升幽州为南京"[6]，又称"燕

---

〔1〕 赵翼著，王树民校证《廿二史札记校证》卷二〇，中华书局，1984年，第443页。

〔2〕 《旧五代史》卷一三五《刘守光传》，中华书局，1976年，第1802页。

〔3〕 《新五代史》卷三九《刘守光传》，中华书局，1974年，第424页。

〔4〕 《资治通鉴》卷二六八，第8745页。

〔5〕 史称燕者有：召公奭封燕，安禄山建大燕，慕容儁建前燕，慕容垂建后燕，慕容德建南燕，冯跋建北燕，慕容泓建西燕，故称刘守光所建之燕为刘燕。

〔6〕 《辽史》卷四《太宗纪下》，中华书局，1974年，第45页。

京"。辽主"四时各有行在之所，谓之捺钵"[1]。因袭四捺钵之制，除建皇都于上京临潢府外，另建四京，南京（燕京）即为其一。燕京"城方三十六里（按：疑此数有误），崇三丈，衡广一丈五尺，敌楼、战橹具"[2]。在外城的西南隅，建筑皇城[3]，兴修宫殿。这是北京城内首次出现的皇城。辽与北宋长期对峙，燕京实际上成为辽朝的第二个政治中心。

北京从金代开始成为皇都，后历元、明、清三代，长达800年。在北京漫长的都城演进史上，从西周初至战国末的800年，为其发端的时期；从东晋至辽代的800年，为其发展的时期；而从金代至清代的800年，则为其繁盛的时期。金设中都为这一历史时期的起点。

金代以中都为皇都。辽亡金兴，绍兴十一年（1141），宋、金"绍兴和议"，以淮河至大散关以北归金。金贞元元年（1153）三月，金主完颜亮从上京至燕京，"以迁都诏中外"[4]。海陵王"以燕乃列国之名，不当为京师号，遂改为中都"[5]。金中都城是仿照北宋都城东京的规制，就辽南京城改建而成的，比辽南京城显得更加宏伟壮丽。中都城分为大城、皇城和宫城三重，殿阁林立，建筑雄伟。据《海陵集》记载：中都"宫阙壮丽，延亘阡陌，上切霄汉，虽秦阿房、汉建章不过如是"[6]，并建有太庙和社稷坛，城外有天、地、日、月四坛，分列南、北、东、西四

---

〔1〕《辽史》卷三二《营卫志中》，第373页。
〔2〕《辽史》卷四〇《地理志四》，第494页。
〔3〕《辽史拾遗》卷一四。
〔4〕《金史》卷五《海陵王纪》，中华书局，1975年，第100页。
〔5〕《金史》卷二四《地理志上》，第572页。
〔6〕《海陵集》，见《日下旧闻考》卷二九，北京古籍出版社，1985年，第421页。

方。[1]这就是中都成为皇都的象征。其时金、宋对峙，金的辖境"东极吉里迷兀的改诸野人之境，北自蒲与路之北三千余里、火鲁火疃谋克地为边"[2]，南以淮之中流为界。所以，北京在金代正式成为皇都——北中国的政治中心。

元代以大都为全国的政治中心。金朝衰微，蒙古崛兴，金泰和六年（1206），成吉思汗即位，创建蒙古帝国。元中统元年（1260），忽必烈即汗位于桓州东滦水之北，名其地为开平府（今内蒙古正蓝旗境内）。中统四年（1263），开平改称"上都"。至元元年（1264）八月，诏以燕京为中都，作为陪都。至元九年（1272），改中都为大都。元世祖忽必烈定鼎燕京之诏，滥觞于其近臣霸突鲁。《元史·霸突鲁传》载：

> 霸突鲁，从世祖征伐，为先锋元帅，累立战功。世祖在潜邸，从容语霸突鲁曰："今天下稍定，我欲劝主上驻跸回鹘，以休兵息民，何如？"对曰："幽燕之地，龙蟠虎踞，形势雄伟，南控江淮，北连朔漠。且天子必居中，以受四方朝觐。大王果欲经营天下，驻跸之所，非燕不可。"世祖怃然曰："非卿言，我几失之。"……会宪宗崩于蜀，阿里不哥构乱和林，世祖北还，留霸突鲁总军务，以待命。世祖至开平，即位，还定都于燕。尝曰："朕居此以临天下，霸突鲁之力也。"[3]

---

〔1〕《北平考》卷三，北京古籍出版社，1983年，第15—16页。

〔2〕《金史》卷二四《地理志》上，第549页。

〔3〕《元史》卷一一九《霸突鲁传》，中华书局，1976年，第2942页。

元世祖忽必烈纳霸突鲁之议，以燕为大都。但是，《元史·地理志一》记载：

> 四年，始于中都之东北置今城而迁都焉。

上述记载，有正有误，其误为迁都不在至元四年（1267），而在至元九年（1272），所据为：

第一，《元史·刘秉忠传》载："初，帝命秉忠相地于桓州东滦水北，建城郭于龙冈，三年而毕，名曰开平。继升为上都，而以燕为中都。四年，又命秉忠筑中都城，始建宗庙、宫室。八年，奏建国号曰大元，而以中都为大都。"[1]明言四年始建中都城垣、宗庙、宫室，未言是年迁都。

第二，《南村辍耕录》载："至元四年正月，城京师，以为天下本。右拥太行，左注沧海，抚中原，正南面，枕居庸，奠朔方，峙万岁山，浚太液池，派玉泉，通金水，萦畿带甸，负山引河，壮哉帝居，择此天府。"[2]亦言四年始城京师，不可能在营建宫殿兴工之年就移鼎迁都。

第三，《元史·世祖纪四》载：至元八年（1271）二月，发中都、真定、顺天、河间、平滦民二万八千余人筑宫城。其时宫城尚未完竣。又载：同年十一月，取《易经》"乾元"之义，"建国号曰大元"。复载：九年（1272）二月，"改中都为大都"[3]。大都成为首都，上都则变为陪都。

---

〔1〕《元史》卷一五七《刘秉忠传》，第3693—3694页。

〔2〕陶宗仪《南村辍耕录》卷二一，中华书局，1959年，第250页。

〔3〕《元史》卷七《世祖纪四》，第140页。

第四，《大都赋》载："维昔之燕，城南废郭。维南之燕，天下大都。"〔1〕中都旧城已是新城南边的废郭，新城则是上都之南天下最大的都城。

综上，至元四年（1267）始营大都，至元八年（1271）建号大元，至元九年（1272）迁鼎大都〔2〕；《元史·地理志一》载述至元四年迁都大都，误。

元世祖忽必烈于至元九年（1272）二月，移鼎大都。从此，北京取代长安、洛阳等古都的历史地位，成为中国这个统一的多民族国家的政治中心。

明初改大都路为北平府。洪武元年（1368）正月，明太祖朱元璋在应天称帝。〔3〕八月，"以金陵为南京，大梁为北京"〔4〕。元大都改称"北平府"。建文元年（1399），燕王朱棣起兵北平，发动"靖难之役"，攻占南京，夺取帝位。永乐元年（1403）正月，"以北平为北京"〔5〕，今北京之名即由此为始。永乐四年（1406），下诏迁都北京，翌年开始营建北京宫殿、坛庙。〔6〕永乐十八年（1420）十一月，以北京宫殿、坛庙告成，颁诏迁都北京：

　　开基创业，兴王之本为先；继体守成，经国之宜尤重。
　　昔朕皇考太祖高皇帝，受天明命，君主华夷，建都江左，

---

〔1〕 黄文仲《大都赋》，《天下同文》前甲集卷一六。
〔2〕 《元史·刘秉忠传》载至元八年"以中都为大都"，误。
〔3〕 《明太祖实录》卷二九，洪武元年正月乙亥。
〔4〕 《明太祖实录》卷三四，洪武元年八月己巳朔。
〔5〕 《明太宗实录》卷一六，永乐元年正月辛卯。
〔6〕 夏燮《明通鉴》卷一五，永乐四年闰七月壬戌。

以肇邦基。肆朕缵承大统，恢弘鸿业，惟怀永图。眷兹北京，实为都会，惟天意之所属，实卜筮之攸同。乃仿古制，徇舆情，立两京，置郊社、宗庙，创建宫室，上以绍皇考太祖高皇帝之先志，下以诒子孙万世之弘规。爰自营建以来，天下军民，乐于趋事，天人协赞，景贶骈臻。今已告成，选于永乐十九年正月朔旦，御奉天殿，朝百官，诞新治理，用致雍熙。[1]

永乐十九年（1421）正月初一日，永乐帝御奉天殿（今太和殿），以迁都北京，诏告天下。[2]永乐帝迁都北京，"控制胡虏，而运粟江南"[3]，确为有明一代之宏图大举。《历代宅京记》载："有识之士谓：明成祖不迁北平，则南都未所以二百四十年而无事。"[4]是为有识者之言。

永乐帝高瞻远瞩，宏猷大略，迁鼎北京，承元启清。明朝是中国古代唯一的以北京为全国政治中心的汉族政权。

大顺定鼎北京。明末李自成于崇祯十七年（1644）正月在西安建国，国号大顺，建元永昌。[5]李自成率领大顺农民军占太原，略宣府，破居庸，克昌平，驻巩华城（今昌平沙河），派大将刘宗敏率兵攻打北京城。三月十七日，大顺军兵临城下。十八日，攻破外城。[6]十九日，攻陷内城。大顺军从正阳门进

---

〔1〕《明太宗实录》卷二三一，永乐十八年十一月戊辰。

〔2〕《明太宗实录》卷二三三，永乐十九年正月甲子朔。

〔3〕《两山墨谈》卷一八。

〔4〕《历代宅京记》卷首"徐序"，中华书局，1984年，第3页。

〔5〕计六奇《明季北略》卷二〇，明季稗史丛书本。

〔6〕杨士聪《甲申核真略》，不分卷。

入内城[1]，占领北京。崇祯帝自缢死，明朝灭亡。李自成占领
北京后，便筹备即位典礼，铸国宝[2]，定朝仪[3]，颁布《永昌仪
注》，并命随驾各官带领耆老上表劝进。李自成在山海关兵败
后，四月二十六日回到北京。二十九日，李自成在紫禁城武英
殿举行登基典礼，即皇帝位，并由牛金星代行郊天礼。三十日，
李自成率领大顺军撤出北京。大顺政权在北京四十二天，如从
李自成登基称帝至撤出京师，那么大顺朝定鼎北京，实则只有
一天。这是北京第一次成为农民军政权的都城，也是北京史上
定鼎时间最为短暂的都城。

清代以北京为京师。清代都城先后三迁。初都赫图阿拉
（今辽宁省新宾满族自治县永陵镇老城村）。先是，明万历十五
年（1587），努尔哈赤于佛阿拉"筑城三重，启建楼台"[4]，兴
筑衙署，设堂祭天。万历三十一年（1603），迁至赫图阿拉：
"上自虎拦哈达南冈，移于祖居苏克苏浒河、加哈河之间赫图阿
喇地，筑城居之。"[5]后金天命元年（1616）正月，努尔哈赤登
基称汗，年号天命，赫图阿拉便成为后金—清的第一个都城。
天命六年（1621），后金克沈阳、占辽阳，遂迁都辽阳。[6]是
为其一迁都城。天命十年（1625），后金汗力排众议，将都城二
迁至沈阳。[7]顺治元年（1644）五月初二日，清摄政王多尔衮

---

〔1〕 张正声《二素纪事》，不分卷。

〔2〕 聋道人《遇变纪略》，不分卷。

〔3〕 钱穈农《甲申传信录》卷六，上海书店，1982年，第120页。

〔4〕 《清太祖实录》卷一，丁亥年（万历十五年）。

〔5〕 《清太祖实录》卷三，癸卯年（万历三十一年）正月。

〔6〕 《满洲实录》卷七，天命六年三月。

〔7〕 《清太祖实录》卷九，天命十年三月庚午。

率军进入北京。初三日，多尔衮即谕称"今本朝定鼎燕京，天下罹难军民，皆吾赤子"[1]云云，即意定都北京。六月十一日，多尔衮与诸王大臣等定议迁都北京，遣辅国公吞齐喀等往盛京赍奏并奉迎顺治帝，奏称：

> 臣再三思维，燕京势踞形胜，乃自古兴王之地，有明建都之所。今既蒙天眷，皇上迁都于此，以定天下。则宅中图治，宇内朝宗，无不通达。可以慰天下仰望之心，可以赐四方和恒之福。伏祈皇上熟虑俯纳焉。[2]

年方七岁的顺治帝自然依议，于是清都城三迁至北京。同年十月初一日，顺治帝因皇极殿（今太和殿）被李自成焚毁，便登临皇极门（今太和门），颁诏天下，"定鼎燕京"[3]。从此，北京继元大都和明京师之后，再次成为我们统一的多民族国家的政治中心。

民国初年，北京为中华民国的首都。清宣统三年八月十九日即公元 1911 年 10 月 10 日，爆发了辛亥革命。1912 年 1 月 1 日，孙中山在南京就任临时大总统，宣告中华民国成立，定都南京。同年 2 月 12 日，清宣统帝退位，袁世凯组织临时政府，以北京为首都。1927 年 4 月 18 日，蒋介石在南京成立国民政府。第二年 6 月 28 日，南京国民政府改北京为北平，并划为特别市。

---

〔1〕《清世祖实录》卷五，顺治元年五月庚寅。
〔2〕《清世祖实录》卷五，顺治元年六月丁卯。
〔3〕《清世祖实录》卷九，顺治元年十月乙卯朔。

　　综上所述，北京在历史上自蓟、燕、前燕、大燕、刘燕、辽、金、元、明、大顺、清至中华民国初期，先后十二次为都，共一千五百余年。这就是本文的结论。所论不当之处，谨祈方家指正。

　　　　　　　　　　　（原载《中国古都研究》第 3 辑，1987 年）

明永乐帝迁都北京述议

中国自前燕至清朝奠都北京者多是塞北民族[1]，仅明例外。明永乐帝朱棣由南京迁都北京，是中国都城史的一个转折点。它承元大都而启清京师，北京由是历元、明、清三代，成为中国封建社会后期统一的多民族国家的政治中心，长达六个多世纪。兹据史籍所载，略加钩稽，将永乐帝迁都北京的历史渊源、错综原因、繁复过程和深巨影响，作如下述议。

一

京师是国家的政治中心。《公羊传》载："京师者何？天子之居也。京者何？大也。师者何？众也。"[2]京师为帝王生活居住之所，实则是国家的政治重心。因此，建邦定鼎为一代盛事。如汤始居亳，作《帝诰》。[3]武王克商，以思定都而夜不成寐。史载：

---

[1] 此系指前燕、辽、金、元、明、清而言。
[2] 《公羊传》，桓公九年，《十三经注疏附校勘记》本，中华书局影印本，1980年。
[3] 《史记》卷三《殷本纪》，中华书局，1959年。

> 武王至于周，自夜不寐。周公旦即王所，曰："曷为不寐？"王曰："告女：……自洛汭延于伊汭，居易毋固，其有夏之居。我南望三涂，北望岳鄙，顾詹有河，粤詹雒、伊，毋远天室。"[1]

周公赞成，后经相勘、得卜，遂营东都洛阳。[2]

及明洪武帝朱元璋起兵，询取天下大计，冯国用对曰："金陵龙蟠虎踞，帝王之都，先拔之以为根本"[3]，因俾居幕府。朱元璋于元至正十五年（1355）渡江克太平后，欲取金陵，当涂儒士陶安进言："金陵古帝王都，龙蟠虎踞，限以长江之险，若取而有之，据其形胜，以临四方，何向不克？"[4]陶安所言合朱元璋意，因受礼遇甚厚。其后，海宁人叶兑献书论取天下之大纲言：

> 今之规模，宜北绝李察罕（察罕帖木儿），南并张九四（士诚），扶温、台，取闽、越，定都建康，拓地江、广，进则越两淮以北征，退则画长江而自守。夫金陵古称龙蟠虎踞，帝王之都，藉（借）其兵力、资财，以攻则克，以守则固。[5]

朱元璋纳叶兑之议，其时仅有半壁河山。元至正十六年（1356）三月，他夺取集庆（金陵）后，周览城郭，遍阅形胜，

---

〔1〕《史记》卷四《周本纪》。

〔2〕《尚书·大诰》，《十三经注疏附校勘记》，中华书局影印本，1980年。

〔3〕《明史》卷一二九《冯胜传附兄国用传》，中华书局，1974年。

〔4〕《明史稿·陶安传》，清抄本。

〔5〕《明史》卷一三五《叶兑传》。

见钟阜龙盘，石城虎踞，对徐达等言：

> 金陵险固，古所谓长江天堑，真形胜地也。仓廪实，人民足，吾今有之，诸公又能同心协力，以相左右，何功不成！[1]

朱元璋命儒士赋钟山诗，邓伯言献诗云："鳌足立四极，钟山蟠一龙。"[2]朱元璋拍案诵之，伯言误以为明太祖震怒，惊死墀下，扶出东华门始苏。

元至正十六年，朱元璋命"改集庆路为应天府"[3]，准备奠都应天。至正二十六年（1366），又命改筑应天城。《明太祖实录》载：

> 八月庚戌朔，拓建康城。初，建康旧城西北控大江，东进〔尽〕白下门外，距钟山既阔远，而旧内在城中，因元南台为宫，稍庳隘。上乃命刘基等卜地定，作新宫于钟山之阳，在旧城东白下门之外二〔三〕里许，故增筑新城，东北尽钟山之趾，延亘周回凡五十余里。规制雄壮，尽据山川之胜焉。[4]

翌年八月，圜丘、社稷、宫殿建成。

---

〔1〕《明太祖实录》卷四，丙申年（至正十六年）三月辛卯，台北"中研院"史语所校勘本，1962年。

〔2〕郎瑛《七修类稿》卷一二，中华书局，1959年。

〔3〕《明史》卷一《太祖本纪一》，中华书局，1974年。

〔4〕《明太祖实录》卷二一，丙午年（至正二十六年）八月庚戌朔。

洪武元年（1368）正月，朱元璋在金陵即皇帝位。三月，破汴梁。[1]朱元璋到汴梁巡视，并部署向大都进军。时北方兵事频繁，为转输军饷，进兵朔漠，需要设置一个军事后方基地，以作策应，于是仿周、汉两京之制，下诏曰：

> 朕惟建邦基以成大业，兴王之根本为先；居中夏而治四方，立国之规模最重。……朕观中原土壤，四方朝贡，道里适均，父老之言，乃合朕志。然立国之规模固重，而兴王之根本不轻。其以金陵为南京，大梁为北京。[2]

明太祖朱元璋诏以金陵为南京，汴梁为北京，两京并称。

洪武二年（1369）九月，明除建南、北两京外，以临濠（凤阳）为帝乡[3]，诏建中都，曰："临濠则前江后淮，以险可恃，以水可漕，朕欲以为中都，何如？"[4]群臣称善。于是命有司如南京之制，建置中都城池宫阙。洪武五年（1372）正月，"定中都城基址，周围四十五里"[5]。兴建之后，城周五十里，立九门，中为皇城，周九里，立四门。[6]后诚意伯刘基乞归乡里，行前奏言："凤阳虽帝乡，然非天子所都之地。虽已置中都，不宜居。"[7]刘基之奏，受到朱元璋的重视。[8]洪

---

[1]《明太祖实录》卷三一，洪武元年三月己亥。

[2]《明太祖实录》卷三四，洪武元年八月己巳朔。

[3] 黄光昇《昭代典则》，万卷楼刊本，明万历二十八年（1600）。

[4]《明太祖实录》卷四五，洪武二年九月癸卯。

[5]《明太祖实录》卷七一，洪武五年正月甲戌。

[6]《明史》卷四〇《地理志一》，中华书局，1974年。

[7]《明太祖实录》卷九九，洪武八年四月丁巳。

[8]《明史》卷一二八《刘基传》。

武八年（1375）四月，以营建中都劳费繁重，"罢营中都"〔1〕。

明初南、北、中三都，中都既罢，唯余两京。洪武十一年（1378）正月，诏"改南京为京师"〔2〕，正式以南京为国都。南京虽偎山环江，地富民殷，但不便控驭大漠，反易为朔北所制，已为六朝、南唐和两宋的历史所证明。洪武帝征于历史鉴戒和面临北元威胁，时有国都北迁之意，迁都地点在长安、洛阳、汴梁和北平四城之间筹虑。

长安被山带河，四塞为固。张良曾言："夫关中左殽、函，右陇、蜀，沃野千里，南有巴蜀之饶，北有胡苑之利，阻三面而守，独以一面东制诸侯。诸侯安定，河、渭漕挽天下，西给京师；诸侯有变，顺流而下，足以委输。此所谓金城千里，天府之国也。"〔3〕长安昔为强汉盛唐都城，自然为明臣献议迁都之所。早在洪武三年（1370），御史胡子祺上书"请都关中，帝称善"〔4〕。其理由略谓：

> 天下形胜地可都者四：河东地势高，控制西北，尧尝都之，然其地苦寒；汴梁襟带河、淮，宋尝都之，然其地平旷，无险可凭；洛阳周公卜之，周、汉迁之，然嵩、邙非有殽函、终南之阻，涧、瀍、伊、洛非有泾、渭、灞、浐之雄。夫据百二河山之胜，可以耸诸侯之望，举天下莫关中若也。〔5〕

---

〔1〕《明史》卷二《太祖本纪二》。
〔2〕《明史》卷四〇《地理志一》。
〔3〕《史记》卷五五《留侯世家》。
〔4〕《明史》卷一四七《胡广传》。
〔5〕《明史》卷一一五《兴宗孝康皇帝传》。

朱元璋韪其言，遣皇太子朱标巡视陕西。[1]后终以漕运不便等因而止。

洛阳周初为都邑，位于"涧水东，瀍水西"[2]。它东压江淮，西挟关陇，北依邙山，南望伊阙，曾为九朝之都。皇太子朱标欲迁都洛阳。洪武二十四年（1391）十月，"皇太子还自陕西"[3]。朱标巡视关、洛之后，"志欲定都洛阳，归而献图"[4]。不久太子标死，迁都洛阳之议搁置。

汴梁地处中州平原，曾为七朝都会。它北临黄河，南襟平原，东有淮、颍，西扼函、崤，"华夷辐辏，水陆会通"[5]。汴梁为宋之旧京，朱元璋谕若"建都于彼，供给力役，悉资江南，重劳其民"[6]而罢。

北平之名始于洪武元年："诏改大都路为北平府。"[7]北平昔为元都，宫室完备；又"右拥太行，左注沧海，抚中原，正南面，枕居庸，奠朔方"[8]，也为朱元璋议奠都之选。史载：

> 皇祖既克元都，置北平布政司，亲策问廷臣："北平建都可以控制胡虏，比南京何如？"翰林修撰鲍频谓："胡主起自沙漠，立国在燕，及是百年，地气已尽。南京兴王之

---

〔1〕《明太祖实录》卷二一一，洪武二十四年八月乙丑。

〔2〕《尚书·洛诰》，《十三经注疏附校勘记》，中华书局影印本，1980年。

〔3〕《明太祖实录》卷二一四，洪武二十四年十一月庚戌。

〔4〕姜清《姜氏秘史》卷二，《金陵全书》（乙编）本。

〔5〕《五代会要》卷二六，上海古籍出版社，1978年。

〔6〕《明太祖实录》卷四五，洪武二年九月癸卯。

〔7〕《明太祖实录》卷三四，洪武元年八月壬午。

〔8〕陶宗仪《南村辍耕录》卷二一，中华书局，1959年。

地，不必改图。"遂都南京。[1]

洪武帝初欲建都北平之意，"以修撰鲍频力谏而止"[2]。

朱元璋虽不奠周、秦、汉、唐、宋、元之都——长安、洛阳、汴梁、北平，而定鼎金陵，但仍拟迁都："本欲迁都，今朕年老，精力已倦；又天下新定，不欲劳民"[3]，且太子标已死，心志颓沮，遂致迁都之议寝疏。

二

永乐帝发动"靖难之役"，攻占南京，夺取皇位后，"思继志之所先，惟都邑之为重"[4]，准备由南京迁都北平。他迁都北平并不完全是为着"继高皇之先志"，而是在运筹地理与历史、军事与民族、政治与社会等诸种因素之后，做出的一项重大决策。

北京地理条件优越和建都历史悠久，是永乐帝迁都的一个原因。《析津志》载："自古建邦立国，先取地理之形势。"[5]北京气候温和，位于三角形华北大平原的顶点，地当华北平原与西北蒙古高原和东北松辽平原之间各条通道的枢纽。正如《顺天府志》所载：

---

〔1〕 蒋一葵《长安客话》卷一，北京古籍出版社，1980 年。

〔2〕 孙承泽《春明梦余录》卷一，清乾隆内府刻本。

〔3〕 顾炎武《天下郡国利病书》卷一三，北京图书馆藏本。

〔4〕 杨荣《杨文敏集·皇都大一统赋》，《日下旧闻考》，北京古籍出版社，1981 年。

〔5〕 熊梦祥《析津志辑佚》辑抄本，北京古籍出版社，1983 年。

燕环沧海以为池，拥太行以为险。枕居庸而居中以制
外，襟河济而举重以驭轻。东西贡道，来万国之朝宗；西
北诸关，壮九边之雉蝶。万年强御，百世治安。[1]

上述记载虽有张饰，但说明北京"内跨中原，外控朔漠"[2]的
地理位置宜于定都。

然而，北京优越的地理位置古已有之。当其自然条件与历
史条件相结合时，便成为明朝建都的重要因素。在中国历史上，
前燕以降，政治中心自西趋东转移，"慕容儁窃据平州，遂兼河
北；唐代渔阳倡乱，藩镇之祸与李祚相终始；契丹既得燕、云，
遂以残灭石晋；女真窃据河北，遂以侵凌建康；自元以后，知
其地之险要，为国家命脉所系，相因建都"[3]。自慕容儁都蓟城
肇其端，安禄山以范阳为燕京继其后，经辽南京、金中都，直
至元大都，北京逐渐成为中国政治中心。朱元璋灭元之后定都
金陵，为形势所趋，却有悖于大势。

北京所处战略地位和明初民族矛盾，是永乐帝迁都的另一
原因。

洪武元年八月，明右丞相徐达率师攻克大都[4]，元顺帝北
走。据《蒙兀儿史记》载："失我大都兮，冬无宁处。"[5]故元
势力不甘心于失败，仍欲重据北平，"元主北奔，命扩廓帖木儿

〔1〕 万历《顺天府志》卷一，中国书店影印本，1959 年。
〔2〕 孙承泽《天府广记》卷三七，清抄本，北京古籍出版社，1983 年。
〔3〕 郑定谟《北京建都考》，《地学杂志》1916 年第 7 卷第 3 期。
〔4〕 永乐《顺天府志》卷一一，清光绪十二年（1886）江阴缪氏艺风堂抄
    《永乐大典》本，北京大学图书馆藏。
〔5〕 《蒙兀儿史记》卷一七，中华书局，1962 年。

复北平"[1]。

明初蒙古贵族势力的猖獗，同朱元璋对故元势力的下述政策不无关系。即徐达率师直捣大都，行前达奏曰："元都克，而其主北走，将穷追之乎？"明太祖答以"元运衰矣，行自澌灭，不烦穷兵。出塞之后，固守封疆，防其侵轶可也"。[2]明军夺得大都之后，元统虽亡而实力犹存，"引弓之士，不下百万众也"！[3]朱元璋未能利用时机，命将出塞，蹛林祭纛，三鼓而歼，是铸成"边境之祸，遂与明终始"[4]的一个症结。

明朝初年，北平"三面邻虏"[5]。明廷将主要兵力部署在以北平为中心的长城一线；政治中心在南京，而军事重心实际上在北平。从洪武金陵肇基，至永乐金台定鼎的半个世纪，北平在军事冲突与民族矛盾中，逐渐地由全国军事中心向政治中心过渡。

洪武年间，先后五次大规模地对蒙古用兵。洪武三年，徐达率军攻王保保，克应昌后，还师北平。[6]洪武五年，蓝玉率师追击王保保，至土剌河。[7]洪武七年（1374），蓝玉率军败脱因帖木儿，拔兴和。[8]洪武十三年（1380），沐英督师攻脱火赤，

〔1〕《明太祖实录》卷三七，洪武元年十二月丁卯朔。

〔2〕《明史》卷一二五《徐达传》。

〔3〕谷应泰《明史纪事本末》卷一〇，中华书局，1977年。

〔4〕《明史》卷三二七《鞑靼传》。

〔5〕《明神宗实录》卷五七六，万历四十六年十一月乙卯，台北"中研院"史语所校勘本，1962年。

〔6〕《明太祖实录》卷五二，洪武三年五月丁酉。

〔7〕《明太祖实录》卷七〇，洪武五年三月丁卯。

〔8〕《明太祖实录》卷八八，洪武七年四月己亥。

至和林。[1]洪武二十年（1387），冯胜率军二十万由北平出师，败故元太尉纳哈出。[2]洪武时连年"西征敦煌，北伐沙漠"[3]，均以北平为军事基地。在同故元势力征战中建树功勋的魏国公徐达、曹国公李文忠、宋国公冯胜、卫国公邓愈、郑国公常茂、信国公汤和、颍川侯傅友德、永嘉侯朱亮祖、景川侯曹震、营阳侯杨景、永城侯薛显、淮安侯华云龙等，均先后镇守北平，"修理城池，练兵训将，以备边陲"[4]。

永乐帝朱棣，曾先后七征蒙古。洪武二十三年（1390），攻故元太尉乃儿不花。[5]洪武二十九年（1396），擒元将孛林帖木儿。[6]永乐八年（1410），征鞑靼本雅失里，至斡难河。[7]永乐十二年（1414），征瓦剌马哈木。[8]永乐二十年（1422）[9]、二十一年（1423）[10]、二十二年（1424）[11]，三征鞑靼阿鲁台。明初北征凡三路：东路出山海关，入辽东；中路出古北口，至土剌河；西路出居庸关，临弱水——均以北平为始终点。

北平在上述军事冲突与民族争局中，战略地位日趋重要。北平三面近塞，边防大重。东起鸭绿，西抵嘉峪，绵亘万里，

---

〔1〕《明太祖实录》卷一三〇，洪武十三年三月壬子。
〔2〕《明太祖实录》卷一八二，洪武二十年六月丁未。
〔3〕《明史》卷二《太祖本纪二》。
〔4〕《明太祖实录》卷七八，洪武六年正月壬子。
〔5〕《明太祖实录》卷二〇〇，洪武二十三年三月乙丑。
〔6〕《明太祖实录》卷二四五，洪武二十九年三月甲子。
〔7〕《明太宗实录》卷七一，永乐八年七月癸未。
〔8〕《明太宗实录》卷九一，永乐十二年三月庚寅。
〔9〕《明太宗实录》卷一二二，永乐二十年三月戊寅。
〔10〕《明太宗实录》卷一二六，永乐二十一年三月庚寅。
〔11〕《明太宗实录》卷一二九，永乐二十二年四月己酉。

分设九边——辽东、宣府、大同、延绥、宁夏、甘肃、蓟州、太原和固原[1]。它以山海关和居庸关为东西门户,联结九边,抵御蒙古,北控朔漠,以固疆域。

燕京优越的地理位置和重要的战略地位,加强了燕王的政治力量和军事实力,为其"靖难之役"取胜提供了重要条件;而"靖难之役"的一个结果,则使北平成为明代的都城。

北京为燕王"龙兴之地"及其"逆取皇位"之地,是永乐帝迁都的又一个原因。

北平在洪武后期,实际上已在逐渐地向全国政治中心转化。早在洪武三年,朱棣被封为燕王。燕王左相华云龙即经画"建燕邸,增筑北平城"[2]。洪武十三年,燕王就国之后,北平地位更为重要。洪武二十三年(1390),朱棣败故元太尉乃儿不花后,洪武帝诏曰:"清沙漠者,燕王也。"[3]两年之后,即洪武二十五年(1392)三月,皇太子朱标死后第三日,明太祖欲立燕王朱棣为皇太子。他在东角门谕廷臣[4],三修《明太祖实录》载:

---

〔1〕《明史》卷九一《兵志三》。

〔2〕《明史》卷一三〇《华云龙传》。

〔3〕《明太祖实录》卷二〇一,洪武二十三年闰四月癸亥朔。

〔4〕夏燮《明通鉴·义例》载:《永乐实录》中有'皇考本欲立朕'语,则预改《太祖实录》东阁门召谕群臣,增入'国有长君,吾欲立燕王',又增入刘三吾对'置秦、晋二王于何地'语;以肃清沙漠为一人之功,则预于《太祖实录》中窜入'晋王无功'及'欲构陷成祖'之语……种种伪撰,无非欲以《太祖实录》为之张本,此再修、三修之所由来也。王氏《史稿》不察其伪,据以人之二祖《本纪》及齐、黄诸人传中,而至于东阁门召对所云'欲立燕王'者,明人野史皆知其伪而删之。《史稿》乃于《三吾传》中,据《成祖实录》又增入'燕王神武似朕'之语,凡此之类,后修《明史》大半删去,可谓谨严之笔,今一依之。"

"朕第四子贤明仁厚，英武似朕。朕欲立为太子，何如？"翰林〔院〕学士刘三吾进曰："陛下言是，但置秦、晋二王于何地？"上不及对，因大哭而罢。〔1〕

朱元璋纳刘三吾议，立"皇孙世嫡承统"〔2〕。

洪武二十六年（1393），命北平属卫将校悉听燕王节制，所有军务"一奏朝廷，一启王知，永著于令"〔3〕。时北方诸王中，包括秦王樉（治西安）、晋王棡（治太原）、代王桂（治大同）、辽王植（治广宁）、谷王橞（治宣府）、宁王权（治大宁），但燕王棣权最大、位最重，似有分庭抗礼之势。至朱元璋晚年，太子标、次子秦王、三子晋王〔4〕相继死去，其身后的政治权力重心已移向四子燕王朱棣。

洪武三十一年（1398）五月，朱元璋病重，敕都督杨文等曰：

> 朕子燕王在北平。北平〔乃〕中国之门户。今以尔为总兵，往北平参赞燕王。以北平都司、行都司并燕、谷、宁三府，护卫选拣精锐马步军士，随燕王往开平堤备。一切号令皆出自王，尔奉而行之。大小官军，悉听节制。〔5〕

〔1〕《明太祖实录》卷二一七，洪武二十五年三月戊寅。
〔2〕《明史》卷一三七《刘三吾传》。
〔3〕《明太祖实录》卷二二六，洪武二十六年三月丙辰。
〔4〕《明太祖实录》卷二五六，洪武三十一年三月己未。
〔5〕《明太祖实录》卷二五七，洪武三十一年五月戊午。

上述"燕王总帅诸王防边"[1]的敕谕，虽旨在防御蒙古贵族骑兵乘难南犯，却巩固了燕王的政治与军事的地位。半月之后，朱元璋病危。他在死前 10 天，颁诏曰：

> 朕之诸子，汝独才智克堪其任。秦、晋已薨，汝实为长，攘外安内，非汝而谁？已命杨文总北平都司、行都司等军，郭英总辽东都司并辽府护卫，悉听尔节制。尔其总率诸王，相机度势，用防边患，乂安黎民，以答上天之心，以副吾〔朕〕付托之意。[2]

尽管上述史料对辽王是否亦在燕王节制中有着不同见解[3]，但其时"燕王居长，故令之率六王防边"[4]，似无异议。然而，后来的历史发展出乎朱元璋之所料，边境尚靖，祸起萧墙。上引诏书说明，燕王封国北平，不仅为明初的军事重心，而且在

---

〔1〕 谷应泰《明史纪事本末》卷一〇。

〔2〕《明太祖实录》卷二五七，洪武三十一年五月乙亥。

〔3〕 夏燮《明通鉴》卷一一，洪武三十一年五月戊午："诏都督杨文从燕王棣，武定侯郭英从辽王植，备御开平，均命听二王节制。""考异"曰，《三编·发明》云："考《明太祖实录》，是年四月乙酉，敕燕王防秋；五月甲寅，帝不豫；戊午，敕都督杨文、郭英；乙亥，再敕燕王节制诸军，此皆重修之《太祖实录》，不可尽信。"又云："二十八年，秦王卒；是年三月，晋王卒。燕虽势居宠逼，然节制之命，岂足为易储之据哉！"据此，则防边之敕，出自《实录》之后改者。今考洪武二十三年，命晋、燕二王防边，令傅友德从燕王，王弼从晋王，俱听节制，是听晋、燕二王节制也。是年书法同，则谓杨文之从燕王，郭英之从辽王，亦是听燕、辽二王节制耳，非与辽王共听燕王节制也。今据《太祖实录》，出于四、五两月，而删去"燕王总制诸军"语。又见《明太祖实录校勘记》本卷。

〔4〕 夏燮《明通鉴》卷一一，洪武三十一年四月"考异"，中华书局，1959 年。

向着全国政治中心转移。这一转移的关键是燕王在"靖难之役"中攫取皇位。

洪武帝死后，南京与北平，在军事力量的对比上，北平居于优势。燕王朱棣抓住时机，由"（僧）道衍首赞密谋，发机决策"[1]，兴师问难。相传一日寒甚，道衍侍燕王宴。燕王命句云："天寒地冻，水无一点不成冰。"道衍对曰："国乱民愁，王不出头谁作主！"[2]自是"靖难"之谋遂决。燕王朱棣率师南进，受到建文帝的顽强抵拒，历时4年，攻占南京，夺得皇位，改元永乐，是为明成祖。成祖即位，论功封爵者二公、十三侯[3]，均为其"熊罴之宿将，帷幄之谋臣"[4]。他们多为北平都司属下将校，尤以燕山三护卫将校为主。[5]朱棣皇位依靠的主要力量，是其做燕王时的文臣武将和北方籍的勋贵缙绅。这些谋臣宿将与勋贵缙绅，久居燕土，受赐庄田，恒定产业，随燕王起兵，功高爵显，愿意明都北迁。

与此相反，"靖难之役"使江淮缙绅与建文朝勋贵受到沉重打击。先是，明初朱元璋对江淮豪富采取高压政策。但是，建文帝即位后，一反乃祖对江南地主的压抑政策，而修好同他们的关系，并取得他们的支持。然而，朱棣夺取皇位后，对江淮缙绅与北方缙绅，采取抑前扬后之政策，而对燕邸宿将与建文帝诸臣，则采取奖前戮后之举措。朱棣下令屠杀建文帝诸臣即为一例：

---

〔1〕 《明史》卷一四五《姚广孝传》。
〔2〕 蒋一葵《长安客话》卷二。
〔3〕 《明史》卷一〇六《功臣世表二》。
〔4〕 《明史》卷一〇五《功臣世表一》。
〔5〕 《明史》卷九〇《兵志二》。

乃若受戮之最惨者，方孝孺之党，坐死者八百七十人；邹瑾之案，诛戮者四百四十人；练子宁之狱，弃市者一百五十人；陈迪之党，杖戍者一百八十人；司中之系，姻娅从死者八十余人。胡闰之狱，全家抄提者二百十七人；董镛之逮，姻族死戍者二百三十人；以及卓敬、黄观、齐泰、黄子澄、魏冕、王度、卢原质之徒，多者三族，少者一族也！[1]

但是，"一时忠义如林，蹈九死而不悔"[2]。如御史景清，早朝怀刃而入，欲为故主报仇，被诏磔于市，清骂不绝口而死。永乐帝昼寐梦清绕殿犯驾[3]，以为其化为鬼厉，日夜惴恐不安。这促使其迁都至"龙兴之地"北平，以巩固"横贪天位"[4]后之统治。

前述永乐帝朱棣由南京迁都北京的地理、历史、军事、民族、政治与社会诸种因素，是既相联系又相区别的。北京的地理位置、明初的民族矛盾等，都是前已存在的客观条件。燕王以北平起兵夺取皇位，则是利用上述诸种条件，促成北京作为明代都城历史命运的直接动因。这种历史发展必然性和偶然性的统一，使永乐帝由南京迁都北京。

---

〔1〕 谷应泰《明史纪事本末》卷一八。

〔2〕 《御制通鉴纲目三编》卷三，《四部丛刊》本。

〔3〕 夏燮《明通鉴》卷一三，建文四年八月丙寅。

〔4〕 《明史纪事本末》卷一六。

三

永乐帝由南京迁都北京，经过了十八年的曲折历史过程。

朱棣南都北迁，始自礼部尚书李至刚"首发建都北平议"[1]。永乐元年（1403）正月，李至刚等疏言：

> 自昔帝王或起布衣平定天下，或由外藩入承大统，而于肇迹之地，皆有升崇。切见北平布政司，实皇上承运兴王之地，宜遵太祖高皇帝中都之制，立为京都。制曰："可，其以北平为北京。"[2]

北平改名为北京，并升北京为陪都。

为着营建北京，迁移九鼎，进行了大规模的工作：

第一，移民充实北京。北京在元末明初，屡经战乱，灾疫频仍，土地荒芜，百姓流移。如洪武二年，顺天府有一万四千九百七十四户，四万八千九百七十三口；民地七百八十顷余。[3]加上宛平、大兴、昌平、良乡和怀柔五县，总计二万二千户，七万零五百一十三口，官民地一千零八十七顷余。朱棣登基，即先后多次颁诏北京地区免赋、赈灾、移民、垦田。如建文四年（1402）九月，命"徙山西民无田者实北平，赐之钞，复五年"[4]。永乐元年八月，定《罪囚北京为民种

---

〔1〕《明史》卷一五一《李至刚传》。

〔2〕《明太宗实录》卷一六，永乐元年正月辛卯。

〔3〕永乐《顺天府志》卷八，清光绪十二年（1886）江阴缪氏艺风堂抄《永乐大典》本。

〔4〕《明通鉴》卷一三，建文四年九月乙未。

田例》[1]；同年十一月，将罪人"悉发北京境内屯种"[2]；又命"徙直隶、苏州等十郡，浙江等九省富民实之"[3]。

第二，治河通漕转输。先是北平转漕东南，水陆兼挽，仍元之旧，参用海道。及营建北京，疏通大运河，以治卫、闸、河、湖等于转输尤急。永乐元年，开卫河，"令河南车夫陆运入卫河，转输北京"[4]。永乐五年，发民丁二十万，疏修"自昌平县东南白浮村至西湖景东流水河口一百里"[5]淤塞河道，并增置闸门。永乐六年（1408），设德州至北京陆路递运所[6]，除水路外增加陆路运输。永乐九年（1411），发民工三十万开闸河（即会通河），北至临清与卫河会，南出茶城与黄河合，二百天工成。永乐十三年（1415），凿清江浦，导湖水入淮，漕船直航于河。"自是漕运直达通州，而海、陆运俱废。"[7]至永乐十六年（1418），岁运北京粮四百六十四万余石[8]，后多至五百万石并砖木瓦石。

第三，伐木采石备料。永乐四年（1406）闰七月，诏建北京宫殿[9]，分遣大臣宋礼等采木于四川、湖广、江西、浙江、

---

〔1〕《明太宗实录》卷二二，永乐元年八月己巳。

〔2〕《明太宗实录》卷二五，永乐元年十一月戊戌。

〔3〕《御制通鉴纲目三编》卷四。又见《明太宗实录》永乐元年八月甲戌："简直隶、苏州等十郡，浙江等九布政司富民实北京"；永乐二年九月丁卯："徙山西太原、平阳、泽、潞、辽、沁、汾民一万户实北京。"

〔4〕《明史》卷一五〇《郁新传》。

〔5〕《明太宗实录》卷六七，永乐五年五月丁卯。

〔6〕《明太宗实录》卷八六，永乐六年十二月辛丑。

〔7〕《明史》卷八五《河渠志三》。

〔8〕《明太宗实录》卷二〇七，永乐十六年十二月乙巳。

〔9〕《明太宗实录》卷五七，永乐四年闰七月壬戌。

山西等处。如派师逵往湖湘，以"十万众入山辟道路"[1]，采木料；派古朴"采木江西"[2]；派刘观"采木浙江"[3]等。并凿石、烧灰、制砖、做瓦，运集京师。其时顺天、河南、山东、山西、陕西等水旱频仍，民至"剥树皮、掘草根以食"[4]，但备料转输、工程营建仍加紧进行。

第四，征发夫役工匠。自永乐五年，实始营建北京。其时兴工大役，不减于洪武帝之创制南京宫阙城池。如永乐九年，谭广以大宁都指挥金事"董建北京"[5]。永乐十五年（1417），薛禄以行在后军都督董理北京营造[6]。是为军兵营建北京之两例。同年三月，因民夫、军兵力役不足，又诏"杂犯死罪及徒、流以下，悉纵还家，营路费，赴京输役赎罪"[7]。民夫、军兵、罪犯执役外，还有工匠。叶宗人为钱唐县令，是年"督工匠往营北京"[8]，是为工匠亦役及直省的例证。其时，营造北京，夫役巨万，劳作烦苦，多有病者，邝埜奉命稽省病者[9]。在京巨万民夫、军兵、工匠、罪役，营造宫殿城池。

第五，营建宫殿城阙。永乐四年闰七月，诏建北京宫殿。[10]永乐十二年八月，朱棣车驾至北京，"御奉天殿，文武群臣上表

---

〔1〕《明史》卷一五〇《师逵传》。

〔2〕《明史》卷一五〇《古朴传》。

〔3〕《明史》卷五一《刘观传》。

〔4〕《明史》卷一六四《邹缉传》。

〔5〕《明史》卷一五五《谭广传》。

〔6〕《明史》卷一五五《薛禄传》。

〔7〕《明太宗实录》卷一八六，永乐十五年三月丙申。

〔8〕《明史》卷二《叶宗人传》。

〔9〕《明史》卷二八一《邝埜传》。

〔10〕《明太宗实录》卷五七，永乐四年闰七月壬戌。

贺"[1]。永乐十三年三月,"修北京城垣"[2]。永乐十四年(1416)十一月,复诏群臣议营建北京宫殿。其时,夫役征发,漕运通畅,砖木齐集,规划已定。于是,六部尚书等文职官吏上疏,请大规模兴建北京宫殿,略谓:

> 伏惟北京,圣上龙兴之地。北枕居庸,西峙太行,东连山海,南俯中原,沃壤千里,山川形胜,足以控四夷,制天下,诚帝王万世之都也。……伏乞早赐圣断,敕所司择日兴工,以成国家悠久之计,以副臣民之望。[3]

永乐帝允所奏。寻命"泰宁侯陈珪掌缮工事,安远侯柳升、成山侯王通副之"[4],由吴中和阮安等规划计算[5]。阮安,《明史》记载:"阮安有巧思,奉成祖命,营北京城池宫殿及百司府廨,目量意营,悉中规制,工部奉行而已。"[6]由是,兴建北京宫殿工程全面铺开。

第六,北京宫殿告成。永乐十五年,建成北京西宫。[7]永乐十七年(1419),"拓北京南城"[8],即将原大都南城墙向南推展(至今东西长安街一线南)。但是,《明太宗实录》记载修北京城之事过于疏略,致引出康熙帝的议论:"朕遍览明代《实

---

〔1〕《明太宗实录》卷一五四,永乐十二年八月辛丑朔。
〔2〕《明太宗实录》卷一六二,永乐十三年三月丁巳。
〔3〕《明太宗实录》卷一八二,永乐十四年十一月壬寅。
〔4〕《明太宗实录》卷一八五,永乐十五年二月壬申。
〔5〕《明史》卷一五一《吴中传》。
〔6〕《明史》卷三〇四《金英传附阮安传》。
〔7〕《明太宗实录》卷一八七,永乐十五年四月癸未。
〔8〕《明太宗实录》卷二一八,永乐十七年十一月甲子。

录》，未录实事，即如永乐修北京城之处，未记一字。"[1]至永乐十八年十一月初四日，即公历 1420 年 12 月 8 日，北京宫殿告成。[2]

据《明太宗实录》记载：

> 初，营建北京，凡庙社、郊祀、坛场、宫殿、门阙，规制悉如南京，而高敞壮丽过之。[3]

明永乐帝以北京坛庙、宫殿建成，诏告天下。[4]

永乐十九年（1421）正月初一日，明成祖朱棣御奉天殿受贺，并升北京为京师。北京各衙门取消"行在"二字；同时应天各衙门皆加"南京"二字，南京变为陪都。时明代政治中心在北京，而经济中心在南京，两京并建，兼取其长：

> 盖天下财赋出于东南，而金陵为其会；戎马盛于西北，而金台为其枢。并建两京，用东南之财赋，会西北之戎马，无敌于天下矣！[5]

但是，永乐十九年四月初八日，即明成祖朱棣在北京奉天殿行京师宫殿告成礼后 97 天，奉天、华盖、谨身三大殿罹灾尽

---

[1] 《清圣祖实录》卷二七三，康熙五十六年八月乙酉，日本东京大藏株式会社影印本，1937 年。

[2] 《明太宗实录》卷二三一，永乐十八年十一月戊辰。

[3] 《明太宗实录》卷二三二，永乐十八年十二月癸亥。

[4] 《明太宗实录》卷二三三，永乐十九年正月戊寅。

[5] 《图书编》，《日下旧闻考》卷五，北京古籍出版社，1981 年。

毁。[1] 诏求直言，廷臣多议迁都北京非便。翰林侍读学士李时勉"言营建之非"忤旨，疏被"抵之地"[2]，寻遭谗下狱，另一翰林侍读邹缉上疏言：

陛下肇建北京，焦劳圣虑，几二十年。工大费繁，调度甚广，冗官蚕食，耗费国储。工作之夫，动以百万，终岁供役，不得躬亲田亩以事力作。犹且征求无艺，至伐桑枣以供薪，剥桑皮以为楮。加之官吏横征，日甚一日。如前岁买办颜料，本非土产，动科千百。民相率敛钞，购之他所。大青一斤，价至万六千贯。及进纳，又多留难，往复展转，当须二万贯钞，而不足供一柱之用。……自营建以来，工匠小人假托威势，驱迫移徙，号令方施，庐舍已坏。孤儿寡妇哭泣叫号，仓皇暴露，莫知所适。迁移甫定，又复驱令他徙，至有三四徙不得息者。及其既去，而所空之地，经月逾时，工犹未及。此陛下所不知，而人民疾怨者也。[3]

时主事萧仪疏言尤为激切。永乐帝曰："方迁都时，与大臣密议，久而后定，非轻举也！"[4] 寻以萧仪为书生之见，不"足以达英雄之略"[5]，怒而杀之。

永乐帝怒杀萧仪以钳制非议迁都者之口，却未能指明迁都

〔1〕《明太宗实录》卷二三六，永乐十九年四月庚子。
〔2〕《明史》卷一六三《李时勉传》。
〔3〕《明史》卷一六四《邹缉传》。
〔4〕《明史》卷一四九《夏原吉传》。
〔5〕《蟒衣生集》，《日下旧闻考》卷五，北京古籍出版社，1981年。

北京之重大意义。

四

明都北迁的利弊之议，自三殿首次被灾[1]，至崇祯帝自缢，时断时续地争论了十四朝，凡二百余年。黄宗羲认为永乐帝迁都北京失算，其《明夷待访录》言：

> 或问：北都之亡忽焉，其故何也？曰：亡之道不一，而建都失算，所以不可救也。夫国祚中危，何代无之。安禄山之祸，玄宗幸蜀；吐蕃之难，代宗幸陕；朱泚之乱，德宗幸奉天。以汴京中原四达，就使有急，而形势无所阻。当李贼之围京城也，毅宗亦欲南下，而孤悬绝北，音尘不贯，一时既不能出，出亦不能必达，故不得已而身殉社稷。向非都燕，何遽不及三宗之事乎！

> 或曰：自永乐都燕，历十有四代，岂可以一代之失，遂议始谋之不善乎？曰：昔人之治天下也，以治天下为事，不以失天下为事者也。有明都燕不过二百年，而英宗狩于土木，武宗困于阳和，景泰初京城受围，嘉靖二十八年受

---

[1] 赵翼《廿二史札记》卷三二《明宫殿凡数次被灾》载，"统计明代北京三殿两宫，各四次被灾"：永乐十九年四月，奉天、华盖、谨身三殿灾。二十年，乾清宫亦毁。正统六年九月，乾清、坤宁二宫及三殿俱告成。正德九年正月，乾清宫灾。十六年十一月，乾清宫造成。嘉靖三十六年，三殿又灾。四十一年九月，三殿告成。万历二十四年，乾清、坤宁两宫灾。二十五年，三殿复灾。三十年，重建乾清、坤宁二宫。三十二年三月，乾清宫成。天启六年九月，皇极殿成。七年八月，中极、建极殿成。崇祯十七年四月，宫殿又灾。

围，四十三年边人阑入，崇祯间京城岁岁戒严。上下精神散于寇至，日以失天下为事，而礼乐政教犹足观乎？江南之民命，竭于输挽，大府之金钱，靡于河道，皆都燕之为害也。

或曰：有王者起，将复何都？曰：金陵。……今关中人物不及吴、会久矣，又经流寇之乱，烟火聚落，十无二三，生聚教训，故非一日之所能移也。而东南粟帛，灌输天下；天下之有吴、会，犹富室之有仓库匮（柜）箧也。今夫千金之子，其仓库匮箧必身亲守之，而门庭则以委之仆妾。舍金陵而勿都，而委仆妾以仓库匮箧；昔日之都燕，则身守夫门庭矣。曾谓治天下而智不千金之子若与！〔1〕

黄宗羲论明亡于都失算，缺乏史据，断不可取。户枢自腐，而后生蠹。明廷专制腐朽，农民起义于西北，满洲崛兴于东北，二者撞击，明朝灭亡。至于黄宗羲论都燕之害有三，即竭于转漕、靡金河道、君守门庭，则有一二可取；但需补充一点是北京缺水。

明都北京之一弊是水源缺乏。北京不濒临大江巨河，是其作为大都会的严重缺陷。如金开金口河失败〔2〕，元凿通惠河后淤塞，有明一代京畿屡逢灾赈济，流民塞路，均足资证。

明都北京之二弊是粮食不足。北京不是农业资源富庶之区，粮食不能自给。其时中国经济重心在江南："天下财赋，大半取

---

〔1〕 黄宗羲《明夷待访录·建都》，不分卷，中华书局，1981 年。
〔2〕《金史》卷二七《河渠志》，中华书局，1975 年。

给东南。"[1]明至成化年间，"河、淮以南，以四百万供京师；河、淮以北，八百万供边境"[2]。京师和边防所需大量粮食仰仗漕运。于是，漕运成为北京的经济命脉：

> 今国家燕都可谓百二山河，天府之国。但其间有少不便者，漕粟仰给东南耳，运河自江而淮，自淮而黄，自黄而汶，自汶而卫，盈盈衣带，不绝如线。河流一涸，则西北之腹尽枵矣。元时亦输粟以供上都，其后兼之海运。然当群雄奸命之时，烽烟四起，运道梗绝，惟有束手就困耳。此京师之第一当虑者也。[3]

明代政治中心与经济中心相距过远，粮食转输，疏通漕运，需用财物，耗费甚巨。

明都北京之三弊是靡金治河。明以前治河即治河，永乐帝移鼎北京后，"治河即以治漕"[4]。因治河通运，"盖四百万之漕赖焉，固为国家之大计，社稷之重事"[5]。后至清代，康熙帝尝"以三藩及河务、漕运为三大事，书宫中柱上"[6]。河务不当，必误漕运。为漕挽转输，江、河、淮、运合汇，运道三千余里，此通而彼塞，尤以清口为甚。意在清口蓄清敌黄，然淮胜则运堤不保，淮弱则有黄流倒灌之虞，仅"淮安、清口一隅，施工

---

〔1〕 孙承泽《山书》卷七，清抄本。

〔2〕 《明史纪事本末》卷二四。

〔3〕 谢肇淛《五杂俎》，燕京大学国学图书馆重刊本，1930 年。

〔4〕 王锡爵《王文肃公文集》卷八，《明经世文编》，中华书局影印本，1962 年。

〔5〕 董份《泌园集》卷一一，《四库全书》本。

〔6〕 《清史稿》卷二七九《靳辅传》，中华书局，1977 年。

之勤，糜帑之巨，人民、田庐之频岁受灾，未有甚于此者"[1]。有明一代，河患较前频仍，治河耗银尤巨。治河以通漕，与明相始终。至河事大坏，而明亡矣！[2]

明都北京之四弊是离长城太近。北京"一墙之外，逼邻虏穴"[3]。这固有其利（后面论述），也有其弊。明初国盛兵强，对蒙古贵族骑兵采取攻势，建都北京便于进攻；后来国衰兵弱，蒙古、满洲骑兵多次破墙而入，包围京师，九门戒严，北京地理上的弱点暴露无遗。

但是，对明都北迁之非议，正统前重在漕粮转输，正统后则重在京城戒严。

永乐帝死，洪熙帝立。精于经画而拙于远略的尚书夏原吉，疏奏"今江南民力，困于漕运，请还南京，以省供应"。洪熙元年（1425），命"诸司在北京者悉加'行在'二字"[4]。北京又变作陪都。并命修南京皇城，于明春还都南京。[5]但他两个月后死去，迁都之议束阁。

宣德帝继位后，行在礼部尚书胡㳦力言漕运不便，奏请还都南京，曰："建都北京非便，请还南都，省南北转运供亿之烦。"[6]宣德帝虽嘉赞其疏，但寻以北京既有五府六部衙门，便

---

〔1〕《清史稿》卷一二七《河渠志二》，中华书局，1976 年。

〔2〕《明史》卷八五《河渠志三》。

〔3〕《明神宗实录》卷三二，万历三十二年十一月癸未，台北"中研院"史语所校勘本，1962 年。

〔4〕《明仁宗实录》卷八下，洪熙元年三月戊戌，台北"中研院"史语所校勘本，1962 年。

〔5〕《明仁宗实录》卷九上，洪熙元年四月癸卯。

〔6〕《明史》卷一六九《胡㳦传》。

命将"其行府、行部宜革"[1]。

至英宗正统四年（1439），始命工部尚书吴中督工兴修奉天、华盖、谨身三殿和乾清、坤宁二宫[2]。正统六年（1441）九月，三殿二宫告成[3]。同年十一月初一日诏告中外，并命废北京各衙门署"行在"二字，南京各衙门仍增"行在"二字[4]。重新确定北京为国都，南京为陪都，南、北二京并称。

自洪武至正统，历六帝七十五年，定都北京之争初得平息。不久正统帝被俘，其后正统、嘉靖、崇祯年间，仍有人以京城危急而请迁都南京。正统末徐珵以"天命已去，惟南迁可以纾难"[5]奏；于谦以"言南迁者，可斩"[6]斥之。崇祯己巳（1629），廷臣有言南迁者[7]；甲申（1644），又有"三李"（邦华、明睿、建泰）等迁都南京之议[8]。但终明一代，定都北京，未再迁鼎。

北京作为明代十四朝都城，虽有四弊，但有六利，利大于弊，其影响至为深巨。

永乐帝迁都北京，加强了明廷对北方边疆的统治。顾祖禹言：

太宗靖难之勋既集，切切焉为北顾之虑，建行都于燕。

---

[1]《明宣宗实录》卷四六，宣德三年八月辛卯，台北"中研院"史语所校勘本，1962年。

[2]《明英宗实录》卷六二，正统四年十二月乙亥朔，台北"中研院"史语所校勘本，1962年。

[3]《明英宗实录》卷八三，正统六年九月甲午朔。

[4]《明英宗实录》卷八五，正统六年十一月甲午朔。

[5]《明史》卷一七一《徐有贞传》。

[6]《明史》卷一七〇《于谦传》。

[7]叶盛《水东日记》卷七，中华书局校点本，1980年。

[8]计六奇《明季北略》卷二〇，清光绪十三年（1887）刻本。

> 因而整戈秣马，四征弗庭，亦势所不得已也。銮舆巡幸，
> 劳费实繁；易世而后，不复南幸。此建都所以在燕也。[1]

建都在燕，为"地气"东移所必然。赵翼说：自唐以后，"地气"将自西趋东北[2]，即北方，特别是东北少数民族迭兴。而定都金陵，位置偏南，难于控制朔北。《五经要义》载："王者受命，创始建国，立都必居中土"[3]，以统制四方，控驭天下。其时明代疆域，南极海南，北至库页，北京约略居中，可以"兼制南北"[4]。永乐帝雄才大略，高瞻远瞩，力排众议，居中定鼎，将都城自南京北移近三千里，从而密切了同北方少数民族上层人物的联系，加强了对北疆和东北疆的统治。鲸海库页，西濛北漠，都置于明廷的统辖之下。

永乐帝迁都北京，加强了多民族国家的统一。朱棣戎马不息，出塞征战，其子孙也继续"天子守边"，这有利于巩固明初的统治自不待言。但是，正统以降，国力渐衰，塞北蒙古、东北满洲贵族不断驱骑南犯京师。正统十四年（1449）也先"土木之变"，嘉靖二十九年（1550）俺答"庚戌之变"，崇祯二年（1629）皇太极"己巳之变"，为京师困危突出三例。明以"皇帝守门"，国都当敌，城坚池深，兵力雄厚，"天下勤王"之师迅集，均使之不能得其志，饱掠京畿后飏去。《帝京景物略》载：

---

〔1〕 顾祖禹《读史方舆纪要》卷一〇，《万有文库》本，商务印书馆，1937 年。
〔2〕 赵翼《廿二史札记》卷二〇，中华书局，1984 年。
〔3〕 雷次宗《五经要义》，不分卷，艺文印书馆影印本。
〔4〕 纳兰性德《通志堂集》卷一五，上海古籍出版社影印本，1979 年。

中宅天下，不若虎视天下；虎视天下，不若挈天下为瓶，而身抵其口。雒不如关，关不如蓟，守雒以天下，守关以关，守天下必以蓟。文皇帝得天子自守边之略，于厥初封，都燕陵燕，前万世未破斯荒，后万世无穷斯利，捶勒九边，橐箧四海！[1]

刘侗论述了"天子守边"的意义。事实恰与黄宗羲所论相反，如果永乐帝当时不迁都北京，那么黄河以北似不可守，可能重演南北朝国家分裂的历史悲剧。而且朝鲜史籍也载述，明成祖迁都北京是一项"固国之策"[2]。

永乐帝迁都北京，促进了北京地区的经济开发。北京处于华北平原农业经济和塞北高原牧业经济的交接地区，其经济不甚发达。明定都北京后，赈灾、免税、垦田、移民，仅永乐二、三两年，即徙两万人户、约十万人实北京[3]；又先后疏浚通济河、通惠河、昌平河、浑河等，均有利于北京地区农业的发展。北京郊区的种植、园艺、花卉等业都有了发展，蔬菜中有蔓青（萝卜）和菘菜（白菜）等，甚至"南方蔬菜，无一不有"[4]。同时，全国能工巧匠荟萃于京师，建筑、烧造、军器、织染、采矿、冶铸、特艺等业大兴，如武宗时造太素殿，"改作雕峻，用银至二千万余两"[5]，除其奢靡和夸饰

〔1〕 刘侗、于奕正《帝京景物略·刘叙》卷首，北京古籍出版社，1980年。

〔2〕 《李朝宣祖实录》卷一〇八，三十二年正月丙戌，日本学习院东洋文化研究所，1959年。

〔3〕 《明通鉴》卷一四。

〔4〕 陆容《菽园杂记》卷六，中华书局，1985年。

〔5〕 《明史》卷七八《食货志二》。

另论外，足见工艺之精绝。又如煤炭，丘濬载述"今京师军民百万之家，皆以石煤代薪"[1]，可证九鼎北迁，加快了北京手工业发展的步伐。另外，北京为漕运终点和贡市之地，四方财货会聚京师，并在京设店铺、榻房和会同馆。永乐二十一年（1423），山东巡按陈济言："今都北平，百货倍往时。"[2]而后，京师商业更加繁荣，《皇都积胜图》中描绘正阳门外商业情景，恰是北京商业繁盛的写照。大明门前的棋盘街，"天下士民工贾，各以牒至，云集于斯，肩摩毂击，竟日喧嚣"[3]，即见一斑。总之，朱棣迁鼎燕京，于明代中国的南方与北方，综汇其所长，互补其所短。丘文庄公言："天下财赋，出于东南，而金陵为其会；戎马盛于西北，而金台为其枢。并建两京，所以宅中图治，足食足兵，据形势之要，而为四方之极者也。"[4]是为识见者之言。

永乐帝迁都北京，使北京成为明代全国文化中心。明代京师设立钦天监、太医院、观象台等，会集一批科学家，促进科学技术的发展。大科学家李时珍曾供职于太医院，徐霞客曾旅居京城，宋应星赴京应试后，著《天工开物》，徐光启则官至礼部尚书兼内阁大学士并著《农政全书》。明代京师设置国子监、翰林院，定期举行会试、殿试，儒士云集，畴人荟萃。自永乐十三年（1415）乙未科，至崇祯十六年（1643）癸未科，在京举行会试七十八科，有二万二千九百六十七人考中进士。每届

---

〔1〕《明经世文编》卷七三《守边议》。
〔2〕《明史》卷八一《食货志五》。
〔3〕蒋一葵《长安客话》卷一，北京古籍出版社，1980年。
〔4〕顾起元《客座赘语》卷二，《金陵丛刻》本，清光绪三十二年（1906），南京大学图书馆藏。

会试，各地举子从四面八方会聚北京，把各地文化带到京师，而后又分散各地，传播京师文化到四域八方。还有许多外国留学生在北京肄业，后期耶稣会士来京，住留京师。徐光启、李之藻等向耶稣会士学习西方科学技术，北京成为其时中西文化交流的中心。此外，著名的文学家、书画家、戏剧家、工艺家等也汇聚京师，在北京广泛地进行文化交流。

永乐帝迁都北京，北京城成为中华文化的奇观。北京作为明代全国的政治心脏和文化大脑，在元大都殿阁园囿的基础上，兴建宫殿城池、坛庙衙署、文庙学宫、亭台园林，整座城市布局严整，层次分明，规模宏巨，建筑壮丽。北京城的核心紫禁城，其磅礴气势，其伟严格局，其瑰丽建筑，其稀世珍宝，价值之大，未可言喻。整座北京城则是一部木头、石头、砖头之书，它记录了明代的科学技术水平与文化艺术风格。明北京城不仅是中华五千年文明史上的鸿篇巨制，而且是全世界人类文明史上的伟丽奇观。

最后，永乐帝迁都北京，奠定了今天北京城的基本风貌。继明迁都北京之后，清朝又移鼎燕京。北京经过明、清两代五百年的经营，成为中华文明的重要象征。下面引述恩格斯《巴黎到伯尔尼》中的一段话："只有法国才有巴黎，在这个城市里，欧洲的文明达到了登峰造极的地步。"[1]恩格斯在这里讲的是巴黎，却启迪人们思考永乐帝迁都的北京。似可以说，只有中国才有北京，只有中国这样的伟大国家才能创造伟大的北京。在北京这座城市，中华民族五千年的精神文明和物质文明，达到了光辉灿烂、登峰造极的境地。北京已作为中国著名古都

---

[1]《马克思恩格斯全集》卷五，人民出版社，1953年，第550页。

和历史文化名城而载入史册。

　　（本文为 1983 年中国古都学会在西安举行第一届学术研讨会提交的论文，原载《中国古都研究》第 1 辑，浙江人民出版社，1985 年）

清初四京与都城三迁

清初四京——兴京、东京、盛京和北京，关外有其三。兹对清初关外三京略作辨正，并就清初都城三迁及其相关问题试作评述，以冀方家，不吝指正。

一

后金—清在关外的京城，长久以来，诸说纷呈。除兴京（赫图阿拉）、东京（辽阳）、盛京（沈阳）之外，主要分歧点在于：佛阿拉、界凡和萨尔浒三城是否算作后金的京城。

佛阿拉，满语为 feala，汉音译又作费阿拉，汉意译为老城。但因赫图阿拉移鼎之后称作"老城"，故习称佛阿拉为"旧老城"。其都城之称最早见于民国十四年（1925）《兴京县志》："旧老城在二道河村南山上，清太祖未建赫图阿拉以前之都城也。"[1]其后，日本稻叶岩吉在《兴京二道河子旧老城》一书的代序中，称旧老城即佛阿拉是清太祖努尔哈赤的"第一个

---

〔1〕 民国《兴京县志》卷一一。

125

都城"[1]。而后，踵袭此说，不乏其例。

无疑，清太祖努尔哈赤于丁亥年，即明万历十五年（1587），在建州卫苏克素浒河部佛阿拉建城，但有城无池。

《清太祖武皇帝实录》载："丁亥年，太祖于首里口、虎拦哈达下东南河二道——一名夹哈，一名首里，夹河中一平山，筑城三层，启建楼台。"[2]《清太祖高皇帝实录》所载，与上述文字大致相同。但满文《满洲实录》所载，同前述文字略异：

fulahūn　ulgī　yan　aniya,　taidzu　sure　beile,　sali
丁　　　亥　　年　　　太祖　　　淑勒　贝勒　硕里

anggaci　hūlan　hadai　sun　dekdere　julergi　giyaha　birai　juwe
隘口　　　虎拦　哈达　横　稍高　　　南面　　嘉哈　河　　二

siden　ala　de　ilarsa　hoton　sahafi　yamun　locse　tai　araha.[3]
间　冈　于　三层　城　　筑　　衙门　　楼　台　建

即"丁亥年，太祖淑勒贝勒于虎拦哈达下东南，硕里隘口与嘉哈河两界中之平冈，筑城三层，兴建衙门和楼台"。这里的记载，同《清太祖实录》相斠，不仅表明"硕里口"为"硕里隘口"，而且增记了"兴建衙门"。

《清朝开国方略》亦载："丁亥年，春正月，筑城呼兰哈达南冈。尼堪外兰既伏诛（见丙戌年），太祖乃于呼兰哈达之南，嘉哈河、硕里口两界中平冈，筑城三层，建宫室。"[4]这里记述

---

〔1〕《兴京二道河子旧老城》日文版，第1页。
〔2〕《清太祖武皇帝实录》卷一，丁亥年（万历十五年）。
〔3〕《满洲实录》（满文），丁亥年（万历十五年）。
〔4〕《清朝开国方略》卷二。

的时间，则至系月。

旧老城位置在今辽宁省新宾满族自治县永陵镇南十八里处，它东依鸡鸣山，南傍哈尔撒山，西偎烟筒山（虎拦哈达），北临苏克素浒河即苏子河支流——加哈河与索尔科河，即二道河之间三角形河谷平原南缘的平冈上。清人记载旧老城过于疏略。康熙《盛京通志》载述旧老城较《清太祖实录》为详：

> 老城，（在治城赫图阿拉）城南八里，周围十一里六十步，南、东二门，西南、东北二门。城内西有小城，周围二里一百二十步，东、南二门。城内东有堂子，周围一里零九十八步，西一门。城外有套城，自城北起，至城西南止，计九里九十步，西、西南、北、西北四门。[1]

至光绪年间，其"旧址可辨，民间呼为旧老城"[2]。但是，清代的康熙、雍正、乾隆《盛京通志》和光绪《兴京厅乡土志》，对佛阿拉城的记载均语焉不详，且康熙《盛京通志》称其"建置之年无考"。然而，朝鲜南部主簿申忠一，于万历二十三年（1595）奉命至佛阿拉。他在《申忠一书启及图录》即《建州纪程图记》中，对佛阿拉做了详尽的记述。

申忠一所目睹的佛阿拉城文化，超过完颜阿骨打时上京的女真文化。《大金国志》载："女真之初，无城郭。国主常浴于河，牧于野，屋舍、车马、衣服、饮食之类，与其下无异。国主所独享者惟一殿，名曰乾元。所居四外栽柳，以作

---

[1] 康熙《盛京通志》卷一〇《城池志》。
[2] 光绪《兴京厅乡土志》卷三。

禁围而已。其殿宇绕壁皆置火炕，平居无事则锁之；或时开钥，则与臣下坐于炕，后妃躬侍饮食。"这里被称作"皇帝寨"[1]。

但清太祖努尔哈赤的佛阿拉城，不同于金太祖阿骨打的"皇帝寨"。据《建州纪程图记》载，佛阿拉城分为三重：第一重为栅城，以木栅围筑城垣，略呈圆形[2]，似比上述"皇帝寨"栽柳禁围更为谨严。栅城内为努尔哈赤行使权力和住居之所。城中有神殿、鼓楼、客厅、楼宇和行廊等建筑。楼宇高二层，上覆鸳鸯瓦，也有的盖草，墙抹石灰，柱椽彩绘。第二重为内城，周围二里余，城墙以木石杂筑，有雉堞、望楼。内城中为努尔哈赤的亲近族支居住之区。在城东设有堂子。[3] 第三重为外城，周约十里，城垣"先以石筑，上数三尺许，次布椽木，又以石筑，上数三尺，又布椽木，如是而终。高可十余尺，内外皆以粘泥涂之。无雉堞、射台、隔台、壕子。……外城门以木板为之，又无锁钥，门闭后，以木横张"[4]。外城门上设敌楼，盖之以草。努尔哈赤在接见申忠一时，端坐设在中厅的黑漆椅子上，诸将佩剑排立，并有优伶献舞，吹打乐器，举盏饮宴，显然比金太祖草昧时蔚为气派。努尔哈赤通过申忠一代达朝鲜国王李昖回帖，末署"篆之以建州左卫之印"[5]。可见其时他自诩为明朝辽东建州左卫的一

---

〔1〕《历代宅京记》卷二〇转引。
〔2〕《建州纪程图记》，图版八。
〔3〕《兴京厅乡土志》卷三。
〔4〕《建州纪程图记》，图版九。
〔5〕《李朝宣祖实录》卷七一，二十九年正月丁酉。

个地方官，而被明朝视为"建州黠酋"[1]。这是关于佛阿拉城最早且最详的记述。

但是，作为努尔哈赤治居之所的佛阿拉城，能否算作后金的第一个都城，尚需辨正。

其一，京都为天子治居之城。《诗经·大雅》载："京师之野"，"正义"曰：《春秋》言，京师者，谓天子之所居。[2]《公羊传》又载："京师者何？天子之居也。京者何？大也。师者何？众也。天子之居，必以众大之辞言之。"[3]而后，上述诠释已成公论。蔡邕《独断》载："天子所都，曰京师。"[4]《释名》又载："国城曰都。都者，国君所居，人所都会也。"《华严经音义》亦载："天子治居之城曰都。"[5]以上说明，都城为国家政治神经集注之城，也就是国家政治重心所在之城。虽然努尔哈赤在佛阿拉城治居达十六年之久，但其时他只是明朝建州卫的一名地方官员，并未登极建元。如他在建佛阿拉城三年后到京朝贡："建州等卫女直夷人奴儿哈赤等一百八员名，进贡到京，宴赏如例。"[6]又如他在建赫图阿拉城两年之后，给明辽东总兵官李成梁呈文称，"看守朝廷九百五十余里边疆"[7]，仍自视为明朝的地方官员。努尔哈赤并未在佛阿拉城告祭天地，自号后金，登极建元，黄衣称朕；佛阿拉城尽管为其治居之所，但不

---

〔1〕《明神宗实录》卷一九四，万历十六年正月己酉。

〔2〕《诗经·大雅·生民之什·公刘》。

〔3〕《公羊传》，桓公九年。

〔4〕《独断》上篇。

〔5〕 慧苑《新译大方广佛华严经音义》卷下。

〔6〕《明神宗实录》卷二二二，万历十八年四月庚子。

〔7〕《东国史略事大文轨》卷四六。

能称作后金的都城。

其二，都城有宗庙先君之主。《左传》载："凡邑有宗庙先君之主曰都，无曰邑。"[1]《说文》亦载："有先君之旧宗庙曰都。"清段玉裁据杜氏《释例》注："大曰都，小曰邑，虽小而有宗庙先君之主曰都，尊其所居而大之也。"[2]有的学者认为此指春秋以前："至于都，春秋以前是指有宗庙先君之木主的城。"[3]但中国古代都城史表明，都城总是同宗庙与陵寝相联系的。《周礼·考工记》云："匠人营国，方九里，旁三门，国中九经九纬，经涂九轨，左祖右社，面朝后市。"[4]"左祖右社"成为后来都城规划与营建的模式。一般地说，除割据政权临时都城之外，中国古代都城与陵庙有着不可分割的关系。元大都有宗庙而无陵寝则是例外。事实上，清初关外的兴京、东京、盛京，皆有陵庙[5]，祭祀其先君之主。然而，佛阿拉却未建陵庙。这为佛阿拉不算清初都城提供了一个佐证。

其三，钦定《清实录》不称佛阿拉城为京都。查《清太祖高皇帝实录》，"都城"凡出现十五次，其中赫图阿拉十二次，辽阳二次，沈阳一次，未有佛阿拉；"京城"凡出现九次，其中东京（辽阳）八次，盛京（沈阳）一次，也未及佛阿拉。《清太祖武皇帝实录》和《满洲实录》载述情况与上略同。此外，《清太宗实录》载，天聪八年（1634）四月，尊沈阳城曰盛京，赫

---

〔1〕《左传》，庄公二十八年。
〔2〕《说文解字注》，第6篇下。
〔3〕 杜正胜《周秦城市的发展与特质》，《史语所集刊》第51本，第4分册。
〔4〕《周礼·考工记》。
〔5〕 雍正《盛京通志·山陵志》卷四。

图阿拉城曰兴京。[1] 在此之前，天命七年（1622）三月，尊辽阳新城曰东京。[2] 后金所尊"三京"——兴京（赫图阿拉）、东京（辽阳）、盛京（沈阳），未泽于佛阿拉。这说明清太祖努尔哈赤和清太宗皇太极，并未视佛阿拉为都城；顺治、康熙、雍正和乾隆四朝纂修《清太祖实录》和《清太宗实录》时，也未视佛阿拉为都城。因此，佛阿拉城在后金—清时期，不具有都城的地位。

其四，清代官私史籍均不称佛阿拉为都城。清官修志书嘉庆《清一统志》不载佛阿拉为京城。康熙《盛京通志》载："志首京城，重建极也。盛京为坛庙宫殿所在，故先于兴京。至东京，虽国初暂建，然圣祖始创之地，旧以京名，不得与郡县城池并列，故附于京城之后。"[3] 雍正《盛京通志》完全袭引上述文字。[4] 乾隆《盛京通志》纂者谓：

> 盛京为坛庙宫殿所在，谨先志之，以明王业之有本也。至兴京为发祥初基，仰见列祖诒谋世德作求之盛。东京国初暂建，然圣祖创业初基，肇域自东，遂奄九有，俱不得与郡县城池并列。[5]

可见康熙、雍正、乾隆《盛京通志》均将盛京、兴京和东京列为京城，而将佛阿拉与郡县城池并列。而后，今仅见清修

[1]《清太宗实录》卷一八，天聪八年四月辛酉。
[2]《清太祖高皇帝实录》卷八，天命七年三月己亥。
[3] 康熙《盛京通志·京城志》卷一。
[4] 雍正《盛京通志·京城志》卷二。
[5] 乾隆《盛京通志·京城志》卷一八。

兴京志书《兴京厅乡土志》，也不将佛阿拉列为都城。[1]《兴京县小志》则把佛阿拉置于"古郡城"[2]之列。《清会典》和《清史稿·地理志》均不以佛阿拉为清初都城而加以载述。[3]魏源在《圣武记·开国龙兴记》中，所记都城亦未及佛阿拉。[4]《长白汇征录》撰者认为，努尔哈赤迁至"赫图阿拉，遂建都焉"[5]，即是说在此以前之佛阿拉，并不是后金—清初期的都城。

前述佛阿拉城非为清初都城，而界凡城是否为清初都城，也需辨正。

界凡城始建于天命三年（1618）。[6]其时，努尔哈赤已制定满文，创建八旗，建立后金政权，势力空前强大。他颁谕《训练兵法之书》，宣布"七大恨"告天，并统领大军西指，开始向明进攻，陷抚顺，破清河。为着实行后金的重大战略转移，即由统一女真内部，转为向明军进攻，需要选择并建立一个新的进军基地。后金汗与诸贝勒大臣议曰："今与明为难，我仍居国内之地，西向行师，则迤东军士道远，马力困乏，需牧马于沿边之地，近明界筑城界凡居之。"[7]议定之后，营基址，运木石，始筑界凡城。天命四年（1619）二月，后金汗派夫役一万五千人往界凡运石筑城。[8]同年六月，界凡城修竣。界凡城在萨尔浒山东四里，东南距赫图阿拉一百二十里。城筑在铁

---

〔1〕《兴京厅乡土志》卷三。
〔2〕《兴京县小志》卷一一。
〔3〕《清史稿》卷五五《地理志二》。
〔4〕魏源《圣武记》卷一。
〔5〕《长白汇征录》卷一。
〔6〕《满文老档·太祖》第七册，天命三年九月初四日。
〔7〕《清太祖高皇帝实录》卷五，天命三年九月。
〔8〕《满文老档·太祖》第八册，天命四年二月十五日。

背山顶峰上，山势险陡耸立，山下河水夹流。其西为吉林崖，崖形陡峻，峭壁剑立。界凡又称"者片"，据朝鲜李民寏目击所载："者片城在两水间，极险阻，城内绝无井泉。以木石杂筑，高可数丈，大小胡家皆在城外水边。"[1]这座山城极小，康熙《盛京通志》载："界蕃城，（兴京）城西北一百二十里，在铁背山上，……周围一里，东一门，又一小城，周围一百八十步，西一门。"[2]后经实测，"该城东西狭长，约二百米，南北较短，约五十米"[3]。实测与史载基本相同。

后金汗在界凡城营竣之后，谕诸贝勒诸臣曰："吾等勿回都城，筑城界凡，治屋庐以居，牧马边境，勿渡浑河，何如？"贝勒诸臣不愿移驻界凡，议曰："不如还都，近水草，息马浓阴之下，浴之、饲之，马乃速壮，且使士卒归家，缮治兵仗便。"后金汗又曰："此非尔所知也。今六月盛夏，行兵已二十日矣。若还都二三日乃至，军士由都至各路屯寨，又须三四日，炎蒸之时，复经远涉，马何由壮耶！吾居界凡，牧马于此，至八月又可兴师矣！"[4]遂驻跸界凡，令军士尽牧马于边。后金汗迎接汗后并诸贝勒福晋至界凡，盛摆大宴，行庆贺礼。但康熙《盛京通志》却载："天命三年，我太祖取抚顺，自兴京迁至此。"[5]后雍正、乾隆《盛京通志》和光绪《兴京厅乡土志》皆蹈袭此说。据《满文老档》《满洲实录》《清太祖高皇帝实录》《清太祖武皇帝实录》所载，努尔哈赤于天命四年六月，自赫图

---

〔1〕《建州闻见录》，影印本，第30页。

〔2〕 康熙《盛京通志·城池志》卷一〇。

〔3〕《明清史国际学术讨论会论文集》，第644页。

〔4〕《清太祖高皇帝实录》卷六，天命四年六月庚辰。

〔5〕 康熙《盛京通志·城池志》卷一〇。

阿拉迁跸至界凡，可证上说之讹误。

虽然努尔哈赤移驻界凡城，同治居佛阿拉城有所不同，即其时努尔哈赤已建元称汗四年，但界凡城仍不能称为后金的都城。这是因为：

其一，《清实录》称界凡为行宫，而不称其为都城。《清太祖武皇帝实录》记界凡城工竣时载："帝行宫及王臣军士房屋皆成。"[1] 同样，《满洲实录》也载："是月，帝行宫及王大臣军士房屋皆成。"[2]

其二，后金汗谕称界凡为驻跸之所，而称赫图阿拉为都城。前引努尔哈赤在同诸贝勒大臣议迁驻界凡城时，《清太祖高皇帝实录》共载述154字，其中"都"字出现四次，皆指赫图阿拉，无一指界凡。如努尔哈赤曰："吾等勿回都城，筑城界凡，治屋庐以居，牧马边境"云云，仍视赫图阿拉为都城，而以界凡为军事据点、临时行宫。

其三，后金修筑界凡城是为屯牧防卫，驻跸治兵。努尔哈赤在其汗谕中，表述了营筑界凡的意图——"帝曰：战马羸弱，当趁春草喂养。吾欲据界凡筑城，屯兵防卫，令农夫得耕于境内"。[3] 可见努尔哈赤亲自卜基筑城，又亲选牧马旷野，主要是为进攻明军和防御的需要。界凡居高临下，在山上远眺，"北望开原，西瞻抚顺，郁郁苍苍，四顾无极"[4]；在山下御守，界凡渡口与萨尔浒口，为控扼往来抚顺的水陆咽喉。因此，界凡城是后金同明朝争战具有进攻、御守和瞭望功

---

〔1〕《清太祖武皇帝实录》卷三，天命四年六月。

〔2〕《满洲实录》卷五，天命四年六月。

〔3〕《清太祖武皇帝实录》卷三，天命四年四月初三日。

〔4〕《兴京厅乡土志》卷三。

用的军事堡垒，而不是具有祭祀、行政和军事三位一体功能的都城。

其四，界凡不具备都城的规制。界凡外城周围一里，内城周围一百八十步，规模狭小，房舍简陋，没有宗庙，且城中无井，位置西偏，交通不便，根本不具有都城的规制。清代的志书将其列为城邑，而不视为京城。后金汗在界凡驻跸一年零三个月，即迁往萨尔浒山城。史实表明，界凡城是后金汗的临时行宫与军事堡垒。

上述界凡城非为清初都城，而萨尔浒城是否为清初都城，亦需辨正。

萨尔浒城建在萨尔浒山上。萨尔浒山在今辽宁省抚顺市李家乡（今抚顺市抚顺县上马镇。——编注）竖碑村地区，东距赫图阿拉 120 里，西离抚顺约 100 里。山位西而偏南，高约 70 米，北临浑河，西濒萨尔浒河，东接古楼岭。山势"南、西两面高耸，东北平坦，中间虎踞龙蟠，阴晴万状"[1]。萨尔浒城建在萨尔浒山顶东北平坦地带。城始建于天命五年（1620）九月[2]——在原建州诺米纳、奈喀达旧城基址上改建与扩建，至来年闰二月十一日竣工[3]。城依山势兴建，呈不规则图形。城垣分内外两层："内城周围三里，东、南二门，西南、西北二门[4]；外城周围七里，东、西、南、北各一门"[5]。内城有汗王

〔1〕《兴京厅乡土志》卷三。

〔2〕《满文老档·太祖》第三册，天命五年九月二十日。

〔3〕《清太祖高皇帝实录》卷七，天命六年闰二月癸未。

〔4〕《兴京厅乡土志》卷三载：萨尔浒城之内城"南与东各一门"，与康熙《盛京通志》所载其内城四门不同。

〔5〕 康熙《盛京通志》卷一〇《城池志》。

殿宇，史载"帝乃升殿，聚诸王臣曰：人君无野处露宿之理，故筑城也"[1]，可证之。外城的修筑，"凿石于山，采木于林"[2]，城垣为木石间筑或夯土版筑，土石杂筑或以石砌筑。因其为山城，故同界凡城一样，均无壕堑。

后金汗在天命五年九月，自界凡城迁于萨尔浒[3]，至翌年三月迁都辽阳，其间驻居萨尔浒山城仅半年。历史文献与考古资料表明，萨尔浒山城既不具有都城的规制，也未形成后金的都城。因此，萨尔浒山城是继界凡山城之后，后金汗的又一处行都。

综上所辨，佛阿拉是努尔哈赤崛兴的基地，界凡城是后金汗的军事行宫，萨尔浒城则是清太祖的战时基地。但它们都不能称为后金—清的都城。清在关外的都城只有三处，即兴京（赫图阿拉）、东京（辽阳）和盛京（沈阳）。清人关后将都城迁至北京。

二

清初的都城有"四京"——兴京、东京、盛京和燕京。兴京、东京和盛京依次为迁徙都城的关系，但盛京与燕京除存在都城迁移关系之外，还有留都和京都的关系。然而，清初的"四京"，举凡三迁，兹据史料，略作评述。

兴京，原称"赫图阿拉"[4]，是后金—清的第一个都城。赫

---

〔1〕《清太祖武皇帝实录》卷三，天命六年闰二月十一日。

〔2〕《满洲实录》卷六，天命六年闰二月十一日。

〔3〕《满文老档·太祖》第十六册，天命五年九月二十日。

〔4〕《清太祖武皇帝实录》卷首。

图阿拉，满语为 hetu ala，汉意译 hetu 为横，ala 为冈。《盛京通志》"兴京"注赫图阿拉云："国语横甸也。"[1]释 ala（阿拉）作甸，似为不当。该书纂者或取《禹贡》"甸服"、《周礼》"邦甸"[2]、《左传》"郊甸"[3]之义，但诠释牵强。天聪八年（1634）四月，谕尊"赫图阿喇城曰天眷兴京"[4]。万历三十一年（1603），努尔哈赤从佛阿拉迁居赫图阿拉，"上自虎拦哈达南冈，移于祖居苏克素浒河、加哈河之间赫图阿喇地，筑城居之"[5]。两年后又增筑外城："上命于赫图阿喇城外，更筑大城环之。"[6]

赫图阿拉位于今辽宁省新宾满族自治县永陵镇东偏南八里的老城村，佛阿拉东略偏北十里，苏克素浒河（苏子河）南岸的横冈上。赫图阿拉位置优越，气候宜农，河水丰沛，势据形胜："群山拱护，河水潆环。"[7]它城东有黄寺河，城西是嘉哈河，城北为苏克素浒河[8]，城南阻羊鼻山，可谓一面傍山，三

---

〔1〕 乾隆《盛京通志》卷一八。

〔2〕《周礼·天官冢宰·大宰》。

〔3〕《左传》，襄公二十一年。

〔4〕《清太宗实录》卷一八，天聪八年四月辛酉。

〔5〕《清太祖高皇帝实录》卷三，癸卯年（万历三十一年）正月。

〔6〕《清太祖高皇帝实录》卷三，乙巳年（万历三十三年）三月乙亥。

〔7〕 乾隆《盛京通志》卷一八。

〔8〕《兴京厅乡土志》卷三载：苏克素浒河源出兴京分水岭，西流三十里经新宾堡，又西流三十里至老城北，再西北流八十里至营盘东入浑河。索尔科河源出兴京陀和罗岭，西北流四十里，经老城西南三里处会里加河。里加河源出兴京分水岭，东北流五十五里，经老城东南三里转西会索尔科河。哈尔撒河源出兴京哈尔撒山，西北流经老城西南十一里处会索尔科河。加（嘉）哈河源出兴京分水岭，东北流至距老城西南十六里处会索尔科河。索尔科河迎以上三水后，西北流入苏克素浒河。

面环水。其三面河水之外，又为众山环护。赫图阿拉的地理形势，《兴京县志》载：

> 东缘柳条之边，西据三关之险。其东南与北，则万山峥嵘，三川之所滥觞也；其西南与西，则千峰回互，五城之所映带也。前瞻凤岭、鸡鸣、灶突之秀，梦缭驰骤，大谷曲通，平原纡迤，桑麻之所蓊郁也；后依龙冈、滚马、金岭之卫，周匝翰藩，高林苍翠，长股纷披，材木之所钟毓也。远控红泥，近抚黄花，山中间苏河流域以贯腹心，左右太、浑两河以限幅员。[1]

赫图阿拉城分为内外两重。内城建在一个自然突起的平冈上，冈顶距地表高约十至二十米，城垣依冈势修筑，呈不规则图形。城墙底宽十米，高约十米，南、东南、东、北各一门，西为断崖。外城东北、北及西濒依河岸，南城墙从山腰兴筑，周长约十一里。《兴京厅乡土志》载："兴京城周围五里，南一门、北一门、东一门。外城周围九里，南三门、北三门、东二门、西一门。据山为城，外城西北关为平地，东、南二面仍就山坡。"[2]内外城墙均用木石杂筑。内城中建有汗王殿、衙门等，并在"城东阜上建佛寺、玉皇庙、十王殿共七大庙"[3]。努尔哈赤就在赫图阿拉登极建元，"天命元年，众贝勒大臣上尊号曰覆育列国英明皇帝，以兴京为都城"[4]。从此，赫图阿拉正式

---

〔1〕 民国《兴京县志》卷一。

〔2〕 《兴京厅乡土志》卷三。

〔3〕 《满洲实录》卷四，乙卯年（万历四十三年）四月。

〔4〕 乾隆《盛京通志》卷一八。

成为后金—清的都城。

赫图阿拉城，明称其为"蛮子城"[1]，朝鲜称其为"奴酋城"或"奴城"[2]，它建在苏克素浒河及其两条支流——黄寺河与加哈河之间开阔小平原中的冈阜上，是中国古代最后一座山城都城。卢琼《东戍见闻录》载：女真各部多"依山作寨"[3]，住居山城。叶赫贝勒的东西二城俱为山城，哈达贝勒建城衣车峰上、辉发贝勒筑城扈尔奇山上，俱是佳例。其实，依丘筑城，高阜而居，不唯女真族所独具，汉族也早已有之。《诗经》载公刘都城选址谓："逝彼百泉，瞻彼溥原，乃陟南冈，乃觏于京"[4]，即将临河泉、地广平和高冈阜作为京城选址的三个地理因素。高冈阜为都城选址条件之一，正如曹魏时人王肃所言，是为着"避水御乱"。《管子》亦载："凡立国都，非于大山之下，必于广川之上，高毋近旱而水用足，下毋近水而沟防省。因天材，就地利，故城郭不必中规矩，道路不必中准绳。"[5]赫图阿拉在佛阿拉之东北，平原更为开阔，河泉更为丰沛，冈阜更为广平，交通更为便利，其优越条件正与上述诸种地理因素符合。佛阿拉"城中泉井仅四五处，而源流不长，故城中之人，伐冰于川，担曳输入，朝夕不绝"[6]，即此一点，佛阿拉就不宜作为都城。这也是努尔哈赤迁至赫图阿拉的一个重要原因。

---

[1] 《明神宗实录》卷五二四，万历四十二年九月壬戌。

[2] 李民寏《栅中日录》，影印本，第12页。

[3] 《东戍见闻录》，见《辽东志》卷七。

[4] 《诗经·大雅·生民之什·公刘》。

[5] 《管子》卷一《乘马》。

[6] 《建州纪程图记》，图版十。

但是，赫图阿拉东偏一隅，随着后金军事的胜利与疆域的拓展，它已不能承担作为都城的功能。于是，后金进行了第一次都城迁徙，移鼎于辽阳。

东京，原称"辽阳"。辽太祖神册四年（919），葺渤海辽阳故城。天显三年（928），升为南京。会同元年（938），"改南京为东京"。[1]金仍为东京，皇统四年（1144），建东京新宫。[2]元亡明兴，明置辽东都指挥使司[3]，以辽阳为辽东首府，后置辽东经略衙署。天命六年（1621），后金军连陷沈阳、辽阳，据有河东之地。后金占据辽左，欲迁都辽阳。其开国之地兴京，已不能适应新政治形势的需要。民国《兴京县志》[4]载，兴京地偏辽左东隅，四面均为山峦阻隔。它适于据守、崛兴，不宜于开拓、四达。《盛京通志》也载："兴京之地，东傍边墙，西接奉天，南界凤凰城，北抵开原，层峦叠拱，众水环洄。"[5]这种偏隅闭塞的地理形势，不能满足后金汗西抚蒙古、南攻明朝的军事政治之需。而选择辽阳作为都城，其有利条件更多。

辽阳位于辽河平原与辽东山地接合之部，农耕经济与狩猎

〔1〕《辽史》卷三八《地理志二》。
〔2〕《金史》卷二四《地理志上》。
〔3〕《明太祖实录》卷一〇一，洪武八年十月癸丑。
〔4〕《兴京县志》讹误甚多，如"（天命）十一年八月庚戌，龙驭上宾，享寿七十，葬福陵"。此段文字讹误有三：其一，"戌"应作"戍"，其二，清太祖享年六十八；其三，应作天聪三年二月葬福陵。又如"（清太宗）崇德八年，驾崩。谥曰文皇。葬昭陵。世宗嗣位，改元顺治，是年入关"。此段文字，疏误有三：其一，应作"文皇帝"；其二，应作"世祖嗣位"；其三，应作顺治元年入关。
〔5〕乾隆《盛京通志》卷一八。

经济相邻之地，汉族文化与满族文化交汇之区。后金奠都辽阳，进宜攻取，退宜御守。《盛京通志》概述辽阳的地理形势与战略地位，略谓："东京之地，以辽阳为屏蔽，以浑河为襟带。北接开原、铁岭，南连海城、盖平，山林蕃薪木之利，沮泽沃水族之饶。我太祖高皇帝创业之初，筑城于此，一以经画宁、锦，一以控制沈、辽。"[1]后金以辽阳作为都城，既能天子守边，控扼辽东；又能率骑驰驱，进攻辽西。

天命六年三月，后金迁都辽阳，是为后金—清的第一次迁都，辽阳成为后金—清的第二个都城。其时明军虽丧失辽、沈二城，但仍兵多势众，且辽河迤西，关内腹地，俱为明有。后金唯恐在辽阳驻足不稳，拟另建新城。后金汗集诸贝勒大臣曰：

> "承天眷佑，遂有辽东之地。但今辽阳城大，年久倾圮。东南有朝鲜，北有蒙古，二国俱未弭帖。若舍此征明，恐贻内顾忧，必更筑坚城，分兵守御，庶得固我根本，乘时征讨也。"贝勒大臣谏曰："舍见居之城郭室庐，更为创建，毋乃劳民耶！"上曰："今既与明构兵，岂能即图安逸？汝等所惜者，一时小劳苦耳！朕所虑者大也。苟惜一时之劳，何以成将来远大之业耶！朕欲令降附之民筑城，而庐舍各自营建。如此虽暂劳，亦永逸已。"贝勒大臣皆曰："善。"遂筑城于辽阳城东五里太子河边，创建宫室，迁居之。名曰东京。[2]

---

[1] 乾隆《盛京通志》卷一八。
[2] 《清太祖高皇帝实录》卷八，天命七年三月己亥。

后金在辽阳太子河东岸建东京城，其目的有三：一是凭河为障，防明军东扑；二是满洲聚居，防汉人反抗；三是旗、民分住，防满人汉化。

辽阳的东京城，在今辽宁省辽阳市东京陵镇新城乡，离辽阳城八里。它东南依韩家碴山，东北傍老大石山，西濒太子河，建在山川中间突起的台地上。[1]台地四周与城垣四周大致相仿，《辽阳州志》载东京城曰：

> 东京城在太子河东，离辽阳城八里。天命六年建。城周围六里零十步，高三丈五尺，东西广二百八十丈，南北袤二百六十二丈五尺。城门八：东门二，一曰抚近，一曰内治；西门二，一曰怀远，一曰外攘；南门二，一曰德胜[2]，一曰天佑；北门二，一曰福胜，一曰地载。号曰东京。[3]

城墙砖砌，中实土石，环城挖壕，绕护城河。东京城是后金—清第一座建在平原、图形方正、用砖包砌、城池兼具的都城。它在清代都城史上，上承兴京城，下启盛京城，是一座具有重要意义的都城。[4]

---

[1] 康熙《辽阳州志》卷七《山川志》。

[2] 康熙《辽阳州志》，卷首《东京城图》南向东门为"德盛"。康熙《盛京通志》亦作"德盛"。

[3] 康熙《辽阳州志》卷一《京城志》。

[4] 康熙、雍正、乾隆《盛京通志》和康熙《辽阳州志》均载天命六年建东京城，误；《满文老档》和《清太祖实录》俱载为天命七年建。雍正、乾隆《盛京通志》俱载东京城门曰："城门八与盛京城同：东向者，左曰迎阳，右曰韶阳；南向者，左曰龙源，右曰大顺；西向者，左曰大辽，右曰显德；北向者，左曰怀远，右曰安远。"查与《辽史·地理志（转下页）

　　盛京，又称"沈阳"。沈阳是一座历史名城，辽、金为沈州治，元为沈阳路总管府治。它是"辽东根本之地，依山负海，其险足恃，地实要冲，东北一都会"[1]。明为沈阳中卫。洪武二十一年（1388），指挥闵忠因旧土城修筑砖城，"周围九里三十步，高二丈五尺。池二重，内阔三丈，深八尺，周围一十里三十步；外阔三丈，深八尺，周围一十一里有奇。城门四：东曰永宁，南曰保安，北曰安定，西曰永昌"[2]。而后，它襟山环海，地处冲衢，明人"据险立关，架川成梁，固以通行旅，资利涉哉"[3]，其在辽东的地位日趋重要。但是，后金汗对沈阳战略地位的认识有一个过程。后金汗占领沈、辽之后，决定迁都辽阳。无疑，这是勇敢而迅速、英明而果断的决策。后金迁都辽阳，翌年夺取广宁，占有河西大片土地。摆在后金汗面前的战略安排是：内固根本，东结朝鲜，西抚蒙古，北稳后方，南进宁远，径叩关门。为此，其都城应即由辽阳迁至沈阳。但后金汗囿于辽阳为辽东首府的传统之见，不仅未迁都沈阳，反而营筑东京城，此可谓得失参半：巩固政权，进退两顾，是为得；巨耗民力，延宕四年，是为失。后金汗经过五年的选择，终于决定将都城由辽阳迁至沈阳。这不仅是清代都城史的一个转折点，而且是清代东北史的一个转折点。

　　（接上页）二》所载东京城门略同："八门，东曰迎阳，东南曰韶阳；南曰龙原，西南曰显德；西曰大顺，西北曰大辽；北曰怀远，东北曰安远。"疑《盛京通志》纂者将辽东京城门名误录为清东京城门名，且"源"与"原"相驳，"大顺"与"显德"错位。存此待考。

〔1〕　雍正《盛京通志》卷九援引《元志》。
〔2〕　《辽东志》卷二。
〔3〕　康熙《盛京通志》卷一一。

　　沈阳位于今辽宁省辽河平原的腹部，沈水之阳，辽阳、广宁、开原三镇雄踞鼎峙之中。它在松辽平原的南部，"源钟长白，秀结巫闾，沧海南回，混同北注"[1]。沈阳不仅地处形势冲要之区，而且位居民族纷争之域。正如《全辽志》所载，沈阳"左控朝鲜，而右引燕蓟；前襟溟渤，而后负沙漠"[2]——实为东北一大都会。沈阳的后腹之地，既囊蒙古沙漠大野，又括女真黑水流域。其在东北地区的重要战略地位，康熙《盛京通志》载：

　　　　盛京沧海朝宗，白山拱峙。浑河辽水，绕带西南；黑水混同，襟环东北。控制诸邦，跨驭六合。[3]

　　控制东北诸邦之民，跨驭关外六合之众，这就是沈阳的重要地位。因此，后金决定迁都沈阳。

　　天命十年（1625）三月，后金迁都沈阳，是为后金—清的第二次迁都，沈阳成为后金—清的第三个都城。历史上都城迁移是屡见不鲜的。昔"自契至于成汤八迁，汤始居亳"[4]。但迁都选址，必择要害之区。其时辽东的局势，关系明廷全局。毕恭早在《辽东志》中引据史典预言："昔人有言：'洛阳之盛衰，天下治乱之候也；园囿之兴废，洛阳治乱之候也。'余于辽亦云：夫辽，必争之地也。天下之治乱，候于辽之盛衰；而知辽

---

〔1〕　雍正《盛京通志》卷一〇。
〔2〕　《全辽志》卷一。
〔3〕　康熙《盛京通志》卷八《形胜》。
〔4〕　《尚书·夏书·胤征》。

之盛衰，候于夷夏之兴废。"[1]满洲据辽之兴盛，会影响明朝全局之衰败。后金都城的选址，又关系满洲之盛衰。汉初刘邦相宅未定，娄敬说刘邦都关中，称："夫与人斗，不扼其亢，拊其肩，未能全其胜也。今陛下入关而都，案秦之故地，此亦扼天下之亢而拊其背也。"[2]后金迁都沈阳，正是扼明辽东之亢而拊其背，阻三面为守，独以一面南制明朝。

沈阳定为后金都城未及一月，后金汗从辽阳迁居沈阳。据《盛京城阙图》（满文）所载，其宫室为"太祖居住之宫"[3]。它位于原明沈阳中卫城的北门——镇边门之南，是一座二进式四合庭院。努尔哈赤迁此居住一年零五个月死去。他临朝听政之所为八角形大政殿和十王亭[4]。后皇太极于天聪五年（1631），因旧城增拓。其制："内外砖石，高三丈五尺，阔一丈八尺，女墙七尺五寸，周围九里三百三十二步。四面垛口六百五十一，敌楼八座，角楼四座。改旧门为八：东之大东门曰抚近，小东门曰内治；南之大南门曰德盛，小南门曰天祐；西之大西门曰怀远，小西门曰外攘；北之大北门曰福胜，小北门曰地载。池阔十四丈五尺，周围十里二百四步。"[5]后金在增拓旧城同时，又"创天坛、太庙，建宫殿，置内阁、六部、都察院、理藩院等衙门，尊文庙，修学宫，设阅武场，而京阙之规模大备"[6]。后金—清都城盛京，规制宏伟，雉堞巍峨，宫殿壮丽，布局严

---

〔1〕《辽东志》卷一。

〔2〕《史记》卷九九《刘敬叔孙通列传》。

〔3〕《盛京城阙图》（满文），中国第一历史档案馆藏。

〔4〕昭梿《啸亭杂录》卷二。

〔5〕康熙《盛京通志》卷一《京城志》。

〔6〕雍正《盛京通志》卷二《京城志》。

整，这不仅是满洲史上一项辉煌的文化财富，而且是中国都城史上一篇瑰丽的艺术杰作。但是，盛京作为清初都城20年，因顺治帝迁鼎北京，而尊为留都。

北京，又称"燕京"，是清初的第四个都城，也是清朝统治全国的政治中心。清朝由盛京移鼎北京，是清初的第三次迁都，也是清朝最后一次迁都。从此，清朝定都北京，至宣统帝退位，达268年之久。

燕京在历史上曾先后12次为都。[1]辽以降，它连续五次为帝都。燕京由方国都邑、北方重镇、北中国政治中心而发展为全中国政治中心，其原因之一是它势踞形胜："右拥太行，左注沧海，抚中原，正南面，枕居庸，奠朔方。"[2]其原因之二是各个民族融合、中华民族发展的必然结果。至于其他原因，在此不作论述。在北京建立帝都的五个朝代，其中有四个即辽、金、元、清是少数民族——契丹、女真、蒙古、满洲贵族建立的。明朝虽为汉族所建，但它迁都北京也同当时的民族争局密切相关。契丹、女真、蒙古、满洲等少数民族相继崛兴东北地区，其贵族都谋图以北京作为都城。清太祖努尔哈赤以金太祖阿骨打、元太祖铁木真作为典谟。[3]清太宗皇太极以"燕京乃天下之元首，天下乃燕京之股肱"[4]，谋划夺取燕京，聿成大业。但他宏愿未酬，突然暴亡。其子福临即位，改元顺治。

顺治元年（1644）五月初二日，清摄政睿亲王多尔衮统

---

〔1〕 参见拙文《北京"十二为都"谫议》，《中国古都研究》第3辑。

〔2〕 陶宗仪《南村辍耕录》卷二一。

〔3〕 《满文老档·太祖》第四一册，天命七年四月十七日。

〔4〕 《清太宗实录》卷二二，天聪九年二月己亥。

率清军占领北京。翌日，多尔衮谕兵部，"今本朝定鼎燕京，天下罹难军民，皆吾赤子"[1]云云，首次公开提出定都北京。十一日，多尔衮又谕称"绥安都城"[2]。二十四日，多尔衮再谕曰："我国建都燕京。"[3]多尔衮一月三谕，定都燕京，可谓至要至重矣。六月十一日，多尔衮与诸王贝勒大臣等"定议应建都燕京"[4]。因移鼎为国之大事，故遣官往盛京奏请顺治帝俯纳。经过三个多月筹备，顺治帝来至北京。十月初一日，以移鼎燕京，行祭告大礼，并颁诏曰："今年十月初一日，祗告天地、宗庙、社稷，即皇帝位，仍建有天下之号曰大清，定鼎燕京，纪元顺治。"[5]是为清朝的第三次迁都，北京成为清朝的第四大都城。

三

清初四个京城——兴京、东京、盛京、燕京，三次迁都，是清初历史发展的重要里程碑。清初的四京三迁，可以从中探索出有益的启迪。

第一，清初都城的迁鼎议争。

卜都定鼎，社稷大事，每次迁都总要伴随着激烈的论争。昔刘邦都洛阳或关中，犹疑不能定夺，群臣各有所重。张良曰："夫关中左崤、函，右陇、蜀，沃野千里，南有巴蜀之饶，

---

[1]《清世祖实录》卷五，顺治元年五月庚寅。
[2]《清世祖实录》卷五，顺治元年五月戊戌。
[3]《清世祖实录》卷五，顺治元年五月辛亥。
[4]《清世祖实录》卷五，顺治元年六月丁卯。
[5]《清世祖实录》卷九，顺治元年十月甲子。

北有胡苑之利，阻三面而守，独以一面东制诸侯。诸侯安定，河、渭漕挽天下，西给京师；诸侯有变，顺流而下，足以委输。此所谓金城千里，天府之国也。"[1]但是，在庙堂议争都城的问题上，努尔哈赤与刘邦不同：刘邦时为臣谏君，努尔哈赤则为君谕臣。努尔哈赤迁都辽阳，便发生一场君臣之争：

> 上集贝勒诸臣议曰："天既眷我，授以辽阳。今将迁居此城耶，抑仍还我国耶？"贝勒诸臣俱以还国对。上曰："国之所重，在土地、人民。今还师，则辽阳一城，敌且复至，据而固守。周遭百姓，必将逃匿山谷，不复为我有矣。舍已得之疆土而还，后必复烦征讨，非计之得也。且此地，乃明及朝鲜、蒙古接壤要害之区，天既与我，即宜居之。"贝勒诸臣皆曰："善。"遂定议迁都。[2]

努尔哈赤从土地、人民、军事、政治、民族等方面，阐述迁都辽阳诸利，并折服贝勒诸臣。《满文老档》记载后金汗迁都的原因还有经济方面。如赫图阿拉地处山区，离海较远，交通不便，又受明封锁，没有食盐吃。后金贵族的包衣阿哈因没有盐吃，纷纷逃亡。迁到辽阳城住，还可以有盐吃。[3]

但是，北魏孝文帝欲从平城（今山西大同）迁都洛阳，群臣怀恋故土，稽颡泣谏。他在宣谕南迁的原因之后，命"欲迁者左，不欲者右"。但安定王休等相率如右。魏太和十七年

---

[1]《史记》卷五五《留侯世家》。
[2]《清太祖高皇帝实录》卷七，天命六年三月癸亥。
[3]《满文老档·太祖》第二一册，天命六年四月十一日。

（493），孝文帝"谋南迁，恐众心恋旧，乃示为大举，因以胁定群情，外名南伐，其实迁〔都〕也。旧人怀土，多所不愿，内惮南征，无敢言者，于是定都洛阳"[1]。魏孝文帝施展政治权术，佯称南征，实迁都城。

后金汗努尔哈赤迁都沈阳，与"成大功者不谋于众"的孝文帝不同，而是与贝勒诸臣辩议并力求说服他们。史载："帝聚诸王臣议，欲迁都沈阳。诸王臣谏曰：'东京城新筑宫廨方成，民之居室未备。今欲迁移，恐食用不足，力役繁兴，民不堪苦矣！'帝不允。"[2]他在历数迁都沈阳之利后断言："'吾筹虑已定，故欲迁都，汝等何故不从？'乃于初三日，出东京，驻虎皮驿；初四日，至沈阳。"[3]这次迁都之议，《满文老档》《满洲实录》《清太祖武皇帝实录》和《清太祖高皇帝实录》等，均未在后金迁都汗谕之后，书"贝勒诸臣皆曰'善'"。《满文老档》的记载是：汗给他的父祖坟墓，供祭杭州纺织细绸；又杀牛五头，烧了纸钱。然后从东京出发，夜宿虎皮驿。翌日，未刻，进入沈阳城。[4]可见他是力排众议，决然迁都沈阳的。

清初的第三次迁都，即从盛京移鼎燕京，由于满族与汉族、农耕与牧猎、中原与关外两种文化的差异，引起京师官民心理上的恐惧：北京盛传"八月屠民""圣驾至京，东兵俱来，放抢三日，尽杀老壮，止留孩赤"[5]等语。但关于迁都决策的争论，不在普通满、汉军民，而在满洲诸王贝勒大臣之间。极力反对

---

〔1〕《魏书》卷五三《李冲传》。
〔2〕《清太祖武皇帝实录》卷四，天命十年三月。
〔3〕《满洲实录》卷八，天命十年三月。
〔4〕《满文老档·太祖》第六四册，天命十年三月初三日。
〔5〕《清世祖实录》卷八，顺治元年九月丁亥。

由盛京迁都北京者，为努尔哈赤第十二子、英亲王阿济格。阿济格向其同母弟、摄政睿亲王多尔衮言曰：

> 初得辽东，不行杀戮，故清人多为辽民所杀。今宜乘此兵威，大肆屠戮，留置诸王，以镇燕都。而大兵则或还守沈阳，或退保山海，可无后患。[1]

多尔衮以清太宗皇太极遗言回答其兄曰："先皇帝尝言，若得北京，当即徙都，以图进取，况今人心未定，不可弃而东还。"两王于是否迁都燕京，论议不合。多尔衮主要以先帝遗言谕驳阿济格，论据不甚充分，尚需阐述迁都燕京的道理。多尔衮集诸王贝勒大臣，定议应迁都燕京时，奏言：

> 燕京势踞形胜，乃自古兴王之地，有明建都之所。今既蒙天眷，皇上迁都于此，以定天下，则宅中图治；宇内朝宗，无不通达，可以慰天下仰望之心，可以锡四方和恒之福。[2]

上述迁都北京的理由，后文另作分析。此论一出，旋成定议，移鼎燕京。

前述清初三移都城，三次争论，表现智者高瞻远瞩，俗者囿于守成。努尔哈赤和多尔衮在清初迁都辩争之时，力排众议，捕捉时机，移鼎中土，克成大业。

---

〔1〕《李朝仁祖实录》卷四五，二十二年八月戊寅。
〔2〕《清世祖实录》卷五，顺治元年六月丁卯。

第二，清初都城的卜基选址。

中国历代都城的卜基选址，都因时因势而异，但有其共同之处。清初四京的选址原则，是同中有异，异中有同。有关兴京、东京和燕京的谕文，前已征引。后金汗迁都沈阳的汗谕，长达99字，概述其都城选址沈阳的理由，兹引录如下：

> 沈阳形胜之地。西征明，由都尔鼻渡辽河，路直且近。北征蒙古，二三日可至。南征朝鲜，可由清河路以进。且于浑河、苏克苏浒河之上流伐木，顺流下，以之治宫室、为薪，不可胜用也。时而出猎，山近兽多。河中水族，亦可捕而取之。朕筹此熟矣，汝等宁不计及耶！[1]

综合前引清初有关奠都或迁都的谕文，其都城选址的要素是多方面、多层次的，又是彼此关联、多因一果的。清初四京的选址因素，举其大端有十：

天象因素。所谓天象，抹去阴阳方士所加的神秘色彩之外，对都城选址影响较大的因素主要是气候与雨水。这是因为，清朝像以往朝代一样，以农立国（先是农猎并重），气候与雨水是农业的生命线；皇室、居民、园囿、运输等都需要水；皇帝和贵族尤其需有一个适宜的气候环境。以北京而言，它作为五朝帝都历八百年不衰，因素之一是气候较宜。它夏天不像江南那样溽热，冬天也不像塞北那样酷寒。南方来的朱明贵族与朔漠来的契丹、女真、蒙古和满洲贵族，在北京居住都可以适应。尽管多尔衮仿"辽、金、元曾于边外上都等城，为夏日避暑之

---

〔1〕《清太祖高皇帝实录》卷九，天命十年三月己酉朔。

地"[1]，而在喀喇地方建避暑城未果，后清建避暑山庄；但北京作为都城来说，气候是较为宜人的。

地理因素。清初都城的兴筑，除考虑天象条件外，还要有一个恰当的空间。这个空间是立体的，包括山川形胜、位置冲要、居于中土和腹地辽阔等因素。清初的四京，就其时所辖疆域而言，都是势踞形胜之地，位于冲要之区，盛京和北京尤为佳例。中土与腹地则是相对的、变化的因素。兴京居于建州之中，苏克素浒河谷向其两翼伸展，腹地狭长而广远。东京居于辽东之冲，河东沃野较苏克素浒河谷更为广阔。盛京居于关东之枢纽，它以松辽平原做辽阔的腹地。北京在清初的疆域内，南北约略居中。它"南控江淮，北连朔漠"[2]，腹地最为广阔。

历史因素。清初的都城选址，不但要有空间条件，而且要有时间条件——历史的选择。后金汗定都兴京的一个原因，它是"祖居"[3]之地。后迁都辽阳的一个原因，它曾是辽、金的东京和明的辽东首府。多尔衮以燕京为"自古兴王之地"，故迁往奠都。这些都说明历史因素是都城选址的重要条件。

经济因素。都城中的皇室、贵族、官绅、军兵、市民需要大量粮食和物资供应，它必须建在经济富饶之区。以沈阳为例，它位于松辽平原的南部，土地肥沃，河水充沛，草甸广袤，森林茂密，盛产粮棉，物产富饶，河林之利，兼而可取。前引努尔哈赤欲迁都沈阳的汗谕，阐述迁都理由共87字，其中讲地理

---

〔1〕《清世祖实录》卷四九，顺治七年七月乙卯。
〔2〕《日下旧闻考》卷五。
〔3〕《清太祖高皇帝实录》卷三，癸卯年（万历三十一年）正月。

因素 6 字，占 7%；讲军事因素 34 字，占 39%；讲经济因素 47 字，占 54%。可见经济因素在都城选址中的重要地位。清初的北京，虽然天下财赋出于东南，但漕运可以"转东南之粟以实天庾"[1]。

政治因素。"奕奕京师，四方所瞻。"[2]京师是国家或政权的政治中心。京师的选址因素虽多，但政治因素居于首位。清初总的政治目标是夺取明统，统治全国。清初统治者为实现其总体政治目标，实际分为三步：第一步，统一女真各部，以兴京为其政治中心；第二步，统一东北地区，先以东京继以盛京为其政治中心；第三步，统一整个中国，以北京为其政治中心。多尔衮移鼎北京的理由之一，是北京为"有明建都之所"[3]。北京自永乐奠都，至崇祯自缢，长达 224 年。清军占领北京，高坐堂隍，俯视中原，号令全国，占有极大的政治优势。

军事因素。古代都城不但是政治中心，而且是军事堡垒。都城的选址，在军事上要"前之进无穷，后之退有限"[4]。后金得辽沈地区之后，东结朝鲜，西抚蒙古，北定女真，阻三面而守，以一面攻明——进兵宁远，叩打关门。为此，都城迁至沈阳是为佳选。同样，兴京、东京和北京的奠都，其时战马驰骋，矢镞纷飞，军事进退成为都城选址的首要因素。

民族因素。古代中华民族内部民族之间的争局与融汇，始终是历史演进的一条重要脉络，因是都城选址都同民族因素攸

---

〔1〕《日下旧闻考》卷五。

〔2〕 孙承泽《天府广记》卷二。

〔3〕《清世祖实录》卷五，顺治元年六月丁卯。

〔4〕《方舆胜略》，见《日下旧闻考》卷五。

关。就辽、金、元、清而言，少数民族帝王奠都选址，其民族因素是：一为深入汉族聚居地区，占有大量土地、人民、财富，并进行统治；二为离其"民族故乡"不能过远，以便于紧密联系。其都城选建在汉民族与本民族接合地带，但这又依其军事政治实力展缩而进退。清初都城一迁辽阳、又迁沈阳、再迁燕京，都是例证。

文化因素。汉族为农耕文化，满洲同契丹、女真、蒙古一样为牧猎文化。满洲进入汉族聚居地区后的都城选择，要考虑上述两种文化的区别与联系，既尽力汲取汉族先进的农耕文化，又极力传承满族沿袭的牧猎文化。昔金以中都为京师，但金帝仍常北幸畋猎，打围讲武。梁襄谏言："欲习武不必度关，涿、易、雄、保、顺、蓟之境地广又平，且在邦域之中，猎田以时，谁曰不可。"[1]但此不切时宜。中都作为京师，有条件使农耕文化与牧猎文化相结合。同样，后金汗迁都沈阳，"时而出猎，山近兽多"——亦将牧猎文化作为都城选址一大要素。

交通因素。前引后金汗迁都沈阳汗谕中的八句话，其中有四句讲了交通。多尔衮在迁鼎北京的奏启中，称北京"宇内朝宗，无不通达"。这都说明交通四达是都城选址的一个要素。没有京杭运河，北京未必能成为元、明、清三代全国的政治中心。在古代交通不甚发达的条件下，立都必居中土。北京在元、明、清疆域内，南北居中，也是全国的交通中心。但是，前论认为明成祖迁都北京为"天子守边"，这是不妥当的。明初的版图，以南北论，南至南海，北迄黑龙江口。洪武八年（1375），设置

---

[1]《金史》卷九六《梁襄传》。

辽东都指挥使司。[1]永乐七年（1409），又设置奴儿干都指挥使司。[2]所以永乐十九年（1421）迁都北京，适在南北之中，至于其时国内民族纷争，不可以"守边"视之。

心理因素。丘濬尝言："自古建都之地，上得天时，下得地势，中得人心。"[3]多尔衮自诩定鼎燕京"慰天下仰望之心"。这都说明人的心理因素在奠都中的特殊意义。都城的选址，要虑及域内各地区、各民族的共同心理。多尔衮综合四域八方、各个民族的共同心理，迁都北京，符合中华文化传承关系，也为各民族所接受。

前述都城选址的十个因素，不是彼此孤立、相互平行的，而是互为依存、错综复杂的。至于哪种或哪几种因素是主导因素，则要依据时间、地点、条件，作具体分析，不能一概而论。

第三，清初都城的文化冲突。

清初都城迁徙的轨迹呈"L"形，自东而西，由北而南，从山区到平原，经关外到关内，表现了牧猎文化与农耕文化的冲突，也反映了满族文化与汉族文化的融合。

清朝在后金时期，是满洲军事贵族建立的封建主政权。它的文化机制，当属满洲牧猎型文化。后来进入辽沈地区，则有满洲八旗又增加蒙古八旗和汉军八旗，它的文化机制，当属满洲牧猎型文化为主并兼收汉族农耕型文化。而后，改号为清，移鼎北京，实行以满洲贵族为主体的满、汉封建主阶级联合统治，它的文化机制为满洲牧猎—汉族农耕型文化。后来文化机

---

[1]《明太祖实录》卷一〇一，洪武八年十月癸丑。

[2]《明太宗实录》卷九一，永乐七年闰四月己酉。

[3] 丘濬《大学衍义补》，见《日下旧闻考》卷五。

制的逐渐演变，则不在本文讨论的范围。

兴京的都城文化，是满洲牧猎文化的典型。兴京志书引《盛京通志·风俗志》云：兴京之民，"性情劲朴，不事文饰，射猎尤娴"[1]。表现在其都城文化上，京城建在冈阜之巅，沿袭女真多山城的传统。城垣或用木栅围绕，或以木石杂筑。屋顶或盖草，或覆瓦。城内居民照出猎行师的八旗制，按牛录加以组织，主要成分为满洲八旗官兵及其家属。旗人勇敢剽悍，娴习骑射。城中的居民，着满装，习满俗，讲满语，行满文。因此，赫图阿拉是后金初期满洲牧猎文化的中心。

东京的都城文化，表现了满族文化与汉族文化、牧猎文化与农耕文化的冲突。辽阳毗邻建州地区，虽以汉族农耕文化为主，又兼有满洲牧猎文化之俗。清初《辽阳州志·风俗志》载："四时八节、庆贺酒食之类，与关西大略相同；人民勇悍、喜骑射、淳朴、务农桑、粗习礼文，有内地之风。"[2]这说明辽阳文化的二重性。但后金迁都辽阳，没有促进两种文化的融汇，而"移辽阳官民于北城，其南城则帝与诸王臣军民居之"[3]。这是清朝满汉分城居住之始。其实，早在辽初即实行契丹与汉人分城居住。契丹人得辽阳，居住内城，汉人则居住外城，"外城谓之汉城"[4]。这是少数民族居于统治民族时，其族员住居在以汉族成员为主体居民城市的一种文化隔离措置。但两种文化间的交流与辐射，是任何樊篱也阻隔不了的。后金汗自然不会意识到这一点。他不听谏阻，毅然决定在太子河东岸另建东京城，

---

〔1〕《兴京厅乡土志》卷一。
〔2〕康熙《辽阳州志》卷一七。
〔3〕《清太祖武皇帝实录》卷三，天命六年三月二十四日。
〔4〕《辽史》卷三八《地理志二》。

其目的除欲凭借河水为障防御明军反攻外，主要是阻隔牧猎文化同农耕文化的撞击与融汇。后金汗兴筑东京城，实际上是在汉人聚居的辽阳，保持一个赫图阿拉式的袖珍满洲牧猎文化模型。东京城建在台地上，城垣呈菱形，是城址由山城到平原，城形由不规则到方正形的过渡形态。其主要殿堂除吸收汉族建筑艺术元素外，所兴筑的八角殿[1]，又是八旗制度在建筑风格上的反映。八角殿的殿堂内和丹墀上满铺绿色釉砖，则是昔日牧地和猎场生活在宫殿建筑色彩艺术上的再现。

盛京的都城文化，既表现了牧猎文化与农耕文化的冲突，又反映了满族文化与汉族文化的融汇。后金军初入辽沈地区，火烧城郭、掠获人畜[2]，滥杀汉人、屠戮儒生，牧放瘦马、任吃庄稼[3]，勒征粮食、焚毁房屋，强令移民、抛荒耕地[4]，下令剃发、剥取衣服——是牧猎文化与农耕文化冲突的显现。盛京建在平地上的方正形城池，八角形大政殿和十王亭即汗与贝勒帐殿议事形制在宫廷建筑上的反映，清宁宫内设立神杆和举行萨满教祭祀，城门匾额"外书满文、内书汉文"[5]，参酌明朝律例制定法规，满译汉籍、开科取士——是满族文化同汉族文化汇聚的结晶。

北京的都城文化，在清军占领北京之后，满族与汉族、牧猎与农耕两种文化的冲突和融合，呈现极为复杂的局面。总的说来，起初冲突多于融合，而后又冲突、又融合，后来融合多

---

〔1〕《满洲实录》卷七，天命八年六月初九日。

〔2〕《满文老档·太祖》第十册，天命四年六月十六日。

〔3〕《满文老档·太祖》第二五册，天命六年八月初一日。

〔4〕《满文老档·太祖》第三五册，天命七年二月初四日。

〔5〕 杨宾《柳边纪略》卷一。

于冲突，但时缓时急，忽涨忽落。清八旗军进入北京，推行剃发、易服、圈地、占房、投充、捕逃六大弊政。"剃头之举，民皆愤怒"；"远近田畴，尽为兵马所蹂躏，城底数百里，野无青草"[1]；多尔衮出城打猎，"带上很多大鹰，足有一千只"[2]，这些都表现了牧猎文化对农耕文化的巨大撞击。但清初统治者注重调整政策，将紫禁城三大殿——皇极、中极、建极，依次改名为太和、中和、保和，就是强调两种文化融合的例证。紫禁城的殿额和门额以满文与汉文合璧书写，在京雕印《五体清文鉴》，雍和宫内御制五体文碑，皇帝会满语、习满文，又讲汉语、诵经书，《清实录》用满文、汉文、蒙古文缮写等，俱为两种文化融合的佳证。但至嘉庆帝时，仍严申"后嗣无改衣冠，以清语、骑射为重"[3]，并"严禁八旗抱养民子为嗣紊乱旗籍"[4]，可见两种类型文化畛域之深。甚至孙中山也以"驱逐鞑虏，恢复中华"相号召，即利用满汉两种文化的矛盾，唤起民众，推翻清朝。

上述清初四个京城及三次迁都的历史，展现满族与汉族、牧猎与农耕两种文化在都城中冲突、交流、融汇和发展的过程，从而将中华民族的都城文化推向新的高峰。

（原载《中国古都研究》第 4 辑，浙江人民出版社，1989 年）

---

〔1〕《李朝仁祖实录》卷四五,二十二年八月戊寅。

〔2〕《鞑靼漂流记》,辽宁大学历史系译本，第 56 页。

〔3〕《清仁宗实录》卷三二四,嘉庆二十一年十一月甲寅。

〔4〕《清仁宗实录》卷一八五,嘉庆十二年九月乙丑。

清代的京师[1]

清朝定都北京

清朝是我国满洲贵族建立的王朝。清朝的奠基人努尔哈赤，最早建都于今辽宁新宾赫图阿拉城。时属草昧，内城的墙垣，环围木栅，外城的门楼，覆盖茅草，宴会的厅堂，没有桌凳，贝勒们席地宴饮。后来随着军事进展而屡徙都城，后金天命六年（1621）迁都辽阳，天命十年（1625）又迁都沈阳。现在的沈阳故宫，便是当年后金汗临朝之所，崇德元年（1636），努尔哈赤的儿子皇太极改国号为清。崇德八年（1643）皇太极死，他六岁的儿子福临即位，这就是人们常说的顺治皇帝。

顺治元年（1644）四月三十日，李自成率农民军退出北京。五月初二日，清摄政睿亲王多尔衮率领八旗军，由降清的明山海关总兵吴三桂引路，日夜兼程，驰抵北京，进朝阳门，入紫禁城，登临武英殿视事。六月十一日，多尔衮召集王公大臣会

---

〔1〕 本文是北京社会科学院历史研究所（原北京社会科学研究所历史研究室）和北京电视台，从 1984 年 11 月 30 日至 1985 年 2 月 1 日，联合举办的"北京史电视讲座"十讲中的第八讲，于 1985 年 1 月 18 日播出。因是电视讲座，文字力求通俗晓畅。在收入本集时，增加了参考文献。

议，以"燕京势踞形胜，乃自古兴王之地，有明建都之所"，定议建都北京，并以此为基地，分兵南下，逐鹿中原，统一全国。十月初一日，清顺治帝因皇极殿（今太和殿）被焚毁，便登临皇极门（今太和门），颁诏天下，定鼎燕京。从此，北京继元、明之后，再次成为我们统一的多民族国家的政治中心。先后有十个清朝皇帝在这里君临天下，历时 268 年。

满族是清朝的主导民族，定都北京后，在北京实行旗、民分城居住的制度。这在北京历史上，是空前绝后的，因而成为清朝北京的一大特点。旗指旗人，民指汉、回等族居民。清朝的八旗，旗有正黄、正白、正红、正蓝和镶黄、镶白、镶红、镶蓝八种不同的颜色。它分为满洲八旗、蒙古八旗和汉军八旗，共二十四旗，但统称为"八旗"。八旗官兵及其家属进驻北京以后，清廷下令圈占内城的房屋给旗人居住。原在内城居住的汉民、回族等一律搬到外城居住，其房主的房子或拆除另建，或卖给旗人。旗、民分城居住，不得擅自越制。内城以皇城为中心，由八旗分居四隅八方。两黄旗居北：正黄旗驻德胜门内，镶黄旗驻安定门内；两白旗居东：正白旗驻东直门内，镶白旗驻朝阳门内；两蓝旗居南：正蓝旗驻崇文门内，镶蓝旗驻宣武门内；两红旗居西：正红旗驻西直门内，镶红旗驻阜成门内。各旗均于所驻城门外设教场、演武厅，演习弓马，进行操练。

清定都北京后，除在京旗、民分城居住外，又强令推行剃发、易服、圈地、投充和督捕逃人等弊政。所谓"剃发""易服"，指的是改变汉族男子蓄发的旧俗，强行剃头留辫子，改变汉族宽衣大袖的服式，换穿满族紧衣短袖的服装。今天看来这虽然只是穿着发式的问题，但在当时却是最刺激汉族人民感情并令人痛心疾首的事。"头可断，发不可剃"就是这种民族情感的强烈表现。所谓"圈地",就是把京畿土地,由官员骑马扯绳圈占,先后共圈占京郊宣称"无主荒地"约300万亩,分给"从龙入关"的八旗官兵,致使成千累万的农民丧失土地,流离失所。加上当时北京粮薪奇缺,米贵如金,所以人心浮动,奋起反抗。如顺治元年昌平红山口人民揭竿而起。清统治者日夜惶恐不安。多尔衮听到城外人声鼎沸,以为百姓造反,急命紧闭九门。后来弄清原来是前门外商贩叫卖喧嚷之声,一场虚惊才算平息。但规定以后商贩不准叫卖,以免再造成误会。京师人民的反抗斗争仍然此伏彼起。康熙十二年(1673),杨起隆自称朱三太子,在鼓楼西街密谋"白布裹头、红布缠身"起事;康熙二十九年(1690)二月十九日,紫禁城仆役在皇宫前小广场示威,呼喊声传至在御花园散步的康熙皇帝的耳中。

清廷为了加强对其政治中心北京的统治,采取了一系列措施。如设禁卫兵,宿卫紫禁宫阙;置京师巡捕五营,并辖京城内九外七共十六门军;京师驻军多时达15万人。又如在天安门金水桥前架设排炮,以加强守卫。顺治八年(1651),又在北海琼华岛广寒殿址建白塔,塔顶高112米(为当时城内最高点),并设立号杆、龙旗、灯笼、信炮,一旦有警,白天悬旗,夜间挂灯,并发信炮,以传警报。又在各街巷设栅栏1755座,内设"堆拨",就是巡逻哨,作为警戒。今大栅栏、双栅栏等地名便是这种防范栅栏所留下的历史印记。京师旗人编入牛录,民人编入保甲,后设步军统领,统一管理京城的社会治安。即使如此,北京人民仍不断地进行反抗斗争。像乾隆六年(1741)七月,户部宝泉局铸钱工匠关闭厂门、上房呐喊、抛掷砖瓦、停炉罢工;嘉庆十八年(1813)九月十五日,林清天理教起义攻打紫禁城等,都是突出的史例。但上述斗争都被镇压下去,清廷巩固了对全国及其政治中心北京的统治。

清朝定都北京后，经过各族人民的辛勤劳动，北京在清朝前期各方面都有了新的发展。

清朝前期的北京

清朝前期的北京，在民族关系、城市建设、社会经济、西郊园林和文化科技等方面，都在北京发展史上留下新的篇章。

（一）统一多民族封建国家的缩影

清朝满洲军事封建贵族，从关外一隅，入主中原，联合汉、蒙等封建地主阶级统一中国。它最关心的是两个字："和"与"安"，就是把各民族协和在其统治之下，以求"长治永安"，子孙万代，永坐江山。北京作为清朝的政治中心，这一政策在各方面均有体现。顺治二年（1645）五月，重建皇极殿、中极殿、建极殿，依次改名为太和殿、中和殿、保和殿，突出一个"和"字。顺治八年（1651）九月十八日，重修承天门竣工，改承天门名为天安门。第二年七月初七日，改皇城后门名为地安门，再加上原有的东安门与西安门，这样皇城东、南、西、北四门，都突出一个"安"字。后广宁门为避道光帝旻宁名讳，也改称"广安门"。又如紫禁城各门匾额，都以满文与汉文合璧书写；太庙祭祖、天坛祭天时读祝文，也是既读满文，又读汉文。另如一些御制碑文，用满、汉、蒙、藏四体文字书写。再如乾隆帝在宫阙接见满洲王公时讲满语，接见汉族官员时讲汉语，接见蒙古王公时讲蒙古语，接见西藏班禅六世时讲藏语。清帝以此显示满、汉、蒙、藏等族协和为其国策。

　　清朝北京的殿宇塔寺建筑，集中地反映了它是统一多民族国家政治中心这一主题。满族人信奉萨满教，建筑堂子，立杆祭天。清刚定都北京，就在御河桥东路南建堂子。顺治二年（1645）正旦，福临先到堂子行礼，回宫后才在皇极殿（今太和殿）旧址张帐篷，受群臣正旦之贺。蒙古等民族信奉喇嘛教，雍正帝登基后将原先住过的雍亲王府改为雍和宫，乾隆帝又将雍和宫改为北京最大的喇嘛庙。庙内立有乾隆帝御书《喇嘛说》石碑，表明清廷要加强同信奉喇嘛教的蒙、藏等少数民族上层人物的联系。雍和宫建筑宏丽，金碧辉煌。清初，西藏的五世达赖到北京，为接待他在德胜门外建了西黄寺。后顺治帝赐其金册金印。乾隆四十五年（1780），六世班禅到北京，不久在京因病圆寂。后乾隆帝命在他住过的西黄寺建清净化城塔，以示纪念。乾隆二十二年（1757），相传为新疆维吾尔族的香妃建宝月楼（今中南海新华门，就是宝月楼改建为门的），其南设回回营，以宝月楼为望乡之阁。乾隆帝登楼赏月时赋《宝月楼诗》说"鳞次居回部，安西系远情"，就是例证。清廷还敕许重修或兴建回族的礼拜寺。以上建筑再加上紫禁城的箭亭和雨华阁等，体现了汉、满、蒙、藏、回等各族人民同居北京并密切交往的历史。

　　清朝北京经济是为统一多民族封建国家政治中心服务的。3000余里京杭大运河的漕运，主要运输所谓"天庾玉粒"和官兵俸米饷粮。四通八达的驿道，为着迎送官员、邮传公文和驰递军报。手工业中牙雕、玉器、珐琅、地毯、漆雕等则是为着满足宫廷贵胄和官绅豪富的享用。以上这些所反映的清朝京师经济同明朝北京经济的差别是不大的。但是，清北京与明北京不同，内城居住的旗人，以弓马为本，坐吃钱粮，不务生计。

他们为着买货、游乐便川流不息地进出前三门地区。所以满、汉分城居住，客观上促进了外城，特别是前三门一带经济的发展。从正阳门月城的帽巷、荷包巷，到五牌楼、大栅栏地带，是清朝北京最繁华的闹市区。像六必居、同仁堂、都一处等老字号，店铺林立，牌匾相望。时人在《竹枝词》中写道："五色迷离眼欲盲，万方货物列纵横。举头天不分晴晦，路窄人皆接踵行。"《南巡盛典图》所描绘的前门外闹市区的盛况，是当时繁华景象的真实写照。崇文门外至磁器口，宣武门外至南横街，也成了人口密集的居民区。特别是以经营经史子集、文房四宝、碑帖字画和印玺古玩为特色的琉璃厂文化街，更是驰名中外。就是昔日茅舍星散的牛街，由于内城回族被驱出城后纷纷迁居这里而一改旧观，成为房舍鳞次、灯火万家的北京最大的回族聚居区。上述一切都说明清朝的北京是清代统一的多民族封建国家的缩影。

（二）兴建西郊皇家园林——"三山五园"

清朝康熙、雍正、乾隆时期，生产发展，国力强盛。清朝在北京的营建方面，总的说来其力量更多地放在西郊园林的开发上，集中全国能工巧匠，营造了举世闻名的以"三山五园"为主体的建筑群，也全面地整理了西北郊的水道。所谓"三山"是指香山、玉泉山和万寿山；"五园"是指香山的静宜园（今香山公园的前身）、玉泉山的静明园、万寿山的清漪园（颐和园的前身）和畅春园、圆明园。北京西北郊依山带水，风景秀丽。早在金代便在"三山"建立离宫，后经元、明两代营建，汇聚万泉庄一带泉水的海淀已成为北京的重要风景区，并陆续建筑了清华园、勺园等名重一时的私家园林。清康熙帝凭借鼎盛的国力，役使大批工匠，在玉泉山金代行宫基础上修建静明园。园在玉泉山下，泉水淙淙，峦山碧碧，建有"廓然大公"等十六景。康熙帝又在香山建静宜园，自勤政殿至雨香馆，垣内外共二十八景。乾隆时扩建碧云寺，兴建五百罗汉堂和金刚宝座塔。清又在瓮山兴建清漪园。乾隆十五年（1750），乾隆帝为给母亲庆寿，改瓮山为万寿山，改瓮山泊为昆明湖，又将湖疏浚，拓展东堤（今昆明湖中龙王庙原在东堤），使龙王庙成了在今日所见的湖中岛上的庙宇。又巧妙地引湖水出闸沿长河入城，并可以从紫竹院乘船经长河至清漪园游幸。经过整理的长河水道是清代北京水利史上，除治理永定河之外的一大成就。

除上述"三山三园"外，更为著名的是畅春园和圆明园。畅春园原是明李伟的别墅，康熙帝加以扩建。它分为中路、东路和西路，园中亭阁辉映，湖青林绿。康熙三十七年（1698）后，康熙帝多居畅春园。圆明园创建于康熙四十八年（1709），初为雍正帝藩邸赐园。它包括圆明、万春、长春三园，前后经过 150 余年兴建，共有风景点 108 处，规模宏大，设计精巧，景色绮丽，宛如仙境。圆明园不仅继承和发展了我国古典园林建筑艺术，吸收与借鉴了南北各园之长，而且还有西方古典建筑群，如西洋楼。圆明园在诸园中被称为"万园之园"，犹如镶嵌在北京原野上的一颗艺术明珠，闪烁着中华民族五千年文明的灿烂光辉。

此外，北京许多建筑是清代重建或新建的，有的名称也是清代敕定的。顺治二年（1645）赐紫禁城后山名景山，西华门外台名瀛台。乾隆十六年（1751）建景山上周赏、观妙、万春、富览和辑芳五亭。同年改建天坛大飨殿，殿顶换成蓝琉璃瓦，与天一色，改名为祈年殿。乾隆二十五年（1760）开辟积水潭风景区，设码头船坞，沿岸植柳。第二年重建中南海紫光阁。乾隆四十二年（1777）又在南海子（今南苑）建团河行宫。

北京不仅殿宇园囿驰名天下，而且文化科技闻名中外。

（三）闻名于世的京城文化

清代北京不仅是全国的政治中心，而且是全国的文化中心。

在教育方面，全国最高学府国子监，既有汉、满、蒙古等族儒生，也有日本、越南、朝鲜、琉球、俄罗斯的留学生。此外还有为宗室子弟所设的宗学，为觉罗子弟所设的觉罗学，为内务府上三旗子弟所设的景山学和咸安宫学，为八旗子弟所设的八旗学，以及为汉族子弟等所设的顺天府学、宛平县学、大兴县学和金台书院等。清代各地举人，大体上每三年到北京参加一次会试。有清一代共举行会试 114 科，有 26846 人考取进士，其中钱棨和陈继昌连中三元，一时传为佳话。有些庞眉皓首的耆老也到京参加会试，乾隆六十年（1795）会试，有八十岁以上者 92 人。道光六年（1826），广东三水县陆从云 103 岁到京参加会试，可谓：天下儒生入吾彀，赚得英雄尽白头。北京成为清代全国教育中心。

在编纂刻书方面，康熙、乾隆两朝，集中全国在京文萃，整理、纂修册籍，编撰 100 余种，10 万余卷，其中《一统志》500 卷、《全唐诗》900 卷、《全唐文》1000 卷、《古今图书集成》1 万卷、《四库全书》79337 卷。特别是乾隆十五年测绘的《乾隆京城全图》，是北京史上第一部用近代方法测绘的平立面结合的大比例尺京城全图，是当时全世界最佳的都市地图，也是世界地图史上的奇迹；乾隆三十八年（1773）敕编的《日下旧闻考》160卷，则是集北京历史文献之大成。清代北京的刻书相当发达，除武英殿刻本、内府刻本和国子监刻本之外，还有许多书铺的刻书。武英殿刻书有木刻本、铜活字本等，贮铜活字25万余个，刻工精细，印装精良，被誉为"殿本"，颇受称赞。

在文化艺术方面，乾隆时将宫中所藏历代书法名迹，编成《三希堂法帖》。这部法帖的495块刻石，摹刻从魏晋到明末135位书法名家的墨迹，镶嵌在北海阅古楼壁上，已成为艺术珍品。还有乾隆时蒋衡手书"十三经"及其刻石，今藏首都博物馆，颇为珍贵。至于戏曲、曲艺舞台，更是争奇斗艳。特别是乾隆五十五年（1790）安徽"三庆班"等进京献艺，后经发展演变而形成了皮黄戏，就是京戏。还需一提的是，《红楼梦》的作者曹雪芹长期生活在北京，长篇小说《镜花缘》作者李汝珍、《纳兰词》作者纳兰性德都是北京人。

在科学技术方面，康熙至乾隆年间，天文学、数学等方面，在我国已有成就的基础上，汲取西方之长，研制了新的天文仪器——象限仪、天体仪、地平经仪、赤道经纬仪、黄道经纬仪、玑衡抚辰仪和纪限仪，先后编著了《数理精蕴》等书，对后来天文学与数学的发展产生重要影响。此外，数学家明安图、历史学家孙承泽、经济学家王源、著名学者刘献廷等都是北京人。他们对清代学术发展做出了可贵的贡献。

清朝后期的北京

清朝后期北京的历史，既有西方列强血与火的记录，也有中华社会文明与进步的墨迹，更谱写着人民觉醒与抗争的篇章。

（一）西方列强对北京的蹂躏

清朝后期，政治腐败，外敌入侵，国势日衰。咸丰十年（1860），英法联军侵入北京，北京第一次遭到西方殖民军的野蛮蹂躏。这年 8 月 24 日，联军攻陷天津。败报驰京，咸丰帝下令调大兴、宛平两县大车 500 辆，准备装载妃嫔、珍宝逃跑。京城内外居民一片慌乱，前外店铺烧饼抢买一空。9 月 15 日，联军攻至通州张家湾，妇女闻警自缢者 2000 余人。21 日，清军败于八里桥。第二天，咸丰帝率后妃宫眷从圆明园逃往承德避暑山庄，留恭亲王奕䜣主持政局。时京城九门紧闭，旗民惶恐不安。26 日，联军侵至朝阳门、东直门外，百余村庄，多遭残害。10 月 6 日，联军侵入安定门、德胜门、西直门外，劫掠海淀，焚烧殿堂；受辱妇女，悬梁自尽；被焚之家，哭声震野；城中大乱，哭喊连天。13 日，联军入城，在城楼上设炮；后滋扰前门闹市区，有一家男子被杀五六人，妇女被淫四五人。18 日，侵略军野蛮劫掠圆明园内珍宝文物后，纵火焚烧圆明园，火光烛天，三日不灭，京城西北，黑烟弥漫。被誉为人类文明瑰宝的圆明园，化为一片废墟。这是世界文明史上罕见的暴行。后奕䜣代表清政府分别同英、法、俄代表签订《北京条约》。这些不平等的条约，使中国进一步陷于半殖民地社会的境地。11 月 9 日，联军最后撤出北京。侵略军自入城至最后撤出，为时 28 天，使北京蒙受巨大的灾难，成为北京史上耻辱的一页。

英法联军入侵后四十年，即光绪二十六年（1900）8 月 14 日，八国联军再次侵入北京。次日凌晨，慈禧携光绪帝仓皇逃往西安。不久，侵略军统帅瓦德西设统帅部于西苑仪銮殿（后为怀仁堂）；总兵站司令部设于天坛，在圜丘坛上架起重炮，轰击前门和紫禁城；并分区占领北京城。"皇城之内，杀戮更惨，逢人即发枪毙之，常有十数人一户者，捉出以连环枪杀之，以致横尸满地，弃物塞途，人皆踏尸而行。"北京的宫殿、坛庙、府第、衙署、铺户、民居，多遭抢掠洗劫，北京"自元明以来之积聚，上自典章，下至国宝珍奇，扫地遂尽"。第二年9月7日，签订《辛丑条约》。这次八国联军侵占北京达13个月之久，它给北京造成的破坏与创伤，远远超过40年前的英法联军，为近代世界历史所罕见。它给灾难深重的北京留下了空前的奇耻大辱。《辛丑条约》的签订，使中国更加陷入半殖民地半封建社会的深渊。

（二）近代文明在北京的出现

清朝后期的北京，开始出现了近代的文明。

在工矿业方面，同治十一年（1872），官僚和商人在门头沟创办通兴煤矿，安装机器设备，这是北京近代采煤工业的开始。随后通州纱丝机厂、长辛店铁路工厂、清河溥利呢革公司（今清河毛纺厂前身）以及造纸厂、印刷厂等相继出现。

在交通运输方面，同治三年（1864），英人杜南特在宣武门外建一里多长的小铁路，次年试驶，后废。光绪十四年（1888）在三海建"紫光阁铁路"，南起中海瀛秀园门外，沿中海、北海西岸，至镜清斋站，长四里。在一段时间里，慈禧和光绪帝等每日御政后乘小火车至镜清斋。因慈禧怕火车笛声败了紫禁城风水，火车由太监牵绳曳引前行。其后京奉、京汉、京张铁路相继通车。京张铁路是由詹天佑任总工程师而修建的。此外，北京在光绪二十七年（1901）有了汽车，宣统二年（1910）有了飞机。

咸丰十年清政府同列强签订《北京条约》后，英、法、俄、美等国，先后在东交民巷建立使馆。光绪四年（1878），北京邮局始试办，九年后成立了北京邮政总局。光绪二十六年，丹麦人璞尔生在京设电铃公司，北京开始有了电话，五年后北京设立电话局。光绪三十二年（1906），北京创办电报。光绪年间，北京也开始有了电灯和自来水。

在文化教育方面，同治元年（1862），设京师同文馆，选拔八旗子弟学习英文，后又开设法文、俄文、德文和日文馆。光绪二十四年（1898），建京师大学堂（今北京大学前身），后又建立优级师范学堂（今北京师范大学前身）。宣统元年（1909）设游美学务处，后演变为清华学堂（今清华大学前身）。同一时期，育英、崇实、汇文等一批中等学校相继兴办。此外，光绪二年（1876），北京开始有了博物馆。这一时期，北京还先后创办了《官局书报》《顺天日报》《启蒙画报》《京话日报》《北京女报》等报刊。一些进步报刊的宣传，启发着人们的觉醒。

（三）人民的觉醒与抗争

英法联军撤出北京后，咸丰十一年（1861），咸丰帝在承德避暑山庄病死。他六岁的儿子载淳（即同治帝）继承皇位。载淳的生母叶赫那拉氏即慈禧太后，联合奕䜣发动"辛酉政变"。慈禧太后夺得清廷最高权力，对内加强镇压人民，对外屈膝投降，朝政日坏，国事日非。中日甲午战争后，清廷于光绪二十一年（1895）四月同日本签订丧权辱国的《马关条约》，激起全国性的抗议怒潮。康有为、梁启超联合在京参加会试的举人，在宣武门外松筠庵集会，先后有1300余人在康有为起草的万言书上签名，并于5月5日齐集都察院请求代递，这就是有名的"公车上书",但都察院拒绝代呈。变法图强的呼声唤起了北京人民的爱国之心。康有为等人在宣武门外南海会馆创办《中外纪闻》,又在宣武门外后孙公园胡同组织"强学会",宣传变法维新。在维新派的影响和推动下,光绪帝于光绪二十四年(即戊戌年)下诏变法。不久,慈禧太后发动政变。新法只推行了 103 天,史称"百日维新"。政变后,慈禧太后把光绪帝幽禁于南海瀛台,并宣布废除新法。9 月 28 日,谭嗣同等六位维新烈士在菜市口刑场遇害。

但是,"戊戌变法"的失败,更加启发了人民的觉悟,不久爆发了义和团运动。义和团运动的失败,八国联军的入侵北京,加深了清朝的政治危机。光绪三十一年(1905)9 月 24 日,革命党人吴樾在前门车站携炸弹袭击出国考察政治的清廷五大臣,失败而就义。随着人民大众的觉醒和革命运动的高涨,宣统三年(1911)爆发了武昌起义。辛亥革命推翻了清廷的统治,终结了封建的帝制。1912 年 1 月 1 日,中华民国成立,孙中山在南京就任临时大总统。2 月 12 日,宣统帝溥仪退位,清朝 268 年的统治结束,北京作为清代京师的历史也随之结束。

参考文献

[1]《申忠一书启》及图录,"建国大学"影印本。

[2]《建州闻见录》《朝鲜学报》,影印本。

[3]《清实录》,中华书局影印本。

[4]《康熙大帝》,大东出版社本。

[5]《日下旧闻考》,北京古籍出版社。

[6]《国朝宫史》,北京古籍出版社。

[7]《春明梦余录》,古香斋袖珍本。

［8］《八旗通志》，雍正殿刻本。

［9］《大清会典事例》，光绪石印本。

［10］康熙《顺天府志》，清康熙稿本。

［11］光绪《顺天府志》，清光绪十二年刻本。

［12］《畿辅通志》，上海商务印书馆。

［13］《北京市志稿》，北京市文物研究所藏稿本。

［14］《清史稿》，中华书局点校本。

［15］《宸垣识略》，北京古籍出版社。

［16］《戊戌变法》，《中国近代史资料丛书》本。

［17］《辛亥革命》，《中国近代史资料丛书》本。

［18］《北京大学校史》，北京出版社。

［19］《国立北京师范大学》铅印本，1954 年。

［20］《清宫述闻》，紫禁城出版社本。

北京皇城正门析辨

　　天安门城楼已于 1988 年 1 月 1 日，向中外宾客开放。报载长文介绍天安门云：天安门明称"承天门"，是皇城的正门。此种说法，需要析辨。

　　明北京皇城正门为大明门。学士解缙奉永乐帝之命，为大明门题写门联："日月光天德，山河壮帝居。"是为帝居皇城烜赫气势。皇城大明门内布局呈"凸"字形，为封闭式。凡国家有大典则启大明门，否则常扃不开。进大明门，便入皇城。万历《明会典》卷一八一载皇城门楼规制：皇城六门，大明门、长安左门、长安右门、东安门、西安门、北安门。明人著《明宫史》和《旧京遗事》，清初修《春明梦余录》和《明史·地理志》等，所载俱与上同，均以大明门为明皇城正门。明亡清兴，迁鼎燕京，改大明门名为大清门。清顺治、康熙、雍正时期，仍以大清门为皇城正门。康熙《清会典》卷一三一、雍正《清会典》卷一七九，均称"皇城起大清门，历长安左、右门，东安、西安、地安三门"，即为史证。

　　明北京宫城即紫禁城南向第一重门为承天门。明史玄《旧京遗事》载述明北京宫城即紫禁城规制："皇城内为宫城，八门：正南第一门曰承天之门，二重门曰端门，三重门曰午门，午门魏阙分焉——曰左掖门、曰右掖门，正南有五门也；东曰东华，西曰西华，北曰玄武。"《明宫史》和《明史·地理志》、《春明梦余录》和《天府广记》等，所载俱与上同，均以承天门为宫城即紫禁城南向第一重门。承天门经端门至午门，同宫城连接一体，亦呈"凸"字形，为封闭式。明宫城即紫禁城似可分为四部分，即外廷、前朝、内宫和后苑。明亡清兴，清顺治八年（1651）九月十八日，改承天门名为天安门，翌年改北安门名为地安门。清顺治、康熙、雍正三朝宫殿规制仍旧，乾隆八年（1743）所修《大清一统志》也踵上说。

但是，乾隆帝登位之后，说法略有圆通。《国朝宫史》卷十一，既称大清门是"皇城之第一门"，又称天安门是"皇城南门也"。约同期官修的《清朝通志》卷三二，既称大清门是皇城南门，又称"天安门是为皇城正门"。然而，乾隆二十九年（1764）三修的《清会典》载称：皇城四门，南即天安，北曰地安，东曰东安，西曰西安；宫城四门，南即午门，北曰神武，东曰东华，西曰西华。《日下旧闻考》引述乾隆《清会典》称：天安门为皇城正门，午门为宫城正门。此后，皇城与宫城正门之称定于一。

综上，北京皇城正门名称，有个衍变过程。明朝以大明门为皇城正门，以承天门为宫城南向第一重门；清初虽改大明门为大清门、承天门为天安门，其门阙仍袭明制；自乾隆中期以后，天安门为皇城正门，午门为宫城正门。所以，承天门为明皇城正门之说，未作分析，与史不符。

（原载《北京晚报》1988 年 2 月 6 日）

京师慈寿寺塔考

慈寿寺塔高耸于今北京阜成门外八里庄玲珑园内崇冈之上，已416年（截至1994年）。400余年来，掌故笔记，诸多载录，文人骚客，亦多诗咏。但是，见仁见智，传信传疑，各书记述，颇多分歧。笔者寓居西八里庄，出入注目崔巍高塔，读书所得，踏查所见，信手做卡，稿簏待文。兹就慈寿寺塔之正名、原委、旨趣、建筑及其价值，粗作考略，加以评辨。

一

慈寿寺塔之正名。塔必有名，慈寿寺塔，名称歧异，殊难适从。但塔在寺中，寺之兴筑，《穀城山馆文集》[1]记曰：

> 命内臣卜地于阜城门外八里，得太监谷大用故地一区，宏博奥敞，允称灵域。遂出宫中供奉金若干，潞王、公主、宫眷、内侍各捐汤沐若干，仍择内臣廉干者，往董其役。

---

〔1〕《日下旧闻考》卷九七，北京古籍出版社，1985年，第1613页，第2行《穀城山房集》，误；"房"应作"馆"，其集全称为《穀城山馆文集》。

　　率职庀工，罔敢后时。经始于万历四年二月，至六年仲秋
　　既望落成。[1]

寺始建于万历四年（1576）二月，竣工于六年（1578）八月
十五日（9月16日），赐名曰"慈寿"。从此，京师又增添一座
名刹——慈寿寺。

　　慈寿寺内建塔，然该塔之塔名，各书记载纂歧：

　　其一，永安寿塔。张居正《敕建慈寿寺碑文》载："外为山
门、天王殿，左、右列钟、鼓楼，内为永安寿塔。"[2]是知此塔
名为"永安寿塔"。明人刘侗、于奕正《帝京景物略》亦载：
"寺成，赐名慈寿，敕大学士张居正撰碑。……有永安寿塔，塔
十三级，崔巍云中。"[3]清乾隆时期，于敏中等在修纂《钦定日
下旧闻考》之时，除引述各书外，则称"臣等谨按，慈寿寺及
塔"[4]，未及塔名。至清末光绪《顺天府志》亦沿上说：慈寿寺
"山门内天王殿后，有永安寿塔"[5]。

　　其二，永安塔。明沈德符《万历野获编》载，慈寿寺"去
阜成门八里，则圣母慈圣皇太后所建，盖正德间大珰谷大用故
地。始于万历四年，凡二岁告成。入山门即有窣堵坡，高入云
表，名永安塔，华焕精严"。[6]沈从小随父祖居住北京，"余生

〔1〕于慎行《敕建慈寿寺碑文（代）》，载《穀城山馆文集》卷一三，第8—9
　　　页，明万历三十八年（1610）刻本。
〔2〕张居正《敕建慈寿寺碑文》，载《张太岳文集》卷一二，第9页，清江陵
　　　邓氏翻明刻本。
〔3〕刘侗、于奕正《帝京景物略》卷五，北京古籍出版社，1980年，第216页。
〔4〕《日下旧闻考》卷九七，第1611页。
〔5〕光绪《顺天府志》卷一七，北京古籍出版社，1987年，第545页。
〔6〕沈德符《万历野获编》卷二七，中华书局，1959年，第686页。

长京邸，孩时即闻朝家事，家庭间又窃聆父祖绪言"[1]，故熟谙京师掌故。但是，上文所记慈寿寺内永安塔，恐为塔名之简略俗称，绝非此塔之敕定正名。

其三，永安万寿塔。于慎行代拟《敕建慈寿寺碑文》，略述慈寿寺及塔的规制称："其制：外为山门、天王殿，左、右列钟、鼓楼，其内为永安万寿塔。"[2]在此塔第一层塔身南面门券上，镶嵌石制横额一方，上刻"永安万寿塔"五字。至今保存完好，清晰可见。于日本文化二年即清朝嘉庆十年（1805）刻印，由冈田玉山等编绘的《唐土名胜图会》，称上述匾额为"乾隆帝御书之额"[3]。但是，此塔建成之后，乾隆二十二年（1757）奉敕修葺。由是，原塔有否匾额，若有又如何题写，修葺时御书匾额文字是否更动，均不得而知。

其四，慈寿寺塔。罗哲文著《中国的塔》、北京市文物工作队编《北京名胜古迹》以及《中国名胜词典》等，均称其为"慈寿寺塔"。因它在慈寿寺内，遂以寺名塔。今称"天宁寺塔""妙应寺白塔"等均循此通例。然而，"慈寿寺塔"并非此塔之正名。

其五，八里庄塔。此塔"在海淀区玉渊潭乡辖域内，八里庄东北隅"[4]，以地名塔，故民间称作"八里庄塔"[5]。但是，八里

〔1〕《万历野获编》卷首"序"，清道光七年（1827）刻本。

〔2〕于慎行《榖城山馆文集》卷一三，第9页，明万历刻本。

〔3〕冈田玉山等编绘《唐土名胜图会》卷四，北京古籍出版社影印本，1985年，第42页。

〔4〕《海淀区地名志》编辑委员会编《北京市海淀区地名志》，北京出版社，1992年，第362页。

〔5〕王屹《慈寿寺塔、天宁寺塔保护规划》，《北京规划建设》1992年第2期。

庄塔仅为此塔之俗称，而非此塔之正名。

其六，玲珑塔。当地民众因该塔玲珑挺秀，便称作"玲珑塔"。附近的一条街巷，也称作"玲珑巷"。因此，近年以塔为中心辟建的园林，叫作"玲珑园"。此也为俗称。

在上述六种塔名中，"玲珑塔"为以其姿名塔，"八里庄塔"为以其地名塔，"慈寿寺塔"为以其寺名塔，均是后来的俗称或习称，而不是此塔初始之正名。而"永安塔"为《万历野获编》所仅见，是为塔名之省称。至于"永安寿塔"与"永安万寿塔"二名，孰正、孰奇？经查《敕建慈寿寺碑文》，为于慎行所代拟。慎行，字无垢，山东东阿人，"隆庆二年成进士。改庶吉士，授编修。万历初，《穆宗实录》成，进修撰，充日讲官"[1]。他的《穀城山馆文集》收录《敕建慈寿寺碑文（代）》，全文（含标题）共 905 字（见文末附录）。张居正对于慎行代拟之文稿，做了多处增删与润饰，成 802 字（见文末附录）。居正时任首辅，"慈圣徙乾清宫，抚视帝，内任保，而大柄悉以委居正"[2]。鉴于于慎行草拟《敕建慈寿寺碑文》为草稿，张居正改定《敕建慈寿寺碑文》为定稿，因此，在二者关于塔名相差一字，又无其他力证之时，塔名应以居正定稿为是。

综上，慈寿寺塔，以寺名塔，多书载录，约定俗成，但非正名。依据《敕建慈寿寺碑文》，慈寿寺内之塔，以"永安寿塔"为其初始之正名。

---

〔1〕《明史》卷二一七《于慎行传》，中华书局，1974 年，第 5737 页。

〔2〕《明史》卷二一三《张居正传》，第 5645 页。

二

慈寿寺塔之原委。慈寿寺及塔动工兴建的原因，史书所载，归结有四：

其一，为隆庆帝冥祉。《穀城山馆文集》载："圣母慈圣宣文皇太后，与我皇上永怀穆考在天之灵，思创福地，以荐冥祉。"〔1〕张居正修订上文后，文字略有变通："先是，我圣母慈圣宣文皇太后，常欲择宇内名山灵胜，特建梵宇，为穆考荐冥祉。皇上祈允，遣使旁求，皆以地远，不便瞻礼；乃命司礼监太监冯保，卜关外地营之。"〔2〕以上说明，创建慈寿寺，始有为穆宗皇帝祈荐冥祉之意。但是，万历二年（1574），重修了海会寺。

> 海会寺者，以其寺在都城之南，创于嘉靖乙未（1535），穆宗皇帝尝受釐于此。历祀既久，栋宇弗葺，榱桷将毁。皇上即位之二年，函夏乂安，四民乐业，圣母慈圣皇太后思所以保乂圣躬、鬯奕允祚者，惟佛宝是依，乃出内帑银若干，俾即其地更建焉。〔3〕

上文可见，万历帝登基不久，慈圣皇太后即为其亡夫隆庆帝重修海会寺，以荐冥祉。而慈寿寺以"慈寿"为名，标志它主要旨趣不是为隆庆帝兴建的。

---

〔1〕 于慎行《穀城山馆文集》卷一三，第 8 页。

〔2〕 张居正《敕建慈寿寺碑文》，载《张太岳文集》卷一二，第 9 页。

〔3〕 张居正《敕建海会寺碑文》，载《张太岳文集》卷一二，第 5 页。

其二，为朱翊钧祝龄。《长安客话》载："黄村东十里，为八里庄，有寺曰慈寿，慈圣皇太后为今上祝龄建也。"[1]其实，为万历帝朱翊钧祝龄不是慈寿寺，而是承恩寺。万历二年（1574），张居正《敕建承恩寺碑文》载：

> 皇朝凡皇太子、诸王生，率剃度幼童一人为僧，名"替度"。虽非雅制，而宫中率沿以为常。皇上替僧名志善，向居龙泉寺。慈圣皇太后、今上皇帝，追念先帝及其替僧，以寺居圮坏，欲一新之。而其地湫隘，且滨于河，势难充拓，乃出帑储千金，潞王、公主及诸宫眷所施数千金，命司礼监太监冯保，贸地于都城巽隅居贤坊，故太监王成住宅，特建梵刹。[2]

上文可见，万历帝登基不久，慈圣皇太后即为朱翊钧敕建承恩寺，以为 12 岁的万历帝祝龄永寿。而慈寿寺以"慈寿"为名，标明它主要旨趣不是为万历帝祝龄的。

其三，为万历帝祈嗣。《帝京景物略》记载："万历丙子（1576），慈圣皇太后为穆考荐冥祉，神宗祈胤嗣，卜地阜成门外八里建寺焉。"[3]此说源自张居正《敕建五台山大宝塔寺记》：

> 我圣母慈圣宣文皇太后，前欲创寺于此，为穆考荐福，

---

〔1〕 蒋一葵《长安客话》卷三，北京古籍出版社，1980 年，第 60 页。

〔2〕 张居正《敕建承恩寺碑文》，载《张太岳文集》卷一二，第 4 页。

〔3〕 刘侗、于奕正《帝京景物略》卷五，第 216 页。

今上祈储，以道远中止，遂于都城建慈寿寺以当之。[1]

兴建慈寿寺的主因，既不是为穆宗荐冥福，上文已辨；也不是为神宗祈储嗣，史文显见。明穆宗死时，万历帝十岁。修建慈寿寺在万历四年（1576），万历帝14岁，尚未大婚，何以祈子？而慈寿寺以"慈寿"为名，标明它主要旨趣不是为万历帝祈嗣的。

其四，为李太后祝釐。《穀城山馆文集》记载："寺成，上赐之名曰慈寿，盖以为圣母祝也。"[2]但是，张居正修订上文后，其定稿文曰：

> 寺成，上闻而喜曰："我圣母斋心竭虔，懋建功德，其诸百灵崇护，万年吉祥。"恭惟我皇上圣心嘉悦，因名之曰慈寿……[3]

上文可见，居正较慎行所作一项修改，是删掉"盖以为圣母祝也"一句。其删划原因，后文另述。

万历初年，京师为帝、后兴修或重修四座名刹——海会寺为隆庆帝，承恩寺为万历帝，仁寿寺为陈太后[4]，而慈寿寺为谁呢？

---

[1] 张居正《敕建五台山大宝塔寺记》，载《张太岳文集》卷一二，第13页。

[2] 于慎行《穀城山馆文集》卷一三，第9页。

[3] 张居正《敕建慈寿寺碑文》，载《张太岳文集》卷一二，第9页。

[4] 《明史·后妃列传二》："孝安皇后陈氏，通州人。嘉靖三十七年（1558）九月选为裕王继妃。隆庆元年册为皇后。后无子多病，居别宫。神宗即位，上尊号曰仁圣皇太后。"

寺名可征。寺成，赐名曰"慈寿"。这表明慈圣皇太后动议修建此寺，究其主旨，既非为夫，亦非为子。但史文为何又载其为穆宗荐冥祉、为神宗祈胤嗣呢？这同李太后出身卑微攸关。《明史·后妃列传二》载：

> 光宗之未册立也，给事中姜应麟等疏请被谪，太后闻之弗善。一日，帝入侍，太后问故。帝曰："彼都人子也。"太后大怒曰："尔亦都人子！"帝惶恐，伏地不敢起。盖内廷呼宫人曰"都人"，太后亦由宫人进，故云。[1]

李太后出身宫人，生神宗，封贵妃，隆庆帝死后，母以子贵，尊为皇太后。但其宫人出身的影子，总伴随着她，而使她有自卑感。她建佛寺亦打着为夫穆宗与为子神宗之旗号，而实则为自己建佛寺。寺名"慈寿"，即为明证。

塔名可征。塔成，赐名曰"永安寿塔"。这又表明慈圣皇太后动议修建此塔，究其主旨，既非为夫，亦非为子，但史册为何又载其为穆宗荐冥祉、为神宗祈胤嗣呢？这同李太后处于侧宫攸关。穆宗死，神宗立，内依太监冯保，外倚首辅居正，尊皇后为仁圣皇太后，尊贵妃为慈圣皇太后，名始无别矣。然而，名无别，实有别。下举一例：

> 上初即位，宫中内宴，仁圣上座，慈圣犹在阁中，不

敢同坐。其后稍久，乃并坐云。[1]

李太后虽与陈太后并尊为慈圣皇太后和仁圣皇太后，但其身处侧宫的影子，总伴随着她，并使其有自卑感。她建佛塔便打着为夫穆宗与亲子神宗之旗号，而实则为自己建佛塔，塔名突出"慈"字，即为力证。

综上，慈圣皇太后兴建慈寿寺及塔，其内在蕴含的旨趣，既不在于为先帝穆宗荐冥福，也不在于为儿子神宗祈胤嗣，那么其隐旨是什么呢？

三

慈寿寺塔之旨趣。探讨兴建慈寿寺及塔的内蕴旨趣，要分析其时经济、政治、宫闱和个人等因素，做相关的考察。隆庆之治，万历初政，社会安定，经济繁荣。明人史玄在《旧京遗事》中，评述万历盛时京师状态言：

> 盖居京师者云：当时道路无警守，狗不夜吠。中秋月明之夕，长安街笙曲哀曼，宫城鸟雀惊起复栖。二十年以前太平景象约略如此。[2]

上述京师景象，时间或稍晚于兴建慈寿寺之时，内容或有张饰之词；但反映了隆、万年间社会经济繁盛，为敕建寺宇奠下经

---

[1] 于慎行《榖山笔麈》卷二，中华书局，1984年，第15页。
[2] 史玄《旧京遗事》，不分卷，北京古籍出版社，1986年，第8页。

济基础。《明史·穆宗本纪》"赞曰"评述隆庆帝治绩言：

> 穆宗在位六载，端拱寡营，躬行俭约，尚食岁省巨万。许
> 俺答封贡，减赋息民，边陲宁谧。继体守文，可称令主矣。[1]

穆宗的历史地位，本文不作评价。但隆庆末、万历初，社
会安定、内帑丰盈，亦为敕建寺宇奠下政治基础。而两宫间，
仁圣皇太后与慈圣皇太后，其地位正偏抑扬与机权威势消长呈
现复杂的局面。其中的一个映现，是兴建梵刹。《明史·后妃列
传二·孝定李太后传》记载：

> 顾好佛，京师内外，多置梵刹，动费巨万，帝亦助施
> 无算。居正在日，尝以为言，未能用也。[2]

孝定李太后好佛，自有心理性格原因。她宫人出身，地位卑微
（前文已述），又早年丧夫，儿子幼小。隆庆帝 36 岁死，时李贵
妃 25 岁[3]。寡居内心悲寂，礼佛念经以摆脱精神苦痛；宫人卑
微身世，兴建佛刹以提高政治地位。由是，慈圣皇太后便有一段
九莲菩萨的故事。这个故事为慈圣皇太后披上慈慧而神圣的佛
衣。《帝京景物略》记载慈寿寺后殿，供奉九莲菩萨道：

> 后殿奉九莲菩萨，七宝冠帔，坐一金凤，九首。太后

---

[1]《明史》卷一九《穆宗本纪·赞曰》，第 258 页。
[2]《明史》卷一一四《后妃列传二》，第 3536 页。
[3] 参见《明神宗实录》卷五一七，万历四十二年二月辛丑，台北"中研院"
　　史语所校勘本，1962 年。

梦中，菩萨数现，授太后经，曰《九莲经》，觉而记忆，无所遗忘，乃入经大藏，乃审厥象，范金祀之。寺有僧自言：梦或告曰："太后，菩萨后身也。"[1]

同书引于慎行《慈寿寺观新造浮图》诗云：

> 凤首莲华九品标，十三层塔表岧峣。
> 德先胎教人天母，道□坤宁海岳朝。
> 势挟珠林雄禁苑，影分银汉挂烟霄。
> 群生福果缘慈佑，辇尽黄金此地销。

于慎行时为日讲官、知机务，并撰拟碑文，颇知些底里。其诗将九莲菩萨同兴建慈寿寺及塔相联挂。《明史·悼灵王传》载：

> 悼灵王慈焕，庄烈帝第五子。生五岁而病，帝视之，忽云："九莲菩萨言，帝待外戚薄，将尽殇诸子。"遂薨。九莲菩萨者，神宗母，孝定李太后也。太后好佛，宫中像作九莲座，故云。[2]

明人杨士聪《玉堂荟记》亦载：

> 九莲菩萨者，孝定皇后梦中授经者也。觉而一字不遗，因录入佛大藏中。旋作慈寿寺，其后建九莲阁。内塑菩萨

---

〔1〕 刘侗、于奕正《帝京景物略》卷五，第216页。
〔2〕 《明史》卷一二〇《诸王列传五·悼灵王传》，第3658—3659页。

像，跨一凤而九首，乃孝定以梦中所见，语塑工而为之。寺僧相传，菩萨为孝定前身，其来久矣。[1]

万历年间敕建长椿寺，寺规模宏大，为京师名刹。寺中亦有九莲菩萨像：

> 殿中旧有渗金塔，甚高大。旁山室内藏佛像十余轴，中二轴黄绫装裱，与他轴异：一绘九朵青莲花，一牌题曰：九莲菩萨，明神宗母李太后也。[2]

身历隆、万等朝宫监刘尚忠熟悉宫中掌故，并建佛寺。天启元年（1621），《慈寿寺下院碑记》载：

> 今日者，安知不奉慈圣莲花座上，而以身作文殊。[3]

孙承泽著《春明梦余录》载：

> 慈寿寺在阜成门外八里，万历丙子慈圣皇太后建。寺有塔十三级，高入云表。后宁安阁榜太后手书，又后有九莲菩萨像。[4]

---

〔1〕 杨士聪《玉堂荟记》上卷，第22—23页，《借月山房汇钞》本，清嘉庆年间张氏刻。

〔2〕 北平市政府秘书处编《旧都文物略·名迹略上》，第15页，北平故宫印刷所，民国二十四年（1935）。

〔3〕《慈寿寺下院碑记》拓片，北京图书馆善本部藏。

〔4〕 孙承泽《春明梦余录》卷六六，龙门书店影印古香斋本，1965年，第16页。

清嘉庆年间，日本出版的《唐土名胜图会》亦载：

> 明孝定皇后梦见九莲菩萨授经，梦醒后诵经文，一字不漏，因录入大藏中。又有慈寿殿后建九莲阁，塑菩萨像，九首而骑一凤。寺僧云："皇后系菩萨后身。"[1]

上述九莲菩萨的故事，流传到东瀛日本。

以上八则有关九莲菩萨的史料，可以得出几点意见：

第一，慈圣皇太后梦见九莲菩萨，跨一凤而九首，授其《九莲经》。

第二，慈圣皇太后因建慈寿寺，寺中建九莲阁，内塑九莲菩萨，供奉之。

第三，慈圣皇太后懿旨在慈寿寺建永安寿塔，凤首莲花，表峣京都。

第四，慈圣皇太后自诩为九莲菩萨之后身，群生福果，皆缘慈佑。

第五，慈圣皇太后自披九莲菩萨神衣，由禁苑超度佛国，从而提升自己的地位。

综上，慈圣皇太后懿旨兴建慈寿寺与永安寿塔，其表层原因是为隆庆帝祈荐冥祉，为万历帝祈嗣祝龄；其深层原因则是借自诩为九莲菩萨，升华自身的价值。

---

[1] 冈田玉山、冈熊岳、大原东野《唐土名胜图会》卷四，第97页。

四

慈寿寺塔之建筑。慈寿寺区宇广阔，殿堂壮丽；永安寿塔高入云表，京华辉煌。

慈寿寺塔在慈寿寺中，其寺，张居正《敕建慈寿寺碑文》载：

> 外为山门、天王殿，左、右列钟、鼓楼，内为永安寿塔，中为延寿殿，后为宁安阁，旁为伽蓝、祖师、大士、地藏四殿，缭以画廊百楹，禅堂、方丈有三所[1]。又赐园一区，庄田三十顷，食其众。以老僧觉淳主之，中官王臣等典领焉。

同文赋词曰："永延皇图，冥资佛力。乃营宝刹，于兑之方。左瞰都城，右眺崇冈。力出于民，财出于府。费虽孔殷，民不与苦。厥制伊何，有殿有堂。丹题雕楹，玉甃金相。缭以周廊，倚以飞闼。画栋垂星，绮疏纳月。有涌者塔，厥高入云。泉[2]彼不周，柱乾维坤。维大慈尊，先民有觉。普度恒沙，同归极乐。"[3]
上引张居正文，源自于慎行稿。于稿较张文略异，赘引如下，以便比对：

> 其制：外为山门、天王殿，左、右列钟、鼓楼，其内

---

[1] 于慎行《敕建慈寿寺碑文（代）》作"十有三所"。《穀城山馆文集》卷一三，第9页。

[2] "泉"，于慎行《敕建慈寿寺碑文（代）》作"象"，载《穀城山馆文集》卷一三，第11页。

[3] 张居正《敕建慈寿寺碑文》，载《张太岳文集》卷一二，第10页。

为永安万寿塔，中为延寿宝殿，后为宁安阁，旁为伽蓝、祖师、观音、地藏四殿，缭以画廊百楹，禅堂、方丈十有三所。又为园一区，及赐庄田三十顷，以安食其众。因剃度僧了宁、真相、真永焚修，祝赞老僧觉淳主之，内监王臣等典领焉。寺成，上赐之名曰慈寿。[1]

慈寿寺规模宏巨，梵宇壮丽。其刹，为京都名刹；其塔，亦为京都名塔。

明亡清兴，国祚鼎移，但慈寿寺与永安寿塔仍存。乾隆初期，励宗万受命访查京师古迹。励宗万，祖杜讷，官至刑部右侍郎，赠礼部尚书；父廷仪，中进士，授编修，在南书房行走，充经筵讲官，兼掌院学士，官至吏部尚书。宗万于康熙六十年（1721）成进士，旋在南书房行走，充日讲起居注官。乾隆初政，宗万受劾，部议革职，闲居数年。乾隆七年（1742），充武英殿总裁。后纂修《秘殿珠林》一书，受荐在懋勤殿行走编辑。励宗万受乾隆帝恩遇，"朕或召见，讲论书籍"[2]。乾隆帝命励宗万考察京师古迹，励对慈寿寺的考察记载是：

> 臣按：寺在阜成门外八里庄，明万历丙子，为慈圣皇太后建，赐名慈圣[3]。敕大学士张居正撰碑。有塔十三级，又有宁安阁，阁榜慈圣手书。后殿有九莲菩萨像。载《畿

〔1〕 于慎行《敕建慈寿寺碑文（代）》，载《穀城山馆文集》卷一三，第9页。

〔2〕 《汉名臣传》卷一五《励廷仪传附子宗万》，黑龙江人民出版社，1991年，第1847页。

〔3〕 "圣"误，应作"寿"，见《敕建慈寿寺碑文》。

辅通志》。今查：寺共五层。山门、金刚二，东、西列钟、鼓楼，次天王殿。殿后为塔，塔前角亭二：列韦驮、龙王像。塔后角亭二：观音碑一，鱼篮碑一，俱万历年建。殿供三世佛，旁列阿难、迦叶二尊，罗汉十八尊，俱铜像。殿前东、西碑二，亦万历年建。其配殿二：东为壮缪，西为达摩。殿后为毗庐阁，阁上为毗庐佛，阁下为观音阁[1]。前配殿东亦观音，西则地藏。东西画廊百间。由中仪门入，为弥陀殿；由东仪门入，为慈光阁，则九莲菩萨画像[2]存焉；由西仪门入，则铜像观音阁也。[3]

上文考察乾隆十年（1745）慈寿寺及塔之实况，殊为可贵。但寺中九莲菩萨，《帝京景物略》作"乃审厥象，范金祀之"；《玉堂荟记》作"以梦中所见，语塑工而为之"；《唐土名胜图会》作"后建九莲阁，塑菩萨像，九首而骑一凤"等，均作塑像，非为画像。

寺内永安寿塔后，有二碑亭：

其一，"左碑：前刻紫竹观音像并赞，明万历丁亥年造；后刻申时行、许国、王锡爵《瑞莲赋》"。经笔者考察，左碑在塔东北，碑亭已毁，碑石尚存。碑座雕刻二龙戏珠。碑额篆书"御制"，其两侧及上刻二龙戏珠。碑身刻九莲圣母像，端庄慈祥，项挂念珠。像座下刻九朵盛开莲花。像左刻九枝紫竹。像右之上刻"慈圣宣文明肃皇太后之宝"篆书玺；之下正书"赞

---

〔1〕 "阁"疑误，似应作"佛"。

〔2〕 "九莲菩萨画像"疑误，应作"九莲菩萨塑像"。

〔3〕 励宗万《京城古迹考》，不分卷，北京古籍出版社，1981年，第16—17页。

曰：惟我圣母，慈仁格天。感斯嘉兆，厥产瑞莲。加大士像，勒石流传。延国福民，宵壤同坚"。其旁为正书"大明万历丁亥年造"。像右下刻童子观音，脚踩莲叶，双手合十。碑身左、右、下各刻三龙。莲、竹、龙之数，各为九。整个刻绘，线条流畅，细腻清晰。此碑造于万历十五年（1587）。万历帝即位年尊其母为"慈圣"；六年大婚，加尊号为"宣文"；十年，又加"明肃"，此与明制相符。碑阴：碑额刻篆书"瑞莲赋碑"四字，旁刻二龙戏珠。碑身首题正书《瑞莲赋有序》，序曰："维瑞莲产于慈宁新宫，既奉命作赋"云云。赋及序，文甚长，凡70行，行93字，已漫漶不清。

其二，"右碑：前刻鱼篮观音像、赞同左，后刻关圣像并赞。明春坊谕德兼侍读、南充黄辉撰，万历辛丑年〔1〕立"〔2〕。经笔者考察，右碑在塔西北，碑亭已毁，碑石尚存。碑座亦雕二龙戏珠。碑额正中刻框无字，其两侧及上亦刻二龙戏珠。碑身刻鱼篮观音像，袒胸赤足，髻发慈面，右手提竹篮，内盛鲤鱼一尾，右臂微曲。双脚两侧刻莲花七朵，脚下为草径。像左刻正书"赞曰"，文同左碑。像右刻篆书"慈圣宣文明肃皇太后之宝"，文同左碑。其旁为正书"大明万历丁亥年造"。此可证《日下旧闻考》所载"万历辛丑年立"，盖误。碑阴：刻关公像，长髯威武，肃穆端严，右手抚髯，左手握青龙偃月刀。其左侧刻周仓立像。像左上侧刻篆书"慈圣宣文明肃皇太后之宝"，旁刻正书"万历岁次辛丑孟夏吉日造"。万历辛丑年为

---

〔1〕 "万历辛丑年立"，误；应作"万历丁亥年造"。光绪《顺天府志》引此，盖误。

〔2〕 《日下旧闻考》卷九七，北京古籍出版社，1981年，第1611页。

二十九年（1601），距刻鱼篮观音像时已十四年。像右上侧刻
行书《关圣像赞》："许身非难，择主何智。仁存一德，颠沛唯
是。手扶汉鼎，目无吴魏。担荷乾坤，具大根器。故能发心，
受智者哉。役使鬼神，造玉泉寺。化毒龙居，立成佛地。如此
学道，何坚不碎。操精进刃，被慈忍甲。以无畏力，施满尘
刹。粪扫魔魅，羊驱倭鞑。神武所服，岂在必杀。出入幽显，
靡扣弗答。以此护国，是真护法。"末署"明春坊谕德兼侍读、
南充黄辉顿首赞并书"。碑四边刻龙，左、右边各三，上、下
边各二。

以上双碑，同年建造，规制相同，尺寸一样。经笔者实测：
碑座宽146.5厘米，高98厘米，厚74厘米；碑身高216厘米，
宽108厘米，厚38厘米。[1]

慈寿寺及塔，至光绪十一年（1885），《顺天府志》成书时
仍在。但此志在述及塔后右碑即鱼篮观音碑时，未做实地勘察，
仍蹈袭《日下旧闻考》"万历辛丑年立"[2]之误。其后，慈寿寺
焚毁。寺毁后，寺中"以瘦、露、秀三者俱备"[3]的太湖石，
亦不知下落矣。慈寿寺虽毁，永安寿塔却存。

永安寿塔，雄伟壮丽，高入云表。《长安客话》赞道：
"其宝塔巍峨巉崒，不但为京师冠，暮钟初动，神灯倒垂，普
照八极，焰摩匪遥，佛光可接。"[4]永安寿塔是一座八角十三
层密檐式实心砖塔，高56.5米。全塔分为塔基、塔身、塔顶
三部分：

〔1〕 1993年8月5日，玲珑园丁志崑先生陪同测量。
〔2〕 光绪《顺天府志》卷一七，北京古籍出版社，1987年，第545页。
〔3〕 姚元之《竹叶亭杂记》卷七，中华书局，1982年，第150页。
〔4〕 蒋一葵《长安客话》卷三，第60—61页。

塔基——分为上下两层。下层，为平台，八角形，分三级，以砖砌，边角镶石，均无雕饰，最下级每边长 11 米。上层，为须弥座，八角形，分三级，砖雕每边下为六幅、中为七幅、上为六幅；其上为三层仰莲瓣承托塔身，莲瓣每边上为 15 个、下为 14 个，相互错置，井然有序。

塔身——第一层高 11.3 米，为密檐塔范式结构。其正向四面有砖砌装饰券门，门两侧立雕金刚[1]，上为匾额，额上有两层浮雕云龙。正南面匾额题"永安万寿塔"，正东面匾额题"镇静皇图"，正北面匾额题"真慈洪范"，正西面匾额题"辉腾日月"。其余四面为半圆形雕饰窗，窗两侧塑立木胎菩萨像，窗上各雕有神像。其上为八角形十三层密檐，檐下以砖砌斗拱支撑，八面转角处立浮雕盘龙圆柱。每层密檐每面设三个佛龛，内供铜佛像，共 312 个。角铃每边 26 至 32 个，每层各角又悬大铃两个，故小铃 3040 个，大铃 208 个，共 3248 个。塔身密檐向上逐层递缩，使塔身和缓收卷，直至塔顶。

塔顶——下为三层覆莲座，上承摩尼珠式塔刹[2]。

永安寿塔雄壮挺拔，秀冠京华。公鼐《慈寿寺诗》云：

> 郭外浮图插太虚，空王台殿逼宸居。
>
> 莲花座与青山对，贝叶经传白马余。
>
> 燕地风沙飘客泪，汉朝陵墓想銮舆。

---

[1] 据笔者 1989 年调查，居住八里庄的 81 岁关姓老人讲：民国十四年（1925），有一和尚在塔附近卖佛水为人治病，将所得铜钱用笪箩装；以此钱雇人、购料，将塔壶门两侧 16 尊金刚像，用水泥重塑；今所见金刚水泥塑像就是当时所造。

[2] 参见《北京名胜古迹》，北京旅游出版社，1988 年，第 176—177 页。

乡关有梦肠堪断，东望谁传尺素书。[1]

慈寿寺在传统节日，车水马龙，箫鼓华灯，游人如织。公鼐《元日后过慈寿寺》诗云：

> 驱车来宝地，法会值初元。
> 广乐薰天盛，名花过腊繁。
> 玉田开净域，金谷即祇园。
> 箫鼓阗街去，华灯竞夜喧。[2]

综上，此塔之建筑，过去、现在、未来，以其特殊价值，挺雄姿，放异彩。

五

慈寿寺塔之价值。它有着历史与文物、艺术与文化的重要价值。

历史的实证。慈寿寺与永安寿塔，以其金石与建筑，为宫廷史、明代史、北京史、建筑史和宗教史，提供了一个实物的证据。万历初政，京师兴修或重修四寺——海会寺、承恩寺、仁寿寺和慈寿寺。这四座梵刹，是隆、万之际内廷舞台上四位重要人物——隆庆帝、万历帝、东宫仁圣皇太后、西宫慈圣皇太后，权力袭受、平衡、依存、争局的象征。其时，朝廷上的

---

[1] 公鼐《慈寿寺诗》，《卜东园诗集》，见《日下旧闻考》卷九七，第1613页。
[2] 公鼐《问次斋稿·元日后过慈寿寺》卷一四，明万历刻本。

争局，内廷东宫与西宫，外朝皇帝与宰辅，既相互依存，又激烈争斗。慈圣太后与万历皇帝是这场斗争的轴心。然而，他们母子的根本弱点是：慈圣太后出身宫人，万历皇帝冲龄登基。为着加强太后权力与幼帝权力，其办法之一是借助于神权。慈圣皇太后借兴建慈寿寺及永安寿塔，来提高自身与其子的权位。在元、明、清三代，北京作为全中国的政治中心，兴寺建塔，繁不胜举。元妙应寺白塔高 50.9 米，清北海白塔高 35.9 米，而明永安寿塔高 56.5 米。永安寿塔坐落在冈阜之上，被誉为京师诸塔之冠。

慈圣皇太后在创修慈寿寺与永安寿塔时，年仅 30 岁。她颇为聪慧，内性严明，长于心计，善于韬略，以托梦的形式，自诩为九莲菩萨化身，懿旨兴建慈寿寺与永安寿塔，使皇权与神权结合，以巩固与提升自己的地位与权威。而且，永安寿塔在元、明、清三代京师诸塔之中，浮屠最高，体量最大。由是，似可以说，以兴建高达 56.5 米的密檐式塔，使皇权与神权结合，为皇太后披上神衣，作为自己权势的象征，进而提升自己的地位，这在中国历史长河的女人中，慈圣皇太后是第一人，其后也无第二人。

文物的胜迹。明代北京的建筑文物，以宫殿、坛庙、皇陵、寺塔为其代表作。明代的寺塔，既继承前代的历史风格，又展现当时的文化风韵。京师的佛塔，辽代以降，密檐式砖塔成为一种重要的浮屠形式。金代辽后，中都未出现浮屠高、体量大之塔。镇岗塔通高仅 16 米，后庆寿寺双塔之特点在双而不在高。到了元代，京师喇嘛教大倡，随之覆钵式喇嘛塔应运而兴，成为大都佛塔之典范。妙应寺白塔是其佼佼者。明代北京之塔，以金刚宝座式与密檐式并重，前者以真觉寺金刚宝座塔为代表，后者以慈寿寺永安寿塔为代表。到了清代，尤其是清初，喇嘛教占有重要地位，其塔亦以覆钵式为典型。北海白塔是清代京师浮屠最高、体量最大之塔。在今存北京市级重点文物保护的四塔之中，镇岗塔在丰台，塔身不高，为多人所不晓；燃灯塔在通州，高 50 余米；良乡塔在房山，高 44.5 米。以上三塔，均离城区较远，其影响亦较小。唯慈寿寺塔即永安寿塔，挺拔秀丽，影响亦大。永安寿塔就其塔高与体量而言，是四塔中首屈一指的。

永安寿塔浮屠之高、体量之大，为元、明、清三代京师诸塔之冠。它上承天宁寺塔并有所发展，而将密檐式砖塔推到顶峰。明何宇度《游慈寿寺》诗咏永安寿塔云：

> 层塔接遥天，芙蓉次第悬。
> 明君延福地，慈后布金年。
> 绣栱千寻接，瑶坛百尺连。
> 朝霞笼桧柏，如结凤楼烟。[1]

永安寿塔既是明代京师密檐式实心砖塔杰作，又是中国佛塔史中里程碑式的作品，具有特殊的、重要的文物价值。

艺术的佳作。塔的选址、氛围、形制、设计、结构、雕刻、装饰、色彩都具有特色。其选址，"慈寿寺，在八里庄"[2]。八里庄因在阜成门关外八里而得名。京师地势，西北偏高，递向

---

〔1〕 何宇度《游慈寿寺》，载《宛署杂记》卷二〇，北京古籍出版社，1980 年，第 280 页。

〔2〕 康熙《宛平县志》卷二，第 50 页，清康熙二十四年（1685）刻本。

东南倾斜。选取京城西北，高阜之丘，兴建高塔，塔借地势，愈加挺耸。其氛围，"左连奥苑，右奠崇冈"[1]，北濒海淀，南俯沃野，山水形胜，甲于他塔。塔在慈寿寺天王殿后，殿阁画廊栉比，宝塔更加突兀。其旁"为园一区，及赐庄田三十顷"[2]。京师著名万寿寺，仅"寺地四顷有奇"[3]。塔下树绿禾香，一片秀色，衬托宝塔高耸的气概。其形制，选择为密檐式实心砖塔。京师诸塔，主要为覆钵式、金刚宝座式和密檐式三种。覆钵式塔虽塔身体量大，但不宜太高。元妙应寺白塔，闻名于世，仅高 50.9 米。金刚宝座塔虽塔座体量大，但塔身不宜太高。明真觉寺金刚宝座塔即为实例。密檐式实心砖塔，塔基高大，塔身十三层，直指苍穹。这种高入云表之密檐式塔，同慈圣皇太后身份、地位、性格、志趣均相符合。永安寿塔之形制，是明代建筑艺术一件精品。其设计，吸收天宁寺塔、妙应寺白塔和真觉寺金刚宝座塔等塔之艺术优长。塔的基座，借鉴金刚宝座塔基座高固的特点，设计三层平台为塔基，又设计三层须弥座为塔座，其上再设计以莲花瓣为装饰。塔基高大稳固而不呆板，变换形式而不奢丽。塔身第一层借鉴覆钵式塔身体高量大的特点，高 11.3 米，占全塔总高的五分之一。它的塔身第一层，既不似燃灯塔下高 40 米，而显得过高；又不似镇岗塔高仅数米，而显得过矮。全塔的设计，借鉴诸塔，取其所长，造型优美，比例适当。卓明卿《慈寿寺》诗咏塔云：

---

〔1〕 于慎行《敕建慈寿寺碑文（代）》，载《穀城山馆文集》卷一三，第 10 页。

〔2〕 于慎行《敕建慈寿寺碑文（代）》，载《穀城山馆文集》卷一三，第 9 页。

〔3〕 张居正《敕建万寿寺碑文》，载《张太岳文集》卷一二，第 11 页。

梵刹凌青汉，幡幢拥碧莲。

法王开宝地，慈后布金年。

画壁光常寂，神灯影倒悬。

臣民瞻大士，圣寿与绵延。〔1〕

诗中咏诵了永安寿塔的艺术魅力。其结构为密檐式实心砖塔。密檐式塔，以其塔身之虚实而言，有空心与实心之分。京师通州"佑圣教燃灯古佛舍利塔"即燃灯塔，塔中空，内供奉燃灯佛石雕像一尊。但永安寿塔为实心砖塔，塔筑实心，较为稳固，经康熙十八年（1679）与1976年两次大地震，宝塔高耸，安然无损。这同其实心砖塔结构有着密切的关系。其雕刻，精丽典雅，丰富多彩。塔基浮雕，粗犷浑厚，风格协调。塔身雕刻，或门或窗，雕塑精细，极为生动。十六金刚，体态雄劲，身躯威武。《涌幢小品》记载道：

一塔耸出云汉，四壁金刚，攫拿如生可畏。〔2〕

可见塔之八壁金刚栩栩如生。而须弥座上部，雕刻着笙、箫、琴、瑟、鼓、笛、云板、铜锣等乐器，雕工细腻，形象逼真，受到罗哲文先生之赞叹。其装饰，如佛如铃，皆极精工。全塔佛龛分层供奉312尊铜佛，在两年多内铸造，造型凝重，工艺精细。全塔塔檐八面十三层，缀以悬铃，风定风作，鸣声如蛩，音播四方。其色彩，蓝天、白云、绿树、碧水、青草，

〔1〕 卓明卿《慈寿寺》，《帝京景物略》卷五，第217页。
〔2〕 朱国祯《涌幢小品》卷二八，上海进步书局，1936年，第6页。

映衬着灰色高塔，苍穹与大地，天国与人间，永安寿塔艺术美与四维环境自然美，圆通和谐，融为一体。

文化的景观。清初孙承泽《天府广记》载："慈寿寺在阜成门外八里。"[1]清末民初震钧则称阜外八里庄为"前代未有称之者"[2]。此说误矣。明万历时，即已称之，《长安客话》记载可证。明万历年间，阜成门从慈慧寺，经钓鱼台、摩诃庵、慈寿寺，至定慧寺，十余里，多梵刹。其寺其景，明蒋一葵《长安客话》载：

> 丹墙碧瓦，鳞错绣出。寺尽处人家稀阔，高垣颓圃，夹道皆是花果，艺植成列。杏子肥时，累累压墙外，行人可以手摘。盖半村半郭，正不失郊园风味。[3]

由此可见，阜成门外，十余里间，文化景观，文野兼胜。慈寿寺旁，有摩诃庵，上书引述汪其俊诗《摩诃庵》云：

> 闻说摩诃胜，迢遥结驷过。
> 绿阴初昼永，黄鸟好音多。
> 到处流清梵，穿岩满碧萝。
> 我生无住著，因此证多罗。[4]

八里庄之壮丽寺塔与秀丽山色，入清之后，更为著名。震

---

〔1〕 孙承泽《天府广记》卷三八，第589页。

〔2〕 震钧《天咫偶闻》卷九，北京古籍出版社，1982年，第199页。

〔3〕 蒋一葵《长安客话》卷三，第62页。

〔4〕 汪其俊《摩诃庵》，见《长安客话》卷三，第61页。

钧记述清时八里庄情景云:

> 自国初,诸老时往看花而名著。故渔洋、初白皆有
> 《摩诃庵诗》。其地有酒肆,良乡酒为京师冠。大凡往者,
> 皆与红友论交耳。然寒风乍紧,微霰初零。二三知己,
> 策蹇行吟。黄娇半酣,紫丝徐引。望都门而竞入,顾塔
> 影而犹眄。此中风味,亦自不恶。正可与汉代新丰竞
> 爽。[1]

清代文人墨客,访慈寿寺及塔诸名胜,寻古探幽,赏花吟
诗,史籍所载,不胜枚举。[2]他们将此地作为胜景,观赏杏花,
游人如织。高士奇诗云:

> 青郊路转见芳菲,日暖园林燕子飞。
> 别圃乍经山杏落,僧厨新煮药苗肥。
> 繁花舞蝶迎人面,细草轻烟上客衣。
> 更向层台高处望,千峰螺黛送春晖。[3]

清代这里是一片花繁蝶舞、塔耸景胜之地。但是,清末寺
毁,高塔孤存,民国年间,一片荒凉。

近年来,京密引水渠从塔下东侧穿流而过。永安寿塔背偎
青山,面临碧水。不久前,以高塔为中心,辟建映塔池,广种

---

〔1〕 震钧《天咫偶闻》卷九,第 199 页。
〔2〕 戴璐《藤阴杂记》卷一二,北京古籍出版社,1982 年,第 112 页。
〔3〕 吴长元《宸垣识略》卷一三,北京古籍出版社,1983 年,第 276 页。

树，植草坪，兴亭阁，绕围垣，建成玲珑园[1]，为北京阜外的文化景区。

总上，考察与研究慈寿寺塔即永安寿塔，最重要的历史文献是于慎行的《敕建慈寿寺碑文（代）》和张居正的《敕建慈寿寺碑文》，后者查阅不便，前者则为善本。因此，将以上二文附录，以便查考。

后　记

一、永安寿塔即慈寿寺塔由北京市文物局主持、北京市文物古建工程公司经办，于 1994 年 5 月至 12 月，实施了大修工程，用资人民币 80 万元。笔者有幸登塔，直至塔顶，进行学术考察。

二、在修缮过程中，发现塔的第十二层北面中龛正面内壁，嵌着一块石碑，碑宽 25.5 厘米、长 29.5 厘米。碑文雕刻楷书，凡 12 行，行 17 字。"大明万历四年二月起，至□年□月止，奉敕建造大护国慈寿寺……"末署左卫百户李仁及张恩、张付升等姓名。

三、塔之风铃，书文曾载有小铃 3120 个，大铃 208 个，共3328 个，其中小铃数字有误。经张阿祥先生统计，风铃一面之数为：一层、二层、三层、四层各 32 个，五层、六层、七层各 30 个，八层、九层、十层各 28 个，十层、十一层、十二层、

---

〔1〕　玲珑园的中心建筑是慈寿寺塔即永安寿塔。此塔高度，诸说不一。1993年 8 月 5 日，北京地名办公室主任王海岐先生和孙陆原先生等协助我，对塔高进行实测，取得准确数据，特此致谢。

十三层各 26 个，共 406 个，八面总共 3248 个；大风铃每角 2 个（外为方铃、内为圆铃），八面十三层共 208 个。以上总计风铃 3456 个。

四、据张立生先生统计，现存小方铃 964 个，大方铃 36 个，大圆铃 13 个、中圆铃 37 个，共 1050 个；现存铜佛 149 尊、泥佛（后配）4 尊、铜佛座 9 个。

五、以上资料蒙北京市文物古建工程公司总工程师、高级工程师张阿祥先生和大修工程项目经理张立生先生提供，谨此致谢。

附录一　于慎行《敕建慈寿寺碑文（代）》

今京师内外，浮屠之宫，虽典制所不载，而间有先朝敕建者。其要归于延禧祈祐，非无谓也。圣母慈圣宣文皇太后，与我皇上永怀穆考在天之灵，思创福地，以荐冥祉。乃命内臣卜地于阜城门外八里，得太监谷大用故地一区，宏博奥敞，允称灵域。遂出宫中供奉金若干，潞王、公主、宫眷、内侍各捐汤沐若干，仍择内臣廉干者，往董其役。率职庀工，罔敢后时。经始于万历四年二月，至六年仲秋既望落成，而有司不知也。其制：外为山门、天王殿，左、右列钟、鼓楼，其内为永安万寿塔，中为延寿宝殿，后为宁安阁，旁为伽蓝、祖师、观音、地藏四殿，缭以画廊百楹，禅堂、方丈十有三所，又为园一区，及赐庄田三十顷，以安食其众。因剃度僧了宁、真相、真永焚修，祝赞老僧觉淳主之，内监王臣等典领焉。寺成，上赐之名曰慈寿，盖以为圣母祝也。而命臣某纪其事。

臣窃观上之以天下养其孝，可谓至矣。毋论问安视膳，行古帝王之所难。即其承意顺志，佩服慈训，至于一言一动，皆不敢忘，此《诗》《书》之所不能述也。犹若以为不足至大，建化宫标慈寿之名，以报恩祈贶。母以冲龄践阼，负荷维难，所以启佑拥持，一维圣母是赖。丰功厚德，虽竭人间可致之福，皆不足称塞。而托之佛乘，以寓其无穷之心，此亦天下臣民之所同也。尝绎佛氏之旨，大要主于慈悲普度，欲令一切众生解脱沉苦，同证极乐。而圣母在深宫之中，日惟拯济小民，惠鲜茕独，孜孜于怀，有可施惠者，恒不厌琐细为之。此佛之所谓慈悲也。上诚以是，推而广之，俾海内苍生，莫不餐和饮泽，陶沐圣化。罔或阽于流离，无小无大，咸稽首祝我圣母寿亿万年，保我天子与天无极，则是上以天下祝也。其为利益，岂直一刹宇之力哉。夫臣庶之果，止于一身，故有忏罪种福之说。帝王以天下为身，故必普济群生，跻之仁寿，而后可以敛福于己，此佛之所谓无量功德，而亦圣母之志钦。臣敢以是为愿，而系之诗曰：

> 于昭我皇，乘乾御极。薄海内外，罔不承式。
> 谁其佑之，亦有文母。既岊皇风，绍休三五。
> 永惟穆考，神御在天。思凭法苑，以荐精虔。
> 我皇承之，以施靡惜。永延慈祐，其惟佛力。
> 乃营梵宇，于兑之方。左连奥苑，右奠崇冈。
> 力出于佣，财出于府。费虽孔多，民不劳苦。
> 厥制伊何，有殿有堂。丹题雕础，玉甃金相。
> 珍卫靓深，规模大壮。香乐幡幢，庄严宝相。
> 缭以周廊，倚以飞闼。画栋垂虹，绮疏栖月。
> 有涌崒波，厥高入云。象彼不周，柱乾维坤。

维大觉尊，微言有托。普度恒沙，同游极乐。

譬如我皇，博施群生。千万亿国，大小咸宁。

惠露旁流，慈云广济。如是功德，不可思议。

亦既布德，以福我民。虽微此宇，福其有垠。

圣母之仁，我皇之孝，聊寄佛乘，匪资神教。

民庶咸祝，天子万年。奉我圣母，既寿且安。

儒臣作诗，刻时勒石。志孝与仁，传之无斁。

（《榖城山馆文集》卷一三，第 8—11 页）

附录二　张居正《敕建慈寿寺碑文》

寺在都门阜城关外八里许。先是，我圣母慈圣宣文皇太后，常欲择宇内名山灵胜，特建梵宇，为穆考荐冥祉。皇上祈胤，遣使旁求，皆以地远，不便瞻礼；乃命司礼监太监冯保，卜关外地营之。出宫中供奉金若干两，潞王、公主暨诸宫眷助佐若干两，委太监杨辉等董其役。时以万历丙子春二月始事，以月　日既望告竣，而有司不知也。外为山门、天王殿，左、右列钟、鼓楼，内为永安寿塔，中为延寿殿，后为宁安阁，旁为伽蓝、祖师、大士、地藏四殿，缭以画廊百楹，禅堂、方丈有三所。又赐园一区，庄田三十顷，食其众。以老僧觉淳主之，中官王臣等典领焉。寺成，上闻而喜曰："我圣母斋心竭虔，懋建功德，其诸百灵崇护，万年吉祥。"恭惟我皇上圣心嘉悦，因名之曰慈寿，而诏臣纪其事。

臣惟佛氏之教，以毗庐檀那为体，以弘施普济为用。本其要归，惟于一心。心之为域，无有分界，无有际量。其所作功德，亦不住于有相，不可思议。故曰：洗劫有尽，而此心无尽；恒沙有量，而此心无量。至于标宫建刹，崇奉顶礼，特象教为然，以植人天之胜。因属群生之瞻仰，则固未尝废焉。惟我皇上，觉性圆明，妙契宿证。盖自践祚以来，所以维持之者惓惓焉，约己厚下，敬天勤民为训。至如梁胡良河，以资利济；减织造以宽杼轴；蠲积逋以拯民穷；慎审决以重民命。其一念好生之心，恒欲举一世而跻之仁寿。故六七年间，海宇苍生，飫和饮泽，陶休玄化。无小无大，咸稽首仰祝我圣母亿万年，保我圣主与天无极。此之功德，宁可以算数计哉！犹且资佛力，以拔迷途；摽化城，以崇皈依。要使苦海，诸有悉度，无漏之舟，阎浮众生，咸证菩提之果，斯又圣人所以神道设教微意也。臣谨拜手稽首，恭纪日月，而系之词曰：

> 于昭我皇，秉乾建极。薄海内外，罔不承式。
> 谁其佑之，亦有文母。覃訏皇风，绍休三五。
> 永惟穆考，神御在天。思广胜因，以植福田。
> 我皇承之，乐施靡惜。永延皇图，冥资佛力。
> 乃营宝刹，于兑之方。左瞰都城，右眺崇冈。
> 力出于民，财出于府。费虽孔殷，民不与苦。
> 厥制伊何，有殿有堂。丹题雕楹，玉瓷金相。
> 缭以周廊，倚以飞闼。画栋垂星，绮疏纳月。
> 有涌者塔，厥高入云。泉彼不周，柱乾维坤。
> 维大慈尊，先民有觉。普度恒沙，同归极乐。
> 譬如我皇，博施群生。千万亿国，小大毕宁。
> 惠路旁流，慈云广庇。如是功德，不可思议。
> 民庶咸祝，天子万年，奉我圣母，慈禧永安。

　　臣庸作铭，勒兹贞石。志孝与仁，与天无极。

　　　　　　　　　　（《张太岳文集》卷一二、第 9—11 页）

　　（本文原名为《慈圣太后与永安寿塔》，笔者曾居住在北京西八里庄地区，距离该塔甚近，散步塔下，抄录碑文，查寻资料，登上塔顶，进行考察，亲自测量，数年积累，撰成此文。原载《故宫博物院院刊》1995 年第 1 期）

清净化城塔名辨正

北京安定门外黄寺的六世班禅额尔德尼塔，震钧的《天咫偶闻》记作"清净化城塔"，该书校者注以"域"为正，而以"城"为讹[1]。《北京名胜古迹》[2]记西黄寺六世班禅塔为清净化城塔，而《中国的塔》[3]和《中国名胜词典》[4]两书，却记其名为清净化域塔。且有人将"清净化域塔"音译成"QINGJING HUAYUTA"[5]，传往国外。

其一，"化城"出于佛典。化城，是指一时化作之城郭。其寓意是，一切众生成佛之所为清净宝所，到此宝所，路途遥远险恶；恐众生疲倦退却，于途中变化一座城郭，舍宅庄严，楼阁高耸，园林葱葱，渠流淙淙，使之在此止息。《戒疏》曰："钝者引以世报，权示化城；利者以慧资成，便至宝所。"[6]即

---

〔1〕 震钧《天咫偶闻》，北京古籍出版社，1982年，第181页。

〔2〕 北京市文物工作队《北京名胜古迹》，北京旅游出版社，1988年，第59页。

〔3〕 罗哲文《中国的塔》，中国青年出版社，1986年，第79页。

〔4〕 国家文物事业管理局编《中国名胜词典》，上海辞书出版社，1981年，第48页。

〔5〕 程裕祯《中国名胜古迹概览》（上）。

〔6〕 《天台菩萨戒经义疏》一上，木刻本。

207

先说小乘涅槃，暂为止息；然后由此发心进趋大乘之至极佛果——清净宝所。它源自《妙法莲华经·化城喻品第七》：

> 譬如五百由旬[1]，险难恶道，旷绝无人，怖畏之处。若有多众，欲过此道，至珍宝处。有一导师，聪慧明达，善知险道，通塞之相，将导众人，欲过此难。所将人众，中路懈退。白导师言，我等疲极，而复怖畏，不能复进，前路犹远，今欲退还。导师多诸方便，而作是念，此等可愍，云何舍大珍宝，而欲退还，作是念已。以方便力，于险道中，过三百由旬，化作一城。告众人言：汝等勿怖，莫得退还，今此大城，可于中止，随意所作，若入是城，快得安隐，若能前至宝所，亦可得去。是时，疲极之众，心大欢喜，叹未曾有；我等今者，免斯恶道，快得安隐。于是众人，前入化城。生已度想，生安隐想。尔时导师，知此人众，既得止息，无复疲倦，即灭化城。语众人言：汝等去来，宝处在近；向者大城，我所化作，为止息耳。[2]

《化城喻品》又载《偈言》，详述"化城"，征引如下：

> 今说《法华经》，令汝入佛道，慎勿怀惊惧。譬如险恶道，迥绝多毒兽，又复无水草。人所怖畏处，无数千万众，欲过此险道，其路甚旷远，经五百由旬。时有一导

---

〔1〕 由旬，为计算行程之单位，据云系帝王一日行军之里数，或云四十里，或云三十里。

〔2〕《妙法莲华经》卷三《化城喻品第七》，清雍正十三年刻本。

师，强识有智慧，明了心决定，在险济众难。众人皆疲
倦，而白导师言，我等今顿乏，于此欲退还。导师作是
念，此辈甚可愍，如何欲退还，而失大珍宝。寻时思方
便，当设神通力，化作大城郭：庄严诸舍宅，周匝有园
林，渠流及浴池，重门高楼阁，男女皆充满。即作是化
已，慰众言勿惧，汝等入此城，各可随所乐。诸人既入
城，心皆大欢喜，皆生安隐想，自谓已得度。导师知息
已，集众而告言：汝等当前进，此是化城耳！我见汝疲
极，中路欲退还，故以方便力，权化作此城，汝今勤精
进，当共至宝所。

一时幻化的城郭，譬喻小乘所达到之境界。后据此典，称
佛寺、佛塔为"化城"。

其二，"化城"入于诗文。《法华经·化城喻品》常作典故，
见诸诗文。陈徐陵《齐国宋司徒寺碑文》有"无色之外，方为
化城"之语。唐王维《登辨觉寺》诗有"竹径从初地，莲峰出
化城"[1]之句。孟浩然《陪张丞相祠紫盖山途经玉泉寺》诗有
"五马寻归路，双林指化城"[2]之吟。白居易的《和梦游春诗
一百韵并序》中也有"序火宅偈化城"[3]之文。元张仲深《送
全上人》诗，则有"自知浮世一化城，愿结跏趺面墙坐"[4]之
喻。明张居正《敕建慈寿寺碑文》中有"资佛力，以拔迷途；

---

〔1〕 王维《王摩诘集》卷四，清刻本。
〔2〕 孟浩然《孟浩然集》卷二，人民文学出版社，1998年。
〔3〕 白居易《和梦游春诗一百韵并序》，《白居易集》卷三四，中华书局，1979年。
〔4〕 张仲深《子渊诗集》卷二。

摞化城,以崇皈仰"[1]之文。明谢杰《题白塔寺》亦有"化城知近华清路,一柱长擎兜率天"[2]之诗。"化城"之典不仅入诗,而且入画。敦煌莫高窟第二一七窟壁画《化城取宝》,就是画的前述宗教故事。相反,"化域"却不见于经文诗画。

其三,"化城"见于史籍。清人的文集笔记,载述京师的历史、胜迹,屡有清净化城塔的记载。

清乾隆年间,吴长元辑《宸垣识略》云:"清净化城庙在西黄寺侧,乾隆四十八年建。有御制《清净化城塔记》,清、汉、蒙古、梵字四体书。"[3]道光年间,麟庆在《鸿雪因缘图记》中,记其安定门外祖茔旁有"宝塔梵宫,金碧辉映,则东西两黄寺。东寺系敕就普静禅林,于顺治初修复。西寺雍正元年敕建,赐汇宗梵字额。迤西为班禅额尔德尼塔,赐名清净化城,乾隆间建"[4]。麟庆常至黄寺赐茔祭祖,清净化城塔为其耳所闻、目所睹,似当无误。

清富察敦崇在《燕京岁时记》中,记载重阳登高时,也载述了清净化城塔。他说:"京师谓重阳为九月九。每届九月九日,则都人士提壶携榼,出郭登高。南则在天宁寺、陶然亭、龙爪槐等处,北则蓟门烟树、清净化城等处,远则西山八刹等处。赋诗饮酒,烤肉分糕,洵一时之快事也。"[5]富察敦崇载述

---

〔1〕 张居正《张太岳文集》卷一二,第 10 页,清刻本。

〔2〕 蒋一葵《长安客话》卷二,北京古籍出版社,1980 年,第 26 页。

〔3〕 吴长元《宸垣识略》卷一二,北京古籍出版社,1981 年,第 243 页。

〔4〕 麟庆《鸿雪因缘图记》第 3 集,上册,《赐茔来象》,无页数,北京古籍出版社,1984 年。

〔5〕 富察敦崇《燕京岁时记·九月九》,不分卷,北京古籍出版社,1981 年,第 79—80 页。

清净化城塔，为时人记时事，亦当无误。

清末震钧熟谙京师掌故，其《天咫偶闻》亦载：

> 清净化城，在两黄寺之间。乾隆初，班禅额尔德尼来
> 朝，住达赖庙。……未几入寂，遗命留葬京师。诏建塔于
> 此，赐名清净化城。其塔以白石为之，璀璨晶莹，无复堆
> 砌之迹。上以鍮石，镂为金花，远望殆如，海上三山，金
> 银官阙。每朝阳初晃，夕照斜射，夺霞光于南海，映岚翠
> 于西山。诚哉！其为清净化域也。[1]

震钧所记，待商之处，不在此辨议；但所载清净化城塔，
复当无误。

以上四例所记六世班禅额尔德尼塔，均为清净化城塔，与
《法华经》"化城"之典相吻合。且震钧将塔形与塔名相比附，
表明其熟悉佛教经典，深知塔名含义。但前列三款，仅为清净
化城塔名之旁证，而《清净化城塔记》，当系确证。

其四，"化城"征于塔记。清乾隆四十五年（1780）八月
十三日，乾隆帝七十岁生日时，六世班禅额尔德尼到避暑山庄
祝寿。乾隆帝在山庄敕建札什伦布即须弥福寿之庙，以为其安
禅之宫。不久，六世班禅至京师，居于黄寺。十一月初二日，
六世班禅额尔德尼因病圆寂。翌年二月十三日，以其舍利送还
后藏。乾隆四十七年（1782），敕建清净化城塔，藏经咒、衣
履，以志纪念。乾隆帝御撰《清净化城塔记》，详述其事，语及
塔名，碑文不长，引录如下：

---

[1] 震钧《天咫偶闻》卷八，第 181 页，光绪三十三年刻本。

　　盖闻有为者，非法法本；无为常住者，非道道归。无住大慈氏，以宏济为愿力，自无始劫来，妙明圆觉，普利人天，俾大千众生，欢喜安隐，各满愿欲。此慧灯所以续于长明，法轮所以资乎善转也。庚子（1780）秋七月丁酉，圣僧班禅额尔德尼，自后藏越二万里来觐。于是乎山庄有札什伦布之建，肖其所居，以资安禅。逾月送至京师，供养于黄寺。乃十一月丙子，忽示寂兹刹。辛丑（1781）二月丙辰，以舍利送还后藏。计自来觐、至示寂，自示寂、至还藏，屈指各及百日。其间去来因缘，真不可思议。因命于寺之西偏，建清净化城塔院，藏经咒、衣履，志胜因也。初班禅之来宾也，以海宇清晏，民物熙和，乐观华夏之振兴黄教。而蒙古诸藩，一闻是事，无不欣喜顶戴，倾心执役。内地人民，亦延颈企踵，奔走皈依，以为国家吉祥善事。于震旦国土，宣扬宗乘，成就无量功德者焉。岂知指筏寻源者，不可以证觉海；攀梯求极者，不可以陟灵山。生灭同原，去来一法，遂乃入寂，莫非宣教。盖自飞锡竺乾时，早已了然无碍。故山庄授记之日，即留高弟罗卜藏敦珠布等于札什伦布，传习经律，宣阐正教，亦犹如来涅槃所说，我有无上心法，悉付摩诃迦叶，为汝等作大依止也。然则有为者非法，常住者非道，岂不信然！而清净化城之与札什伦布，所以阐宗风，扬妙谛，是一是二，亦不待重提絮论矣。[1]

　　乾隆帝弘历御撰的《清净化城塔记》，不仅详述了建塔的原委，而且赐定了黄寺的塔名——清净化城塔。

---

〔1〕　弘历《清净化城塔记》拓片，北京图书馆金石组藏。

综上，塔记与佛经、史籍与笔记，均可力辨北京安定门外西黄寺六世班禅额尔德尼塔之名——清净化城为正，清净化域为讹。

（原载《燕步集》，北京燕山出版社，1989 年）

于谦六百年祭

于谦（1398—1457），字廷益，号节庵，浙江钱塘（今杭州）人，官至兵部尚书。于谦同里后学孙高亮在章回体小说《于少保萃忠全传》第五回，以于谦观石灰窑所感，口占七绝《石灰吟》[1]一首。《石灰吟》映现于谦生命历程有着四种境界，这就是："千锤万击出深山，烈火焚烧若等闲。粉骨碎身全不惜，要留清白在人间。"

一

于谦同许多英雄杰烈一样，在其登上历史舞台之前，都要经过一番艰苦磨炼，方能横空出世，扮演人杰角色。于谦是读

---

〔1〕 孙高亮《于少保萃忠全传》第五回，道光十五年刻本，国家图书馆善本部藏。但于谦《忠肃集》（四库全书本）卷一一载其诗：杂体60首、五绝40首、五律46首、七律193首，七绝71首，共410首；于谦《节庵存稿》（成化刻本）载其诗：杂体61首、五律46首、七律195首、五绝40首、七绝72首，共414首；于谦《于肃愍公集》（嘉靖刻本）载其诗：杂体73首、五律61首、七律346首、五绝53首，七绝87首，共620首。《忠肃集》（四库全书本）、《节庵存稿》（成化本）和《于肃愍公集》（嘉靖本）均缺《石灰吟》。

书人，苦读——"千锤万击出深山"，是于谦生命历程的第一种境界。

于谦出生于仕宦之家，祖父做过兵部主事，父亲则"隐德不仕"。乃祖乃父诚信忠直、鄙污轻财的品格，予少年于谦以极大熏陶。

少年英才，志向高远。一个人在少年时期养成的素质——优良素质福益终身，劣弱素质祸殃一生。于谦在六岁时随家人清明扫墓，路过凤凰台，其叔口占："今日同上凤凰台"；于谦对曰："他年独占麒麟阁"。一日塾中读书，学友因淘气，塾师要惩戒。于谦请作联对，免受责罚。先生曰："手攀屋柱团团转"；于谦对："脚踏楼梯步步高。"先生又曰："三跳跳落地"；于谦再对："一飞飞上天。"他聪颖机智，以联对代罚。少年于谦，不惧官宦。他十岁那年正旦，红衣骑马穿巷，往长亲家贺岁。于谦刚从巷中冲出，不料撞上杭州巡按。巡按问道："小子何敢冲吾节导？"于谦回答："良骥欲上进而难收，正望前程耳。"巡按见其出言不凡，便让他应对："红衣儿骑马过桥"；于谦对曰："赤帝子斩蛇当道。"巡按惊异，赏银十两[1]。他虽年少，却抱负远大，立下志向，信守名节："自是书生守名节，莫惭辜负指迷人。"[2]悟到真谛，终生不渝。

晶晶节清，题赞铭志。叶盛《于少保文山像赞》记载：郎中张遂持文山像求题，像上有于少保赞辞。赞辞88字，全文照录如下："呜呼文山，遭宋之季。殉国忘身，舍生取义。气吞寰

---

〔1〕 参见《于谦》，杭州出版社，1998年；孙高亮《于谦全传》，浙江人民出版社，1981年。

〔2〕 于谦《读悟真篇》，载《于肃愍公集》卷六，明嘉靖刻本，国家图书馆善本部藏。

宇，诚感天地。陵谷变迁，世殊事异。坐卧小阁，困于羁系。正色直辞，久而愈厉。难欺者心，可畏者天。宁正而毙，弗苟而全。南向再拜，含笑九泉。孤忠大节，万古攸传。我瞻遗像，清风凛然。"[1]上文又云："于公座侧，每悬置此像，数十年一日也。"于谦为爱国英雄文天祥画像所题写的赞辞志在君民，不为身计，宁正而死，不苟而活——大志大勇，高风亮节，笔墨坦露，英雄气概。

勤奋好学，足不出户。于谦不仅聪颖，而且勤奋，"少读书，手不释卷，过目辄成诵"[2]。他读经书，疏通大旨，见解精辟，语惊四座。他12岁时，寄住慧安寺，专心读经书。16岁时，又读书于吴山三茅观。17岁时，乡试不第，遭到挫折。一个人，在挫折面前，是挺进，还是退缩？这是英雄与懦夫在性格上的分水岭。于谦在挫折和失败面前，不服输，不气馁，学益笃，志更坚。于谦后来回忆自己苦读的经历时说："我昔少年时，垂髫发如漆。锐意取功名，辛苦事纸笔。"[3]史书也记载他发愤读书的情景：面壁读书，废寝忘食，"濡首下帏，足不越户"。廿年寒窗，千锤万击，24岁考中进士。一个读书人，一个平常人，不历练千锤万击，不经过刻苦攻读，是不能金榜题名的。

古今中外，英烈雄杰，只有经受千锤万击，磨炼慷慨刚毅大志，学养聪明才智，陶冶优良素质，才能登上历史舞台，做出一番恢宏事业。

---

〔1〕 叶盛《水东日记》卷三〇，中华书局，1980年，第297—298页。
〔2〕 《皇明名臣记》卷一七，载郑晓《吾学编》卷三八，第1页，明万历二十七年刻本，国家图书馆善本部藏。
〔3〕 于谦《忆老婢》，载《于肃愍公集》卷一，第22页。

于谦考中进士，表明他走出深山，迈入仕途，生命跨进一种新的境界。

二

于谦同许多英雄杰烈一样，在其登上历史舞台之时，都要经过一番艰苦磨炼，方能惊世骇俗，炼化成为人杰。于谦是官宦，清官——"烈火焚烧若等闲"，是于谦生命历程的第二种境界。

于谦从24岁中进士，到50岁丧父（翌年丧母），其间26年，是他居官清正廉明、心受"烈火焚烧"的时期。贪官当道，做清官不仅要严于正身律己，而且要严防群小诬谤。明代另一位保卫京师的民族英雄袁崇焕有段名言："勇猛图敌，敌必仇；振刷立功，众必忌。况任劳之必任怨，蒙罪始可有功。怨不深，劳不厚；罪不大，功不成。谤书盈箧，毁言日至，从来如此。"[1] 在众人皆贪我独清之时，谤书盈箧，毁言日至，自古至今，概莫能外。所以，专制时代，做名清官，既要净化自我，更要战胜群魔。于谦为官、任事，志在抚民、锄殄："豺狼当道须锄殄，饿殍盈岐在抚巡"[2]；"寄语郎官勤抚字，循良衣钵要人传"[3]。他在河南，屡布大政，生平《行状》，列举十端：劝籴粮米，备物堰水，减价粜卖，诚祷祈雨，税粮折色，种树浚

---

〔1〕《明熹宗实录》卷七五，天启六年八月丁巳，台北"中研院"史语所校勘本，1962年。

〔2〕于谦《二月初三日出使》，载《忠肃集》卷一一，第77页，影印文渊阁四库全书本，台湾商务印书馆，1986年。

〔3〕于谦《过中牟鲁恭祠》，载《忠肃集》卷一一，第41页。

井，分豁差遣，修筑堤岸，抚赈流民，减征粮布。[1]于谦任官江西、河南、山西时[2]，昭雪冤囚、兴修水利、疏解流民、落狱论死，都是在烈火中焚烧其身。

第一，昭雪冤囚，疏劾贪官。永乐十九年（1421），于谦中进士，宣德元年（1426），选授山西道监察御史。后出使湖广，返京复命，疏劾贪功冒杀将吏，永乐帝下旨切责之。他守按江西，轻骑简从，遍历所部，延访父老，清理积案，厘革乡民之疾苦，平反冤狱以百数，"雪冤囚，数百人"[3]。他疏奏陕西官校，掠民为害，诏遣御史，捕之问罪。他在山西，令"尽夺镇将私垦田为官屯，以资边用。威惠流行，太行伏盗皆避匿"[4]。他劾治"王府之以和买害民者，一道肃然"[5]。他还不避权贵，清理官船货私盐者，河道以清。他巡抚地方时，办理个案，惩处贪吏，疏解积困，救民水火，"然公持重，不苟为名，凡所规画，莫不计久远"[6]。不图急功近利，而求造福一方。按惩贪官，为民雪怨，"一方若涤，颂声满道"[7]。

----

[1]《于谦行状》载述：公在河南，屡布大政。其一，劝籴粮米；其二，备物堰水；其三，减价粜卖；其四，摅诚祈祷；其五，税粮折钞；其六，种树浚井；其七，分豁差遣；其八，修筑堤岸；其九，抚赈流民；其十，减征粮布。见《忠肃集·附录》，第5—6页。

[2]成化《山西通志》卷八，第35页，明成化十一年刻本，国家图书馆善本部藏。

[3]《江西通志》卷五八，第10页，影印文渊阁四库全书本，台湾商务印书馆，1986年。

[4]《明史》卷一七〇《于谦传》，中华书局，1974年，第4544页。

[5]倪岳《神道碑》，载《忠肃集·附录》。

[6]王源《居业堂文集》卷一，上海商务印书馆，1936年，第5页。

[7]王世贞《弇州山人续稿》卷二〇七，第12页，明刻本，国家图书馆善本部藏。

第二，咨访民隐，兴修水利。于谦巡抚河南、山西，这是两个多灾的地区。以河南为例，非旱即涝，遇上河决，汪洋千里，灾民遍野。山西也是十年九旱，北边兵荒，黎民受苦。于谦上任后，"遍历诸州县，察时所急、事所宜兴革，即具草言之，一岁章数上"〔1〕。他还奏免山西山陵役夫 17000 余人。宣、正年间，黄河屡决。如宣德六年（1431），于谦疏奏：开封等府，"夏秋水溢，田多淹没"〔2〕。于谦殚心竭虑，治理河患。《明史》本传记载："河南近河处，时有冲决。谦令厚筑堤障，计里置亭，亭有长，责以督率修缮。并令种树凿井，榆柳夹路，道无渴者。"〔3〕据方志记载：黄河决，噬汴堤，"谦躬至其地，解所服衣以塞决口"〔4〕。水退民安，民众怀念。今开封城北辛庄尚有于谦督造的"镇河铁犀"〔5〕，是其督率民众治理黄河的历史铁证。

第三，赈灾免赋，疏解流民。宣德间，河南、山西等地灾荒，于谦受命为巡抚御史。他处理国家与农民的关系时，是两者利益兼顾，而不是攀上损下。宣德十年（1435），于谦疏

---

〔1〕《山西通志》卷八五，第 6 页，影印文渊阁四库全书本，台湾商务印书馆，1986 年。

〔2〕《明宣宗实录》卷七六，宣德六年二月戊午，台北"中研院"史语所校勘本，1962 年。

〔3〕《明史》卷一七〇《于谦传》，第 4544 页。

〔4〕嘉靖《河南通志》卷二四，第 18 页，明嘉靖三十四年刻本，国家图书馆善本部藏。

〔5〕于谦撰《铁犀铭》："百炼玄金，熔为真液。变幻灵犀，雄威赫奕。镇厥堤防，波涛永息。安若泰山，固如磐石。水怪潜形，冯夷敛迹。城府坚完，民无垫溺。雨顺风调，男耕女织。四时循序，百神效职。亿万间阎，措之枕席。惟天之休，惟帝之力。亦尔有庸，传之无极。"（嘉靖《河南通志》卷四一）

奏："河南连岁灾伤，人民艰食，乞减半取之。"获允[1]。正统六年（1441），他疏请开官仓、济穷民："今河南、山西，积谷各数百万。请以每岁三月，令府、州、县报缺食下户，随分支给。先菽秫，次黍麦，次稻。俟秋成偿官，而免其老疾及贫不能偿者。"其州、县官吏秩满当迁，"而预备粮储未完者，不得离任"[2]。未完成任务者，不得异地做官。此疏诏行之。时山东、陕西流民，携家带眷，就食河南，20余万。此事处理不当，或会酿成民变。于谦行事慎重，妥善对待：一是请发官仓积粟赈济，二是奏令布政使授给田、牛、种，三是抚籍立乡都10万余户，四是请乡里有司监察之。由是，化解流民，定籍耕农，疏缓民瘼，安定社会。

第四，得罪宦官，落狱论死。于谦为官正直，上不贿要，下不纳赂。他每入京议事时，人问其何不囊金银、带土物，贿赂当路耶，谦笑而举其两袖曰："吾惟有清风而已。"汴人诵其见志之诗，曰："手帕麻姑[3]与线香，本资民用反为殃。清风两袖朝天去，免得闾阎话短长。"[4]《明史》本传亦载：于谦

---

[1]《明英宗实录》卷三，宣德十年三月辛巳。

[2]余继登《典故纪闻》卷一一，中华书局，1981年，第197页。

[3]郎瑛《七修类稿》卷一三，《于肃愍诗》云："手帕蘑菇及线香，本资民用反为殃。清风两袖朝天去，免得乡闾话短长。"瑛为谦同里，而比谦稍晚。《辞海·清风两袖》条载："于少保（谦）尝为兵部侍郎，巡抚河南，其还京日，不持一物，人传其诗云：'绢帕麻姑与线香，本资民用反为殃。清风两袖朝天去，免得闾阎话短长。'"

[4]嘉靖《河南通志》卷二四，第18页。又见于谦同里郎瑛《七修类稿·于肃愍诗》，但其末句略有不同，为"免得乡闾话短长"；另见万历《杭州府志》，但其末句亦略有不同，为"免得闾阎说短长"。另见叶盛《水东日记·于节庵遗事》卷五，第57页。

"每议事京师，空橐以入，诸权贵人不能无望。"他痛恨贪官污吏，将其比作吞食民羊的虎狼。其《犬》诗云："于今多少闲狼虎，无益于民尽食羊。"[1]好人谋事，小人谋人。谋人者急于任事，谋事者疏于防身。古往今来，莫不如此。于谦在朝在省，革积弊[2]，立新章，执法严，敢赜决，得罪了一些人。"太监王振持权势，以谦无私谒，属言官劾谦怨望。"[3]于谦遭到诬奏，下狱论死。但山西、河南"吏民伏阙上书，请留谦者以千数，周、晋诸王亦言之，乃赦谦以大理寺少卿复往巡抚"[4]。后得释，迁京官。一个官员不为民做点实事、好事，百姓是不会伏阙恳留的。

于谦之为官、为人，恤民公廉，品行高洁，"不以一己之利为利，而使天下受其利；不以一己之害为害，而使天下释其害"[5]。正如元好问在《薛明府去思口号》中所说："能吏寻常见，公廉第一难。"于谦之所以能居官公廉，是缘于他"不辞辛苦出山林"，走出书斋，踏上仕途，便立下《咏煤炭》中的官箴偈言："但愿苍生俱饱暖。"他一生清素，廉洁方正，"食

---

[1] 林寒《于谦诗选》，浙江人民出版社，1982年，第110页。又郎瑛《七修类稿》卷三七引述《桑》《犬》二诗之后论说，意二诗不类于公本集之句，予问之先辈云云，"或曰：《犬》诗乃先正李时勉者，未知孰是"。

[2] 《于节闇疏》卷四《教习功臣子孙疏》载："国家隆古崇德报功之典，凡勋臣之家前代既加褒锡，后世子孙以承袭爵禄，或遇蒙任使管理军务。然彼皆出自膏粱，素享富贵，惟务安佚，不习劳苦。贤智者少，荒怠者多。当有事之际，辄欲委以机务，莫不张皇失措，一筹莫展。不惟有负朝廷恩遇之隆，抑且恐误天下要切之事。详其所自，皆由平自养成骄惰，不学无术之所致也。"

[3] 查继佐《罪惟录》卷一一上，浙江古籍出版社，1986年，第1635页。

[4] 《山西通志》卷八五，第7页。

[5] 黄宗羲《明夷待访录·原君》，中华书局，1981年，第1页。

不重味，衣不重裘，乡庐数椽，仅蔽风雨，薄田数亩，才供馆粥"[1]。籍没之时，家无余赀。他步入仕途，众醉独醒，官场生涯，险象环生。廿年官宦，洁不同污，烈火焚烧，视若等闲。一个做官人，不经烈火焚烧其身，不能成为公廉清官。

古今中外，英烈雄杰，不经过烈火焚烧，不经受三灾八难，不能战胜群魔，也就不能成佛。

于谦成为清官，百姓景仰，建祠祀之，表明他将承担大任，生命升华到一种新的境界。

三

于谦同许多英雄杰烈一样，在其登上历史舞台之巅前，都要经过一番艰苦淬炼，方能锋利坚刚，成为人杰。于谦官尚书，彻悟——"粉骨碎身全不惜"，是于谦生命历程的第三种境界。

于谦临大事，决大议，毅然果断，莫可夺志。他生命中的最大考验是遇上"两变"——"土木之变"和"夺门之变"（后节论述）。蒙古瓦剌部首领也先（额森）崛兴，其权力所控，西起阿尔泰山，东达鸭绿江边，成为全蒙古的大汗。也先骄横，屡犯塞北。正统十四年（1449）八月，他率骑大举南犯，兵至大同。瓦剌兵所过之处，剽掠人畜，"草房焚烧，人迹萧疏，十室九空"[2]。时明朝已走过洪武、永乐、洪熙、宣德的兴盛期。但明英宗年轻气盛，在有着"父亲、母亲、老师、朋友、保姆"五重身份的太监王振怂恿下，不察敌情，毫无准备，率50万大

---

〔1〕 张瀚《松窗梦语》卷七，中华书局，1985年，第129—130页。
〔2〕 于谦《兵部为备边保民事疏》，载《忠肃集》卷一，第15页。

军，御驾亲征。师至土木，全军覆没。[1]明英宗被俘，王振等皆死，"官军人等死伤者数十万"[2]。败兵裸袒，争竞奔逸，"相蹈藉死，蔽野塞川"[3]。这在中国历史上，空前绝后。朝鲜李朝世宗李祹也认为："中国之变，千古所无。"[4]败报传京，举朝大震。留守京师的兵部侍郎于谦，在社稷兴亡、民族盛衰之际，显出大智大勇、英雄壮色。于谦在历史转折关头，"得失纷纷随梦蝶，公私扰扰付鸣蛙"[5]，不计得失，不顾安危，大义凛然，勇担重任，内总机宜，外修兵政，"保固京师，奠安社稷"[6]。

第一，斥迁都，惩阉奴。英宗被俘，国中无主，君出虏入，朝野惶惧。在廷议战守之策时，"群臣聚哭于朝"，人心惶惶，明祚危危。侍讲徐珵（有贞）言："天命已去，惟南迁可以纾难。"[7]于谦恸哭[8]斥曰："言南迁者，可斩也！京师天下根

---

〔1〕 陈学霖教授《李贤与"土木之变"史料》考证："李贤以御史扈从，在大军起行不数日，已察觉形势不利，大难临头，曾与三数同僚谋议，雇用一武士捽杀主谋宦官王振，然后班师回朝。此计虽未实现，但深具意义，对整个事件极为重要，宜为史官大书于篇。不过，近人对此事的认识却为夏燮《明通鉴》贻误，因为夏氏误书其主谋为吏部尚书曹鼐，张冠李戴，湮没李贤的功劳，影响后人视听。"上文揭载于《明代人物与传说》，香港中文大学出版社，1977 年。

〔2〕 《明英宗实录》卷一八一，正统十四年八月壬戌，台北"中研院"史语所校勘本，1962 年。

〔3〕 谷应泰《明史纪事本末》卷三二，中华书局，1977 年，第 474 页。

〔4〕 《李朝世宗实录》卷一二六，三十一年十月乙丑，黎明社印，1960 年。

〔5〕 于谦《连日灯花鹊噪漫成》，载《忠肃集》卷一一，第 44 页。

〔6〕 陆容《菽园杂记》卷四，中华书局，1985 年，第 45 页。

〔7〕 《明史》卷一七一《徐有贞传》，第 4561 页。

〔8〕 郑晓《吾学编》卷六九，第 3 页，明万历二十七年刻本，国家图书馆善本部藏。

本,一动则大事去矣,独不见宋南渡事乎!"〔1〕众是其言,守议乃定。在朝堂之上,廷臣议请族诛王振,振党马顺抗辩,相互击打,朝班大乱。郕王疑惧,欲避退,大臣亦多敛避。时"谦坚立不动,掖王且留,请降旨宣谕顺罪应死"〔2〕!于是,王宣谕曰:"顺等罪当死!"众官激情渐稳定〔3〕,于谦袍袖,为之尽裂。以上两事,见其胆识,时于谦仅为贰卿。明大学士叶向高评论道:"当其时,举朝仓皇,莫知为计。至倡南迁之议,而忠肃公以一贰卿,奋然当祸变之冲,独任天下之重,力排邪说,尊主重皇"〔4〕,国体弥尊,辰枢再奠。

第二,立新君,主战守。英宗被俘,社稷危难。"上北狩,廷臣间主和,谦辄曰:'社稷为重,君为轻。'"〔5〕于谦等拥立郕王即位,是为景泰帝。于谦为兵部尚书〔6〕,主持京师防守大计。他精心备战:分派官将,严守九门;缮备器械,简兵补卒;支出仓粮,坚壁清野〔7〕。他提督各营军马,列阵九门外,抵挡瓦剌也先来兵。他移檄切责主和者,由是"人人主战守,无敢言讲和

〔1〕《明史》卷一七〇《于谦传》,第4545页。
〔2〕嘉靖《浙江通志》卷四六,第28页,明嘉靖年间刻本,国家图书馆善本部藏。
〔3〕《明英宗实录》卷一八一,正统十四年八月戊辰。
〔4〕叶向高《于忠肃公集·序》,《于忠肃公集》卷首,明万历年间刻本,收入《武林往哲遗著》丛书,中国科学院图书馆藏。
〔5〕谷应泰《明史纪事本末》卷二二,中华书局,1977年,第458页。
〔6〕李贽《太傅于忠肃公》,《续藏书》卷一五《经济名臣》,中华书局,1959年,第307页。
〔7〕何良俊《四友斋丛说》卷六载:"己巳之变,议者请烧通州仓以绝虏望。于肃愍曰:国之命脉,民之膏脂,顾不惜耶!传示城中有力者恣取之。数日粟尽入城矣。"

者"[1]。他申约束、严军令:"临阵,将不顾军先退者,斩其将;军不顾将先退者,后队斩前队。"[2]军纪为之肃然,军威为之大振。

第三,督军民,卫京师。十月,也先率军,挟持英宗,兵临北京城下。于谦"躬擐甲胄,率先士卒,以死自誓,泣谕三军"[3]。官兵皆受感奋,勇气百倍,矢志"捐躯效死,以报国恩"[4]。于谦提督各营军马,镇于九门,奋力御守。明军在德胜门、西直门、彰义门先后分别击败瓦剌军。也先弟孛罗和平章卯那孩中炮死。也先又移军京师北土城,"居民皆升屋,以砖瓦掷之"[5],号呼击寇,哗声动天。军民合力,奋勇打拼,激战数日,击退瓦剌,取得保卫京师的胜利。景泰元年(1450)春夏间,败瓦剌军于万全,并加强了居庸、大同、宣府的御守。也先兵攻不胜,用间不逞,始有送还英宗之意。

第四,迎英宗,设京营。是否迎回英宗,于谦处境两难:朝臣意见不一,景泰帝亦不悦。于谦从大局着眼,劝景泰帝奉迎太上皇。景泰帝勉强言曰:"从汝,从汝!"[6]《明史》本传载:上皇归,"谦力也"。这是对当时舆论界认为于谦反对迎归英宗的辩驳。朱祁镇回京,被安置于南宫。[7]"一时君臣自信,旧君决无

---

〔1〕《明史》卷一七〇《于谦传》,第 4547 页。

〔2〕《明史》卷一七〇《于谦传》,第 4546 页。

〔3〕万历《杭州府志》卷七七,第 2 页,明万历七年刻本,国家图书馆善本部藏。

〔4〕于谦《兵部为边务事疏》,载《忠肃集》卷二,第 31 页。

〔5〕《明英宗实录》卷一八四,正统十四年十月辛酉。

〔6〕朱国祯《涌幢小品》卷二〇,上海进步书局,1936 年,第 5 页。

〔7〕沈德符《万历野获编》,英宗"先以正统十四年八月十五日壬戌车驾北狩,至次年八月十五日丙戌还京。凡蒙尘恰一年,不差一日。自是居南宫者七年,以天顺元年正月十七日壬午复辟登极,至天顺八年正月十七日己巳晏驾,前后不差一日"。见同书卷一,中华书局,1959 年,第 21 页。

反正之理",但是,"嫌积衅开,恨深仇巨"[1],易位之变,埋下祸根。于谦为加强皇都卫戍,改革京营旧体制,设立团营之制。先是,永乐帝迁都北京后,逐渐健全京军三大营,即五军营(肄营阵)、三千营(肄巡哨)、神机营(肄火器)。但土木之败,京军败没几尽。于谦认为传统军制弊病在于:三大营各为教令,不相统一,临期各地调拨,兵将互不相识。这种军队,不能适应新形势御敌之需。他整顿军伍,严肃军纪[2],加强卫戍,奏设京营。于谦奏请:"于诸营选胜兵十万,分十营团练。"[3]其意义在于:一是统一指挥,二是选拔精粹,三是严密组织,四是分明责任,五是兵将相习,六是严明号令。京营之制,由此一变。《明史·兵志》说:"于谦创立团营,简精锐,一号令,兵将相习,其法颇善。"但是,英宗复辟,于谦死,团营罢。后复之,旋又罢。而后,京营腐败,武备废弛,军"官多世胄纨绔,平时占役营军,以空名支饷,临操则肆集市人,呼舞博笑而已"。临阵时,"驱出城门,皆流涕不敢前,诸将领亦相顾变色"[4]。京营军制的腐败,后来在嘉靖庚戌(1550)之役和崇祯己巳(1629)之役,先败于蒙古军,后败于满洲军,就是两个例证。

于谦保卫京师的历史意义,查继佐将其比作朱棣的"靖难之役":"而谦之再造,更光于靖难。"[5]此论偏隘。前者仅囿于

---

〔1〕 周复俊《泾川诗文集》卷六,第56页,明万历二十年刻本,国家图书馆善本部藏。

〔2〕 于谦《兵部为整点军伍疏》《兵部为禁约操军疏》,载《忠肃集》卷五、第41页,卷六、第11页。

〔3〕 《明史》卷八九《兵志一》,第2177页。

〔4〕 《明史》卷八九《兵志一》,第2179页。

〔5〕 查继佐《罪惟录》卷一一上,第1368页。

帝统血胤的承续，后者则干系民族文化的盛衰。袁裒则论曰：
"于公以一书生，砥柱狂澜，屹然不动，坐使社稷，危而复安。
观其分守九门，移营城外[1]，坚壁清野，三鼓士气，空房设伏，
诱败敌骑[2]。而丧君有君，庙算无失，专意战守，罢诎和议，
计擒喜宁，芟除祸本。故能返皇舆于绝漠，正帝座于黄屋。谋
国之善，古未闻也。"[3]同上评论，如出一辙，黄宗羲在《明夷
待访录》中揭示："盖天下之治乱，不在一姓之兴亡，而在万民
之忧乐。"于谦率领中原军民，抗击瓦剌也先南犯，其历史意义
在于：不仅是维护大明社稷、保卫皇都北京，而且是捍卫农耕
文明、抵御草原文化侵扰。于谦保卫京师之业绩，实践了其文
山像赞辞："衣间别有文山句，千载令人拭泪看。"[4]一介书生，
一个官员，不经粉身碎骨的考验，焉能成为英烈豪杰。

古今中外，不经过大悲大劫，不身历大苦大难，绝不能建
树大功大业，盖不能成就千古英烈。

于谦成为勋臣，国之栋梁，百姓景仰，但是，泰极否来，
月盈则亏，他的生命又升入一种新的境界。

四

于谦同许多英雄杰烈一样，在其退出历史舞台之后，都要

---

〔1〕《明英宗实录》正统十四年十月丙辰载："敕有盔甲军士但今日不出城者
斩。是时军士有盔甲者仅十之一云。"

〔2〕康熙《钱塘县志》卷一八，第4页，清康熙五十七年刻本，国家图书馆
善本部藏。

〔3〕谈迁《国榷》卷三二，中华书局，1958年，第2024页。

〔4〕于谦《和何知州交趾死节韵》，载《忠肃集》卷二，第31页。

经过长期历史检验，受得历史检验者，永留清白在人间，取义
成仁薪火传。于谦身后谥忠肃，成仁——"要留清白在人间"，
是于谦生命历程的第四种境界。

于谦真正经受粉身碎骨的考验，是明英宗朱祁镇的土木之
变（前文已述）和夺门之变。这是一场惊心动魄的死生之争。
与谋者徐珵改名有贞，临事诀别家人曰："事成，社稷之福；不
成，家族之祸。去矣！归耶，人；不归，鬼！"[1]有论者曰：
于谦应在徐有贞、石亨等发动政变之前，将其阴谋粉碎，党羽
一网打尽。于谦是一位受儒家思想教育的人，忠君是其基本的
理念。他当时的处境是，一仆四主——朱祁镇及其太子见深和
朱祁钰及其太子见济，左右不是，前后为难，易主易储，不暇
两全。朱祁镇复辟成功后，如何处置于谦？政治斗争是残酷的，
既然是"夺门"，又要称"迎驾"[2]。徐有贞说："不杀于谦，今
日之事无名。"[3]于谦无罪，以"意欲"两字成狱，定谳谋逆，
被处死刑。于谦成了朱祁镇和朱祁钰兄弟皇位争夺的替罪羊。
朱祁镇是太上皇，朱祁钰则是今上，二者你死我活，于谦站在
何方？屠隆论曰：于谦"顾念身一举事，家门可保，而两主势

---

〔1〕 郎瑛《七修类稿》卷一三，中华书局，1959年，第190页。但其标点"去
    矣归耶，人不鬼归"，错断，盖误。夏燮《明通鉴》卷二七、第1089页：
    "有贞焚香祝天，与家人诀，曰：'事成社稷利，不成门族，祸归人不归，
    鬼矣。'"引文见中华书局1959年版。此段引文标点有误，似应作："有贞
    焚香祝天，与家人诀曰：'事成，社稷利；不成，门族祸。归，人；不归，
    鬼矣！'"
〔2〕《明史·李贤传》载："及亨得罪，帝复问贤'夺门'事。贤曰：'迎驾'
    则可，'夺门'岂可示后。天位乃陛下固有，夺即非顺。……帝悟曰：
    '然'。"
〔3〕 王源《居业堂文集》卷一，商务印书馆，1936年，第10页。

不俱全；身死则祸止一身，而两主亡恙。方徐、石兵夜入南城，公悉知之，屹不为动，听英宗复辟，景庙自全，功则归人，祸则归己。公盖可以无死，而顾以一死，保全社稷者也"[1]。此种评论，颇中肯綮。在当时历史条件下，言干天位，事关社稷，于谦作为一位正统高级知识官员，其最佳的选择只能是舍生取义，杀身成仁。正如陈继儒所言，于公"敢于任死，而闷于暴名"。做社稷之忠臣，结社稷之正局。此非豪杰之勇，实乃大贤之仁。这从于谦的政治理念、生命价值、道德情操、处世原则四个方面可以得到诠释。

于谦的政治理念是，重社稷，爱苍生。他以"功在朝廷，泽被生民"[2]作为人生的旨归。一个英雄的生命源泉，必有高尚之爱。爱之愈深，情操愈洁；爱之愈广，品格愈高。于谦虽出生于官宦世家，家风勤俭清励，乃父清介不仕，故经济并不宽裕。他的《祭亡妻》文云："吾家素贫，日用节俭"[3]，仅为中产，当属实情。他居官"门第萧然，不容私谒"[4]。他节俭的生活，朴素的思想，比较贴近平民，也容易怜悯百姓。仅据《忠肃集》粗略统计，他写下34首悯农诗，占其诗作总数的近百分之十。诸如《田舍翁》《采桑妇》《收麦诗》《悯农》以及《喜雨》之作等。其《田舍翁》云：

可怜憔悴百年身，暮暮朝朝一盂粥。

[1] 谈迁《国榷》卷三二，第2025页。又，礼部尚书姚夔后将其议稿出示于郎中陆昶，昶再言及王锜。锜著《寓圃杂记·英宗复辟》载述其事。
[2] 于谦《赵尚书诗集·序》，载《忠肃集》卷一一，第1页。
[3] 于谦《祭亡妻淑人董氏文》，载《忠肃集》卷一二，第18页。
[4] 《明英宗实录》卷二七四，天顺元年正月丙寅。

田舍翁，君莫欺。暗中腌剥民膏脂，人虽不语天自知。[1]

其《悯农》诗亦云：

无雨农怨咨，有雨农辛苦。

农夫出门荷犁锄，村妇看家事缝补。

可怜小女年十余，赤脚蓬头衣蓝缕。

提篮朝出暮始归，青菜挑来半沾土。

茅檐风急火难吹，旋爇山柴带根煮。

夜归夫妇聊充饥，食罢相看泪如雨。

泪如雨，将奈何。有口难论辛苦多。

嗟尔县官当抚摩。[2]

这是于谦能够成为廉洁清官的灵魂写照。这般高尚之人，不趋炎邀利，不乘时迎合，而重名节，轻财帛。

于谦的生命价值是重名节，轻财帛。他的《无题》诗略云：

名节重泰山，利欲轻鸿毛。

所以古志士，终身甘缊袍。

胡椒八百斛，千载遗腥臊。

一钱付江水，死后有余褒。

苟图身富贵，腌剥民脂膏。

---

〔1〕 于谦《田舍翁》，载《忠肃集》卷一一，第 8 页。
〔2〕 于谦《悯农》，载《于节闇诗集》卷一，第 13 页，明刻本，北京大学图书馆善本室藏。

国法纵未及，公论安所逃。[1]

于谦淡泊名利，冀求清白，尝以"清风一枕南窗卧，闲阅床头几卷书"[2]自慰。他一心任事，不怕丢官："好在故园三亩宅，功成身退是男儿。"[3]他廉清公正，不摆官架："因葬亲徒步还乡，不烦舆传。"[4]他生活简朴，衣食清素："衣无絮帛，食无兼味。"[5]他笑看长生，安于清贫："修短荣枯天赋予，一官随分乐清贫。"[6]他爱民如子，看重清名："有司牧民当体此，爱养苍生如赤子。庶令禄位保始终，更有清名播青史。剥民肥己天地知，国法昭昭不尔私。琴堂公暇垂帘坐，请诵老夫收麦诗。"[7]于谦重视国法，爱养苍生，珍重名节，轻薄利欲，体现了其高尚的情操。

于谦的道德情操是志高远、内自省。于谦有远大的目标、宽广的襟怀。他念苍生，悯农夫，这在明朝腐败官场中是十分可贵的。他以诗词表述自己的念农情怀："好挽银潢作甘雨，溥沾率土润苍生"[8]；"安得天瓢都挽取，化为甘雨润苍生"[9]。他希望自己能有一把天瓢，挽取银河之水，化作甘霖，滋润禾苗，获得丰年，乐安苍生。于谦以儒家内省，严于律己，不断反思。

---

〔1〕 于谦《无题》，载《于肃愍公集》卷一，第20页。

〔2〕 于谦《初度》，载《忠肃集》卷一○，第39页。

〔3〕 于谦《还京述怀》，载《忠肃集》卷一一，第40页。

〔4〕 万历《杭州府志》卷七七，第6页。

〔5〕 尹守衡《明史窃》卷五一，华世出版社影印本。

〔6〕 于谦《初度日》，载《于肃愍公集》卷三，第10页。

〔7〕 于谦《收麦诗》，载《于节闇诗集》卷一，第14页。

〔8〕 于谦《晋祠祷雨晓行》，载《于肃愍公集》卷三，第11页。

〔9〕 于谦《春水》，载《于肃愍公集》卷三，第6页。

人之所以犯错误，多源于自是自私，而鲜于自察自省。据初步统计，于谦反思的诗如《自叹》四首、《自咎》四首、《初度》四首，都充满了自律、自省、自责、自咎的可贵精神。这种内心自省，不仅净化灵魂，而且趣近自然。

于谦的处世原则是分善恶，辨正邪。君子与小人，水火不相容。明永乐十九年（1421）于谦同科进士刘球，官翰林侍讲，以直谏，触王振。振大怒，下球狱，属太监马顺杀之。"顺深夜携一小校持刀至球所。球方卧，起立，大呼太祖、太宗。颈断，体犹植。遂支解之，瘗狱户下"[1]。于谦敬仰他的同年，作《刘侍讲画像赞》。其文曰：

> 铁石肝肠，冰玉精神。超然物表，不浼一尘。古之君子，今之荩臣。才足以经邦济世，学足以尊主庇民。持正论以直言，遭奸回而弗伸。获乎天而不获乎人，全其道而不全其身。……噫，斯人也，正孔、孟所谓取义成仁者欤！[2]

上述赞辞，像面镜子，映照出一位英烈的崇高形象：铁石肝肠、冰玉精神，全其天道，不顾尔身，舍生取义，杀身成仁，伟哉烈哉，忠肃于谦！

人生于自然，死归于自然。于谦借煤炭喻人生："但愿苍生俱饱暖，不辞辛苦出山林。"[3]煤炭是无私的，它的出山，为着

---

[1]《明史》卷一六二《刘球传》，第4406页。

[2] 于谦《刘侍讲画像赞》，载《于肃愍公集》卷八，第1页，明大梁书院嘉靖丁亥刻本（清光绪重刻本），中国科学院图书馆藏。

[3] 于谦《咏煤炭》，载《忠肃集》卷一一，第45页。

人间的温暖。于谦又借孤云喻人生:"大地苍生被甘泽,成功依旧入山林。"[1]天云也是无私的,它造福万民后,不求报答,遁入山林。于谦说:"人生不满百,常为千岁计。图利与求名,昂昂争意气。昼营夜复思,顾恐力弗至。一旦寿命终,万事皆委弃。"[2]于谦遭诬,虽死犹生,后世民众,立祠景仰。河南父老,建庇民祠祀之[3]。帝都北京,"公被刑日,阴霾翳天,京师妇孺,无不洒泣"[4]。后将其故居改祠,堂三楹,中塑公像,春秋享祭[5]。颂云:"庙食帝城东,巍峨天人表。"[6]京师于少保祠[7]

---

[1] 于谦《孤云》,载《于肃愍公集》卷六,第1页。

[2] 于谦《无题》,载《于节闇诗集》卷一,第14页。

[3] 嘉靖《河南通志》卷一八,第8—9页。该志记载:"庇民祠在府治西,祀侍郎于谦。成化中,汴父老建,即公之寓廨所也。正德十年重修,每岁春秋有司致祭。"李梦阳记注曰:"开封城马军衙桥西,故有于少保祠云。初,公以定倾保大之功,居无何而死。于是天下人闻公死,咸惊而疑,而涕泣,语曰:鹭鹚冰上走,何处觅鱼嗛。而公前巡抚河南时,实廨马军衙桥西,而梁父老于是闻公死则咸涕泣,日相率潜诣公故廨为位哭奠焉。会纯皇帝(指宪宗。——编注)立诏曰:少保谦冤,宥其家而遣(官)祭其墓。乃梁父老则又咸涕泣相率私起祠故廨,傍祠公伏腊忌。梁父老则把香曳筇跂履若少壮,咸翼如不期而至,稽首祠下哭,填门塞户矣!又敬皇帝(指孝宗。——编注)立诏曰:少保谦赠特进光禄大夫、柱国、太傅,谥肃愍,立祠岁春秋祀之。而曰旌功祠焉。于是梁父老则又咸涕相率数百千人诣阙门伏诉:少保谦前兵部侍郎时巡抚功云,愿梁立祠如杭祠,不报。而梁父老归,伏腊忌岁,乃聚哭公于私祠,今三十年余矣!"

[4] 孙承泽《春明梦余录》卷二二,广陵古籍刻印社,1990年,第14页。

[5] 《日下旧闻考》卷四六,北京古籍出版社,1981年,第720页。

[6] 刘侗、于奕正《帝京景物略》卷二,北京古籍出版社,1980年,第51页。

[7] 查慎行《人海记》(清抄本)上卷载:"崇文门内旧有于忠肃公祠,万历乙未(1595)二月己未敕建。额曰'忠节'。本朝顺治中,公像被毁。吾邑人谈孺木作《吊于太傅祠文》以悯之。今相传为京师城隍神。"

成为北京历史文化胜迹[1]。在杭州，于谦祠墓，受到景仰。明宪宗在追录于少保时，借用李荐之语："皇天后土，鉴生平忠义之心；名山大川，还万古英灵之气。"[2]超然物外，一身正气。明孝宗弘治帝以于谦"能为国家建大议、决大事而成非常之功"，谥曰"肃愍"[3]，祠额曰"旌功"[4]。明神宗万历帝以于谦"有鞠躬报国之节，有定倾保大之勋"，改谥曰"忠肃"[5]。后又"祠于谦'忠节'"[6]。于谦被尊称为"于忠肃公"[7]。

古今中外，英烈雄杰，经过大苦大悲，大劫大难，成就大

---

[1] 京师于少保祠，清初孙承泽《春明梦余录》载其"在崇文门内东裱背巷，公故赐宅也。祠三楹，祀少保兵部尚书于谦，塑公像危坐，岁春秋遣太常官致祭"。朱一新《京师坊巷志稿》载："于忠肃祠，万历乙未二月己未敕建。顺治中，公像被毁。"乾隆中，励宗万奉命对京城古迹做调查，其《京城古迹考》云："乃遍访故巷，悉为居民，求所谓忠肃祠者，皆曰不知。"清末，震钧《天咫偶闻》载："于忠肃祠，在裱背胡同，芜废已久，近始重修，浙人逢春秋闹，居为试馆。"1984 年 5 月 24 日，北京市人民政府将"于谦祠"定为北京市重点文物保护单位。其址今为北京市东城区西裱褙胡同（该胡同今已不存。——编注）23 号。

[2] 孙承泽《天府广记》卷九，北京古籍出版社，1984 年，第 104 页。

[3] 《明孝宗实录》卷三三，弘治二年十二月辛卯，台北"中研院"史语所校勘本，1962 年。

[4] 赵其昌主编《明实录北京史料》（北京古籍出版社）第 581 页，引录《明孝宗实录》弘治二年十二月辛卯于谦条，脱"愍"字；《明神宗实录》万历十七年十二月丙子于谦条，缺漏。

[5] 《明神宗实录》卷二一八，万历十七年十二月丙子，台北"中研院"史语所校勘本，1962 年。

[6] 《万历邸钞》中册，万历二十三年二月，江苏广陵古籍刻印社，1991 年，第 882 页。

[7] 人民文学出版社 1988 年出版孙一珍校点《于少保萃忠全传》，书首页有于谦画像一幅，像下题"于肃公像"。于谦死后，弘治二年谥"肃愍"，万历十七年改谥"忠肃"。所以，于谦画像下题"于忠肃公像"为是，而题"于肃公像"则误。

义大仁，大智大贤，受到百姓景仰，万民颂传，载诸历史典籍，千古不朽。中国历史上的岳飞、文天祥、于谦、袁崇焕等都是如此。他们的人生，都经历了千锤万击、烈火焚烧、粉骨碎身的三种境界，最后升华为第四种境界——留下清白在人间，完善人格，史册永垂，为中华文明，为人类正义，增加新的财富，增添新的光彩。于谦"要留清白在人间"，是他留给中华民族优秀文化遗产中最重要的精神财富，即其品清介，清励忠介；其性清鲠，清素骨鲠；其官清廉，清正公廉；其人清白，清芬洁白。于谦像一颗明星从天庭中陨落，划破黑夜的长空，给人间带来光明。于谦之死，程敏政曰："主于柄臣之心，和于言官之口，裁于法吏之手。"[1]有人称此话为公论，愚实以为不然。应当说，于谦以伟功取奇祸，死于英宗之意。在帝制时代，君为主，臣为客。黄宗羲历明清甲乙之际，睹君主专制腐败，因之痛言："为天下之大害者，君而已矣！"[2]在君主专制时代，柄臣、言官、法吏、阉宦，都是皇帝的奴才和鹰犬。有了主子的隐示，他们便幸于迎合，钟于忌贤，趋炎阿附，乘时邀利。应当说，于谦之冤死，主于英宗之心，出于佞臣之谋，行于群小之诬，裁于污吏之手。真乃"此一腔血，竟洒何地"！[3]冤死西市，苍天悲泣。黄宗羲曾言："杀其身以事其君，可谓之臣乎？曰：否！"然而，对于谦不能做超越时代的苛求。

---

〔1〕 《于忠肃集补遗》，《李卓吾评于节闇集》，"补遗卷"，第18页，明刻本，北京大学图书馆善本室藏。

〔2〕 黄宗羲《明夷待访录·原君》，第2页。

〔3〕 于慎行《谷山笔麈》卷三，中华书局，1984年，第23页。

　　于谦生命历程的四种境界，是其留给后人的精神财富。于谦之死，不仅是于忠肃公的个人悲剧，而且是中华文明的一场悲剧。于谦以陨星的悲鸣，给予世界这个烛笼——虽去一条骨，却增一路明。

　　　　　（原载《于谦研究》第 1 辑，中国文史出版社，2001 年）

于谦《石灰吟》考疑

《石灰吟》是于谦所作，为多种文学史书和文学辞书收录，并编入中学语文教材。它作为于谦的名诗，就如同于谦的英名，家喻户晓，童叟皆知。经仔细核查，却颇有疑惑。

《石灰吟》为于谦所作，前人未见怀疑文字。愚以冒昧，做出质疑。考疑分说，简述如下。

一

《石灰吟》为于谦所作，根据何在？出于何处？

查有关专书，《石灰吟》的作者，或不载出处，或含糊其词，或出注失据。

一是不载出处。林寒、王季编选的《于谦诗选》[1]，书中的《石灰吟》，未注明出处。王季在"文化大革命"中被迫害致死，二十余年后《于谦诗选》由林寒修订增补，从原132首，增至134首，《石灰吟》仍未注明出处[2]。最近杭州市政协编纂的

---

[1] 林寒、王季编选《于谦诗选》，浙江人民出版社，1958年。
[2] 林寒、王季编选，林寒修订增补《于谦诗选》，浙江人民出版社，1982年。

237

《于谦》一书，其《于谦诗选》篇，收录此诗，亦无出处[1]。如果说《于谦》一书是普通读物可以不注出处的话，那么赖家度、李光璧的《于谦和北京》则属学术性著作，书中重要引文多有出处[2]，但此诗出处缺注[2]。工具书、辞书之类，如《中国文学名篇鉴赏辞典》[3]《古代诗歌精萃鉴赏辞典》[4]《古代诗歌选》[5]等，于《石灰吟》一诗，盖未注明出处。

二是含糊其词。林寒选注的《于谦诗选》（修订本），是20世纪以来唯一的于谦诗选专集（初选本和修订本）。其编选依据是《于肃愍公集》。选编者在《前言》中交代，从《于肃愍公集》中选出132首诗，并从明人郎瑛的《七修类稿》中选取《桑》和《犬》两首诗，共134首诗，编纂注释，结集成书。编选者在《前言》里指明，其《于肃愍公集》为明刻本。查此明刻本《于肃愍公集》，并没有著录此诗。编选者明知上述刻本中根本没有《石灰吟》，故而对《石灰吟》选否，处于两难的心态：不选，没法交代；要选，难注出处。编选者在颇费一番心思后，将《石灰吟》一诗放在《前言》里，既突出此诗之重要，又回避该诗之出处。这可谓是明修栈道、暗度陈仓之妙思。

三是出注失据。在有关《石灰吟》的专书和辞书中，注明该诗出处之著，虽然不算多，却不乏其作。有文说此诗出自明人郎

〔1〕　杭州市政协文史和学习委员会、杭州于谦祠《于谦》，杭州出版社，1998年。

〔2〕　赖家度、李光璧《于谦和北京》，北京出版社，1961年。

〔3〕　萧涤非、刘乃昌主编《中国文学名篇鉴赏辞典》，山东大学出版社，1992年。

〔4〕　王洪主编《古代诗歌精萃鉴赏辞典》，北京燕山出版社，1989年。

〔5〕　人民教育出版社语文一室编《古代诗歌选》（九年制义务教育初级中学自读课本）第3册，人民教育出版社，1994年。

瑛的《七修类稿》，经翻检，为臆说。另有曹余章主编的《历代文学名篇辞典》[1]，钱仲联、傅璇琮、王运熙、章培恒、陈伯海、鲍克怡总主编的《中国文学大辞典》[2]，均注其出自于谦的《忠肃集》。《忠肃集》现存重要版本有两种：一种是乾隆年间《四库全书》写本，另一种是康熙年间于继先刻本。前书较为好找，后书难以寻查。查前者，没有《石灰吟》这首诗；后者，有这首诗，但其人、其书、其诗，问题不少，存有疑问。此书仅存孤本，很不容易找到，其撰稿者，是据前书，或据后书，值得考虑。

基于上述，很有必要，对《石灰吟》是否为于谦所作，深入解析，进行探讨。

二

于谦的遗作，《明史·艺文志》载："于谦《奏议》十卷、《文集》二十卷。"[3]惜未载其辑者与版本。于谦之《奏议》，清光绪时钱塘人丁丙称有三种刻本："余家藏杭州府刊《奏议》十卷，为南京礼部尚书温阳李宾所编，初刻于成化丙申（十二年）。迨嘉靖辛丑（二十年），监察御史王绅命杭州知府陈仕贤集赀，属郡人张乾元校刊，绅自为序，是为再刊本。万历间吴立甫又为重刊，叶向高为之序，称其从公署架中得李公旧本，复遍搜他牍，增益其所未备，付之梓。惜世鲜传本，未知其若

---

[1]　曹余章主编《历代文学名篇辞典》，上海教育出版社，1990年。

[2]　钱仲联、傅璇琮、王运熙、章培恒、陈伯海、鲍克怡总主编《中国文学大辞典》，上海辞书出版社，1997年。

[3]　《明史》卷九九《艺文志四》，中华书局，1974年，第2467页。

干卷，此三刻也。"〔1〕于谦《奏议》，只载疏奏，不录诗作。于谦的诗文集，依据现有资料，时代分明清，刻本辨官私，择其要者，有如下述。

明刻本的于谦诗文集，重要者有五种。

第一，《节庵存稿》，不分卷，一函两册，共八十九页，明成化丙申十二年（1476）于冕刻本，长 29 厘米、宽 19 厘米，半叶 11 行，每行 22 字，前有王礼培跋、夏时正序，后有于冕识记，上海图书馆古籍部藏，孤本。于冕在父谦昭雪加谥后，复府军千户；奏请改文资，为武库员外郎。后升应天府尹，致仕。于冕"聪明特达，善处兴废，既遭家难，放徙穷也，而能闭门却扫，以读书纂言为事"〔2〕。于冕长期闭门，专心读书纂著，经过多年积累与精心搜求，终于在乃父蒙难十九年后，雕梓《节庵存稿》。《节庵存稿》收录于谦诗杂体 61 首、五律 46 首、七律 195 首、五绝 40 首、七绝 72 首，共计 414 首。

《节庵存稿》（又称《节庵先生存稿》），是现存于忠肃公最早的诗文集。因该集为孤本难见，现将王礼培跋语著录于后："《于少保奏议》，传本尚多。此则其诗文集，诸家目录皆未见。焦弱侯国史《经籍志》，有其目。此本刊于成化十二年。有汪鱼亭、赵辑宁、古欢堂诸家藏印。"〔3〕集中于谦同里、南京大理寺卿夏时正《序》言："公诗文多至千篇，皆巡抚余闲暨车马道

〔1〕 丁丙《于肃愍公集·拾遗·附言》，载《于肃愍公集·拾遗卷》，第 4 页，光绪二十五年（1899），《武林往哲遗著》本，中国科学院图书馆文献部藏。

〔2〕 康熙《钱塘县志》卷一九《于冕传》，第 10 页，康熙五十七年（1718）刊本。

〔3〕 《节庵存稿·王序》，不分卷，明成化十二年（1476）于冕刻本，上海图书馆古籍部藏，孤本。

途寄兴之作。及归秉政，则不及经心，所见仅一二尔。痛惟家难，散落不存。其所存者，公嗣子郎中君冕，得之四方传录间。属时正正字之讹。时正藐焉末学，念昔忝窃郎曹，蒙公不屑教诲，得之语言、威仪多矣。此心未尝敢忘，顾于咳唾余芥，乃敢以浅薄自嫌自外哉！故用受而读之，正其一二，而后僭评数语。"[1]但是，细查《节庵存稿》，没有《石灰吟》。

第二，《于肃愍公集》，八卷，附录一卷，一函三册，半叶9行，每行21字，明嘉靖丁亥六年（1527）雕梓，为河南大梁书院刻本，系督学王定斋所编，有河南、山西道监察御史简霄序[2]，笔者查阅的是中国社会科学院文学研究所图书馆藏本。因"肃愍"为弘治二年（1489）所谥，故应为弘治后辑本。是集有人认为："即从公子应天府府尹冕编辑本出也。先是，成化丙申，府尹访求旧稿，仅存什一，属夏时正重加校订，序而刊之。又辑公行状、碑铭、祭文、挽诗为《旌功录》，程敏政为之序。"[3]成化丙申年即十二年（1476），距谥"肃愍"为十三年，由于谦之子冕初出，似为可信。《于肃愍公集》收录于谦诗统计如下：杂体73首、五律61首、七律346首、五绝53首、七绝87首，共620首。是集雕梓较《节庵存稿》晚五十一年，搜求广泛，纂集认真，是比较完善的一个本子。嘉靖《于肃愍公集》为最早汇录于谦诗620首之版本，但其中并无《石灰吟》。

第三，《于肃愍公集》，五卷，附录一卷，一册，半叶9行，每行20字，明隆庆刻本、配清刻本，浙江宁波天一阁博物馆

---

[1] 《节庵存稿·夏序》，不分卷。

[2] 于谦《于肃愍公集》，八卷，附录一卷，明嘉靖六年（1527）大梁书院刻本，上海图书馆古籍部藏。

[3] 丁丙《于肃愍公集·拾遗·附言》，载《于肃愍公集·拾遗卷》，第5页。

藏，孤本[1]。此书为残本，既无序言，也无目录。后序断简，序者姓名阙载。但序中说《于肃愍公集》为于谦义子于康五世孙于懋勋校正重刊本。书中卷一为赋 2 篇、杂体诗 73 首，卷二为七言律诗 211 首，卷三为五言绝句 53 首，卷四为五言律诗 49 首，卷五为赞 9 篇、铭 1 篇、祭文 11 篇、表 1 篇。书中缺七言绝句。集中没有《石灰吟》。但在《附录·补遗·诗》中，有《石灰吟》。此版本问题较多，后面做专门评论。

第四，《于忠肃公集》，十二卷，附录四卷，明天启元年（1621）刻本。因"忠肃"为万历十八年（1590）所谥，故以"忠肃"名集。是集系杭州知府孙昌裔将于谦奏议、诗文，合为全集雕梓，十二卷；又重编《旌功录》列于后，为附录四卷[2]。此集收录于谦诗统计如下：杂体 73 首、五律 61 首、七律 346 首、五绝 53 首、七绝 87 首，共 620 首，但其中亦无《石灰吟》。

第五，《于节闇集》，李卓吾评点，明季刻本，北京大学图书馆善本室藏。此集又收入《三异人文集》[3]，"三异人"为方孝孺、杨继盛和于谦。此集为评点本，节选诗文入集。卷首李贽（卓吾）盛赞于忠肃公"具二十分识力，二十分才气，二十分胆量"[4]。此集收录于谦诗统计如下：杂体 56 首、五律 14

〔1〕 于谦《于肃愍公集》，五卷，附录一卷，明隆庆刻本、配清刻本，浙江宁波天一阁博物馆藏，孤本。此本《中国古籍善本书目》等著录为《于忠肃公集》，盖错，详见文中辨析。

〔2〕 于谦《于忠肃公集》，十二卷，附录四卷，明天启元年（1621）孙昌裔刻本，中国科学院图书馆文献部藏。

〔3〕《李卓吾评于节闇集》，明刻本，北京大学图书馆善本室藏。

〔4〕《三异人文集》中的于谦集，其书名为《徐文长评于节闇集》，内容与《李卓吾评于节闇集》基本相同。

首、七律 63 首、五绝 43 首、七绝 48 首，共 224 首，其中也无《石灰吟》。

就以上目击明刻本于谦诗文集而言，没有一部诗文集正文载录《石灰吟》。

清刻本的于谦诗文集，重要者有三种。

第一，《于忠肃公集》，十卷，清于继先辑，康熙辛丑六十年（1721）刻本[1]。此集现为孤本，半叶 10 行，每行 24 字，其卷三至卷五为后配清抄本（行、字数与原本同），凡四册。此集虽增以年谱、挽诗，并编入正集，但所收录奏议和诗文均不全，有人评其为"非善本也"[2]！此集收录于谦诗统计如下：五古 17 首、七古 24 首、五律 17 首、五绝 26 首、七律 61 首、七绝 37 首，共 182 首。该集是于谦诗文集各种版本中收录于诗最少的一种。其卷八之《年谱》署由河南大梁浙绍会馆住持僧雕梓。此本，刊刻不精，印数不多，流传不广，影响不大。此集中有《石灰吟》，但没有注明来源。

第二，《于忠肃集》，十三卷，乾隆《文渊阁四库全书》本[3]。《四库提要》云："倪岳作谦《神道碑》称：谦平生著述甚多，仅存《节庵诗文稿》《奏议》各若干卷。祸变之余，盖千百之什一云云。是其殁后遗稿，已多散佚。世所刊行者，乃出后人掇拾而成，故其本往往互有同异。《明史·艺文志》载：谦《奏议》十卷，《文集》二十卷。又嘉靖中河南刊本诗文共八卷，而无疏议。此本前为《奏议》十卷，分北伐、南征、杂行

---

[1] 于谦《于忠肃公集》，十卷，清于继先辑，康熙六十年（1721）刻本，福建省图书馆特藏部善本室藏，孤本。

[2] 丁丙《于肃愍公集·拾遗·附言》，载《于肃愍公集·拾遗卷》，第 5 页。

[3] 于谦《忠肃集》，影印文渊阁四库全书本，台湾商务印书馆，1986 年。

三类，与《艺文志》合。后次以诗一卷、杂文一卷、附录一卷，与《艺文志》迥异，与嘉靖刊本亦迥异。盖又重经编次，非其旧本也。"[1]但丁丙认为：此集是从明嘉靖本所出，将《附录》四卷合为三卷，而成十三卷本。是集收录于谦诗统计如下：杂体60首、五绝36首、五律46首、七律192首、七绝71首和附录5首（五绝4首、七律1首），共410首。仅从诗的统计可以看出，嘉靖本收诗620首，《四库全书》本收诗410首，二者之间，差别甚大。丁氏所言，尚需讨论。但细检集中，确无《石灰吟》。

第三，《于肃愍公集》，八卷，附录一卷，拾遗一卷，浙江钱塘嘉惠堂丁氏刻本，收入武林往哲遗著丛书。清同治时，钱塘人丁丙监修于谦墓及旌功祠竣事，又辑《祠墓录》，稿成未梓而卒。丁丙辑成《于肃愍公集拾遗》一卷，附在《于肃愍公集》之后。在《于肃愍公集》中，收录于谦诗统计如下：杂体73首、五律61首、七律346首、五绝53首、七绝87首，共620首。集内有《石灰吟》，但注明"见于继先编《忠肃公集》"[2]。他还将明嘉靖杭州府本《少保于公奏议》，重刊梓行。丁丙死于光绪二十五年（1899）三月九日，翌年由其子丁立中将《于肃愍公集》雕梓刊行。

综上，今见明、清八种重要版本的于谦诗文集，录其载诗数目及有无《石灰吟》，列表统计如下：

---

[1]《四库全书总目》卷一七〇《忠肃集提要》，中华书局影印本，1965年，第486页。

[2] 丁丙《于肃愍公集·拾遗》，第4页。

集名	杂体	五律	七律	五绝	七绝	共计	《石灰吟》
成化节庵存稿	61	46	195	40	72	414	无
嘉靖于肃愍公集	73	61	346	53	87	620	无
隆庆于肃愍公集	73	49	211	53	?	–	正文无
天启于忠肃公集	73	61	346	53	87	620	无
明末于节阉集	56	14	63	43	48	244	无
康熙于忠肃公集	41	17	61	26	37	182	有
四库本于忠肃集	60	46	193	40	71	410	无
光绪于肃愍公集	73	61	346	53	87	620	有

从上述明代梓行《肃愍公集》和《忠肃公集》的五种不同版本的正文来看，都没有载录《石灰吟》一诗。再从上述清代刻印《肃愍集》和《忠肃集》的三种不同版本来看，乾隆《四库全书》本《于忠肃集》没有收录《石灰吟》；而收录《石灰吟》的清末光绪年间《于肃愍公集》，则是踵袭于继先的《于忠肃公集》。今见，最先在于谦诗文集中收录《石灰吟》的，是明隆庆于懋勋刻本配清刻本《于忠肃公集》中的《附录·补遗·诗》。因此，应当对于懋勋重刊的《于忠肃公集》及其《附录·补遗·诗》，考察源流，具体剖析。

三

于懋勋刊刻的《于肃愍公集》，其《附录·补遗·诗》中，收录《石灰吟》一诗，有些问题，需要讨论。

第一，书名著录错误。《中国古籍善本书目》著录："《于忠肃公集》，明于谦撰，附录一卷，明刻清修本。"[1]其根据是浙

---

[1]《中国古籍善本书目·集部上》，上海古籍出版社，1996年，第26页。

江宁波天一阁藏书卡片："《于忠肃公集》，明于谦撰，五卷，附录一卷，一册，明刻清修本。"此又源于其封面墨写的书名："《于忠肃公集》。"上载，盖错。因为：其一，于谦死后，弘治二年（1489）谥"肃愍"，万历十八年（1590）谥"忠肃"，此书为隆庆刻本，时在谥"肃愍"后，而在谥"忠肃"前，故应作《于肃愍公集》，而不应作《于忠肃公集》。其二，该书每卷之首，都有"于肃愍公集卷之几"，可见其原书名为《于肃愍公集》。究其错误，根源在于：先是，原书阙封面、阙书签，某收藏者不明历史、未检内容，误将书名写作"《于忠肃公集》"；继而，天一阁收录者也未将本来书名与封面书名相核对，因错就错；接着，《中国古籍善本书目》编者，未见原书，按报誊录，没有核查，因错录错。

第二，版本驳杂混乱。上文中的"明刻清修本"，值得商榷。因为"明刻清修本"，似是方志学术语，而不是版本学名称。现存于懋勋刊刻的《于肃愍公集》，是一个很杂乱的版本。其杂乱所在，一是原刻本和补刻本混杂在一起。如"于肃愍公集卷之一五世孙懋勋校正重刊"的"懋勋"二字，同其他字号大小相同。"于肃愍公集卷之二五世孙懋勋校正重梓"的"刊"为"梓"；"懋勋"二字，比其他字号略小一些。"于肃愍公集卷之三五世孙懋勋校正重刊"的"懋勋"二字，比其他字号略小一些；但"梓"又作"刊"。"于肃愍公集卷之四"其下又无"五世孙懋勋校正重刊"九个字。"于肃愍公集卷之五"其下也无"五世孙懋勋校正重刊"九个字。这说明上述五卷不是同时、同地、同人、同版雕梓。二是版框大小不一。此书虽然开本为长24.5厘米、宽14厘米，但是全书各卷版框或同卷各叶版框的尺寸不同。其版框卷一为长18.5厘米、宽12.3厘米，卷二为

长 19 厘米、宽 12 厘米,卷三为长 19 厘米、宽 12 厘米,卷四
为长 19 厘米、宽 12.5 厘米,卷五为长 18.7 厘米、宽 12.5 厘米。
即使为同一卷,各叶版框大小也不完全一样。三是书心叶码刻
印混乱,如卷一第"二十三"叶,其后则刻"廿四",其后又为
"二十五""廿六"。四是字体不同,如卷一第三叶字体瘦长,同
其前的第二叶和其后的第四叶字体明显不同,第二十五叶也字体
瘦长,同其前的二十四叶和其后的第二十六叶字体亦明显不同,
可断定其为后配叶。五是缺叶和增叶。如卷一缺第三十四叶,卷
二第二十七叶《秋兴用陈绣韵》,次叶《秋兴用陈绣衣韵》,两叶
共四首诗,显然前叶错字、后叶纠正,但叶码连排,而版框大小
不同。六是配叶混乱,如卷二第"三十一"叶后接"廿二"叶,
其后又接"三十三"叶。这说明"廿二"叶为配叶。

第三,刻书懋勋其人。《于肃愍公集》书末《贺于君子云新
成大厦序》载:于谦有义子于康,谦蒙难后,子冕谪戍,家业
沦丧,康守公祠。后传至曾孙时龙,"字子云,慷慨有才略,勤
于干蛊,绰然起家,业日隆而赀日裕。乃延师教子,乐义亲贤。
子懋勋,种学积文,骎骎上达。由邑校而升监,褒然望于儒林。
尤笃学孝思,奉公之香火,惟恪葺治,不遗私力。祠故精严,
每念祠旁之地,为世居故址,久捐于邻,殊失世业,恢复之志,
时切于衷"[1]云云。这里虽讲述"大厦"之建筑,但交代出懋
勋之身世。懋勋为于谦义子于康的五世孙,系监生,借其父财
力,校正重梓《于肃愍公集》。此序结尾文字残缺,不知撰者姓
名。于懋勋在于谦死后 110 余年,从哪里找到《石灰吟》这首
诗,书中对如此重要的"补遗"没有交代。

---

[1]《于肃愍公集·贺于君子云新成大厦序》。

第四，雕梓时间错杂。《于肃愍公集》一书的刊刻时间，没有明确记载。通常著录为明隆庆年间。据《贺于君子云新成大厦序》载："岁己巳，邻适求售，即倍其直而购之。子时待试京闱，促之归，以董兴作。鸠工诹吉，撤其旧而新之。经始于辛未之春，历三时而落成"云云。上文中，己巳年为隆庆三年（1569），辛未年为隆庆五年（1571）。书末署"隆庆丁卯孟夏国子监助教四明王烛顿首拜书"，丁卯年为隆庆元年（1567）。懋勋在赴京应试前，不可能校刊《于肃愍公集》；在董理"规制宏备、秩然有序"的大厦期间，大概也没有时间重刊《于肃愍公集》。所以，《于肃愍公集》的校正重梓当在大厦建成之后，即隆庆末、万历初。

第五，附录疑点辨析。前文已经阐述，现存《于肃愍公集》是一部明、清混刻配装的版本。其《附录·补遗·诗》中的《石灰吟》，疑点颇多，尤需研讨。《石灰吟》为什么不放在正文，而置于附录？可作两点思考：

其一，《附录》是明人原刻，还是清人补刻？通查全书，第一卷四十八叶，第二卷二十叶，第三卷二十叶，第四卷十二叶，第五卷十一叶，以上共一百一十一叶。《附录》缺一至九叶，只有十和十一两叶。版框为长19厘米、宽12.5厘米。这同卷三和卷四的版框一致，应为明刻本。但是，《附录》中的《补遗·诗》，收诗《回京议事》《咏采桑》《石灰吟》《暮春后归兴》《太行山中晓行》五首和《文丞相〔像〕赞》一篇。此补遗仅两叶，且版框为长18.5厘米、宽12厘米，同清补刻本版框的尺寸相当。总之，《附录》中的《补遗·诗》，其版框、字体、页码、纸张、款式等与原刻本都不同，似是清人所刻的补遗。其清配补刻本的时间不会是清初，因其时浙江一带尚不平静。估计或在康熙后期或在乾隆后期。如果在康熙以后，那么《石灰吟》的出处，可能同于继先《于忠肃公集》中的《石灰吟》的出处，有一定联系。

其二，《石灰吟》如由于懋勋所收录，为何不将其收入《七言绝句》之卷呢？此中问题，似不可解。这有两种可能：一种是——民间传说，收之无据，弃之可惜。于是，将其放在《附录·补遗·诗》中。另一种是——清人据康熙本所载，而将其放在《附录·补遗·诗》中。不论是前者还是后者，都是值得研究的。

于懋勋校正重梓《于肃愍公集》的《附录·补遗·诗》，其版框、字体、页码、纸张、款式等，都与原刻本不同。原因何在，下节探讨。

四

《石灰吟》首次在于谦集中正文出现，是于继先编辑的《于忠肃公集》。查《于忠肃公集》卷七《七绝诗三十七首》的第31首《石灰吟》云：

> 千锤万击出深山，
> 烈火焚烧若等闲。
> 粉骨碎身全不惜，
> 要留清白在人间。[1]

---

[1] 于谦《于忠肃公集》卷七，第17页下、18页上，康熙六十年（1721）刻本，福建省图书馆特藏部善本室藏，孤本。

清康熙末年，于继先编辑《于忠肃公集》。此集现藏于福建省图书馆特藏部善本室，全国善本书普查后定其为孤本。经笔者查阅，此书原卡片记为："《于太傅公传》十卷　明王世贞撰　清康熙刻本　四册。"全国善本书普查后，该卡片则改定为："《于忠肃公集》十卷　明于谦撰　清于继先辑　清康熙刻本卷三至五配清抄本　四册。"书前有河南学政蒋涟《序》、归德知府谈九叙《序》、考城知县黄淇瞻《序》、考城县生员安仲礼和卢巽等《序》，以及韩维垣《后序》，书后有王、黄二《跋》和于继先"识记"。继先《谨识》云：

> 继先原籍河南考城人也。自十三世祖讳九思，仕元为杭州路总管，遂家于钱塘太平里。至十世祖讳谦，谥忠肃，仕明历官少保、兵部尚书。被石、徐之诬，第三子讳广，年十六岁，随中官裴公潜逃原籍考城。初冒裴姓，后归本姓。子孙又复为考城人。迨数年后，忠肃公入考城乡贤，载在祀典。年谱世存于家，诗稿文集屡经兵火，止存其十之二三。继先无力授梓，今蒙南阳太守沈公，念忠肃公之忠冤，捐资刊刻，公诸海内。
>
> 康熙五十六年丁酉仲春十世孙奉祀生继先谨识。[1]

在其前的成化本、嘉靖本、隆庆本、天启本和明末本的全部明刻本正文中，在其后的乾隆《四库全书》本中，均没有收录《石灰吟》，唯独康熙本《于忠肃公集》中正文著录此诗。光绪本《于肃愍公集》载录《石灰吟》时，特别注明："见于继先编

---

[1]　于继先《于忠肃公集·谨识》。

《忠肃公集》。"且其所增诸诗，亦皆注明出处。这说明丁丙编纂《于肃愍公集》时，采取了科学而严肃的态度。[1]

现在要探讨的是，于继先收录《石灰吟》的根据是什么？这就要对于继先纂辑的《于忠肃公集》，列出四点，进行分析。

第一，成书时间。于继先辑的《于忠肃公集》，有人著录其刻于清康熙五十六年（1717）。这是只见辑者后跋署年而定的。其后一年即康熙五十七年（1718），有"康熙五十七年戊戌仲夏知归德府事谈九叙题"，还有"康熙五十七年戊戌菊月文林郎知考城县事西蜀后学黄淇瞻斐氏敬识于葵署之慎思斋"。以上《谈序》和《黄跋》说明，此书不会早于康熙五十七年刻版。而此书刻版完成的时间还要晚两年："康熙五十九年庚子孟春考城县阖学后生安仲礼、卢巽等拜手敬题。"安、卢等《阖学生员序》说明，此书不会早于康熙五十九年（1720）刻版。实际上此书刻版完成的时间还要更晚一些："康熙六十年岁次辛丑清和下浣虞山蒋涟书于开封学署。"[2]《蒋序》说明，此书不会早于康熙六十年（1721）刻版。不管分歧意见如何，其共同点是在康熙末年，它比成化十二年（1476）晚了245年。就是说，它的可信度自然比明代的成化本、嘉靖本、隆庆本、天启本等要略逊一筹。

第二，成书地点。于谦的诗文集，最早两部成书的地点：一部在浙江钱塘（即杭州），另一部在河南大梁（即开封）。于继先纂辑的《于忠肃公集》，也镌刻于河南开封。书中文字证

---

[1] 《于肃愍公集·拾遗》中，丁丙将其增补之诗，于每篇诗后，都用小字注明其出处。

[2] 《于忠肃公集·蒋序》。

曰"大梁浙绍会馆住持僧梓，十世孙奉祀生继先敬辑"[1]，说明此集在开封雕梓。但是，早在明嘉靖六年（1527），《于肃愍公集》就在河南大梁梓印，是为河南大梁书院刻本。因成化二年（1466）为于谦"谕祭"，才有《节庵存稿》的出现；弘治二年（1489）谥于谦"肃愍"，才有《于肃愍公集》的出版；万历十八年（1590）谥于谦"忠肃"，才有《于忠肃公集》的梓行。是集有人认为："先是，成化丙申，府尹访求旧稿，仅存什一，属夏时正重加校订，序而刊之。又辑公行状、碑铭、祭文、挽诗为《旌功录》，程敏政为之《序》。"[2]成化丙申年为十二年（1476），距谥"肃愍"有十三年；而两谥之间为101年。《节庵存稿》由于谦之嗣子冕初出，文献可征，确实可信。于冕高寿，九十而终，无有子嗣，同宗过继。但是，假如事实确如于广在《识记》所说，作为于忠肃公血脉的于广，作为于冕之弟的于广，身居河南考城，在"访求旧稿"时，为什么未将"存诸箧笥"中的先父文稿提供，编纂其先父的诗文集呢？而在河南大梁编纂《于肃愍公集》时，于广后人为什么亦不提供资料，编纂其先祖的诗文集呢？

第三，成书经过。据王贯三称：在河南考城龙门寺附近，有故坟累累，寺僧说是明少保于谦的祖坟。康熙五十五年（1716），科试官员刘公按临归德，命各属举先世名士后裔。于继先等被举荐，准补博士弟子员，并给衣、顶奉祀[3]。又命访求遗书，于继先将其先祖诗稿文集，请名人作序、捐资、刻印。经南阳太守

---

[1]《于忠肃公集》卷八《年谱》。
[2] 丁丙《于肃愍公集·拾遗·附言》，载《于肃愍公集·拾遗卷》，第5页。
[3]《于忠肃公集·王跋》。

沈公捐资，得以雕梓。但在此前，成化时于谦嗣子于冕已经出版《节庵存稿》，且广为流布；嘉靖时河南大梁又出版《于肃愍公集》，并已南北传播。这两部重要的于谦诗文集，于广或其后裔应当看到，因此时考城、开封已建立乡贤祠祭祀于谦。这时他们献出忠肃公遗诗，既无违碍，更加光彩。但是，两次机会，他们都没有献纳。相反，却在于谦蒙难264年后，拿出先祖于谦遗稿付梓，事情之奇，令人不解。历史考据，无征不信。于继先在其编辑的《于肃愍公集》中，多出一篇《石灰吟》，既未加说明，也没有举证。这就不能不引起人们的疑问。

第四，成书之人。于继先在《于忠肃公集·谨识》中说："继先原籍河南考城人也。自十三世祖讳九思，仕元为杭州路总管，遂家于钱塘太平里。至十世祖讳谦，谥忠肃，仕明历官少保、兵部尚书。被石、徐之诬，第三子讳广，年十六岁，随中官裴公潜逃原籍考城。初冒裴姓，后归本姓。子孙又复为考城人。迨数年后，忠肃公入考城乡贤，载在祀典。年谱世存于家，诗稿文集屡经兵火，止存其十之二三。继先无力授梓，今蒙南阳太守沈公，念忠肃公之忠冤，捐资刊刻，公诸海内。"此有六点疑问：其一是，做过于谦戎部郎曹、受过于谦恩泽的同里乡人夏时正说："君董夫人下，无媵妾之奉。夫人没时，公才四十之年，不再娶。领家僮一人自随，栖之直庐，人不堪之，公裕如也。"于广出生之时，于谦46岁，董夫人尚在，时并无妾媵，到于谦蒙难时，于冕对其16岁之弟，不会一无所知。于谦只有独嗣于冕，冕晚年仍自称"孤子于冕"。可见于谦在董夫人逝世后并未续娶，也未纳妾，更无有第三子于广的记载。其二是，于谦嗣子于冕说：乃父遇难时遗稿，"原燎烈烈，片只不遗，痛可言哉"[1]！这就说明，于冕手中也没有其父的遗稿。其三是，上引于继先《于忠肃公集·谨识》："第三子讳广，年十六岁，随中官裴公潜逃原籍考城"云云。于广随中官隐姓埋名仓皇出逃，年仅 16 岁，恐难带出于公手稿。于广到其父"谕祭"时年 26 岁，到于冕刻《节庵存稿》时年 36 岁，其间长达二十年，未见他出示其先父的遗稿。其四是，于继先自云乃先祖"诗稿文集屡经兵火，止存其十之二三"，这里"诗稿"与"文集"二者含糊其词，而所存者，是文集还是诗稿？其五是，于谦独嗣于冕无子，"其族继者"，数世而至嵩，嵩与王世贞同时，以都督金事官福建，而世贞仍称冕为"独嗣"[2]。如果于广真的隐瞒姓名，藏匿故里，那么于谦平反之后，入考城乡贤祠，当时文献为何不见载述于广，其时文人为何不见记载于广呢？其六是，嘉靖六年（1527），于谦被害六纪余，以其"泽之施于汴为最久，文之作于汴为最多"[3]，在河南大梁将于谦的诗文，哀而集，梓而行，辑成《于肃愍公集》。其时于广的子孙们，为何未将其先祖于谦公的诗稿捐出镌刻以流布四海、恪尽孝心，而在其先祖蒙难二百余年后、大梁刻本近百年才拿出诗文遗稿、求赀印行呢？这于光宗耀祖、于个人功名，不合情理，也难圆通。

从以上四点可以看出：于继先编辑的《于忠肃公集》，不是一个严肃的本子。此本流传至今的，既是孤本，又是配抄本，

[1] 于冕《节庵存稿·识记》，不分卷，明成化十二年（1476）于冕刻本，上海图书馆古籍部藏，孤本。

[2] 王世贞《弇州山人续稿》卷八五，第 22 页，明刻本，国家图书馆善本部藏。

[3] 《于肃愍公集·简序》，卷首，明嘉靖六年（1527）大梁书院刻本，上海图书馆古籍部藏。

尚需对此纂者与版本做进一步考辨。对于此点，姑且不论。然而，其《石灰吟》一诗，究竟源自何处？我们试从明人孙高亮的历史小说《于少保萃忠全传》中，探求它们之间的关系。

五

　　《石灰吟》为于谦所作，现能见到其最早的出处，是明人孙高亮的《于少保萃忠全传》。孙高亮，字怀石，钱塘（杭州）人，其《于少保萃忠全传》为章回体历史传记小说[1]，成书于明万历年间，钱塘人林梓作《序》[2]。书的最后一回说到于谦受谥"忠肃"，而这是万历十八年八月十六日的事，可证它的成书雕印当在此后。《于少保萃忠全传》版本多种，书名不同，回数有别，回目相异，各书文字，有所参差。[3]此书的版本，现常见到的是清刻本，最早是道光二年（1822）刻本，其次是道光十五年（1835）刻本等，共四十回，又作四十传。而后版本，多不胜举。1981年，浙江人民出版社据道光《于少保萃忠传》四十回本，由苏道明校注，以《于谦全传》书名出版；1988年，人民文学出版社则据道光《于少保萃忠全传》四十传本，由孙一珍校点，以《于少保萃忠全传》书名出版。以上两

---

[1] 孙一珍《于少保萃忠全传·校点后记》："这部小说融会了历史演义小说、神魔小说和传记文学的特点，出脱为一种新的小说形式，即长篇传记体小说。"

[2] 林梓，浙江钱塘人，嘉靖四十一年（1562）壬戌科进士。《明清进士题名碑录索引》中册，上海古籍出版社，1980年，第1632页。

[3] 《于少保萃忠全传》又称《镌于少保萃忠传》《于少保旌功萃忠全传》《萃忠全传》《旌功萃忠录》《萃忠录》《于谦全传》《于公少保演义传》等。

种《于少保萃忠全传》校点本，所用的底本都是清道光刻本。苏道明在其书《前言》中说"据以整理的是抄录的白文，难免有讹脱增衍"[1]；孙一珍在校点其书时，也说未见到明刻本[2]。但是，《于少保萃忠全传》的明刻本，就藏在浙江省图书馆。

现存的《于少保萃忠全传》，最早为明刻本：其一是《镌于少保萃忠传》，十卷，十二册，七十回，半叶十行，行二十字，书长 12 厘米，宽 6.8 厘米，前有图 40 幅，现藏浙江省图书馆古籍部，孤本[3]。其二是《于少保萃忠全传》，十卷，五册，四十传，半叶九行，行二十四字，书长 9.4 厘米，宽 6 厘米，现藏浙江省图书馆古籍部，孤本[4]。前书开本大、纸质好、刻版精、印装美，后书开本小、纸质糙、雕印粗、墨色差。两书第五回或第五传，回目或传目都是：《于廷益大比登科　高孟升坚辞会试》，而《石灰吟》恰出现在这一回中。孙高亮的《于少保萃忠全传》，有评者曰："是书据史实、传说故事敷演而成。

---

[1] 苏道明《于谦全传·前言》，浙江人民出版社，1981 年。

[2] 现能见到最早的《于少保萃忠全传》为明天启刻本。孙楷第《中国通俗小说书目》说《于少保萃忠全传》云有"明万历刻本，未见"。据载：有明刻《于少保萃忠全传》七十回本，为马彦祥先生收藏。马彦祥先生已过世，据说其书在中国艺术研究院。经查中国艺术研究院戏曲研究所资料室，马先生之书已经捐献给首都图书馆。再查首都图书馆古籍部，马先生家属捐献其图书目录中没有著录此书，馆藏马先生家属捐献其图书中也没有插架此书。据《于少保萃忠全传》人民文学出版社校点本的校点者孙一珍教授说，她曾长期精心查询《于少保萃忠全传》明刻七十回本，但没有找到。她说："所谓《于少保萃忠全传》明刻七十回本，都是人云亦云，还没有听说有谁见到过。"

[3] 《镌于少保萃忠传》，十卷，十二册，七十回，明孙高亮撰，明沈国元评，明天启刻本，有图四十幅，浙江省图书馆古籍部藏，孤本。

[4] 《于少保萃忠全传》，十卷，五册，四十传，明孙高亮撰，明末刻本，浙江省图书馆古籍部藏，孤本。

似传奇则纤细浅俗；类公案则驳杂零散；近史笔则沉稳雄浑，动人心魄。"[1] 这里强调《于少保萃忠全传》的作者孙高亮，对于谦生平与功业的"裒采演辑"[2]，既有沉稳雄浑之史笔，又有浅俗驳杂之虚拟。所以，我们在读《于少保萃忠全传》时，对孙高亮借于谦之口所吟诵之诗，应在浅俗与高雅、虚拟与驳杂之间，审视俗雅，判别虚实。

翻检《于少保萃忠全传》全书，孙氏以于谦之口，多有吟诵。除口占联对之外，摘其要者，有诗三首。

其一为《桑》诗。孙书在第三回即第三传《虎丘山良朋相会　星宿阁妖魅遁形》中说：一日于谦同众友舟游西湖，酒至中巡，登岸小步，见人伐桑，有感于怀，吟诗一首。诗曰：

　　一年两度伐枝柯，
　　万木丛中苦最多。
　　为国为民皆是汝，
　　却教桃李听笙歌。[3]

此诗明人郎瑛已经质疑。郎瑛，浙江仁和人，与于谦同里，约生于明成化年间，比忠肃公年齿略晚，以《七修类稿》名世。他在《七修类稿》中，引述七绝《桑》诗云："一年两度伐枝柯，万木丛中苦最多。为国为民皆是汝，却教桃李听笙歌。"他又引述七绝《犬》诗云："护主有恩当食肉，却衔枯骨恼饥肠。

〔1〕　江苏省社会科学院明清小说研究中心编《中国通俗小说总目提要·于少保萃忠全传》，中国文联出版公司，1990年。

〔2〕　《于少保萃忠全传·林叙》，清道光二年（1822）刻本，国家图书馆善本部藏。

〔3〕　孙高亮《于谦全传》，苏道明校注，浙江人民出版社，1981年，第17页。

于今多少闲狼虎，无益于民尽食羊。"

郎瑛对《桑》《犬》二诗评论说："意二诗不类于公本集之句，予问之先辈，则曰：闻有亲笔于某家。盖句虽俚而意则尚也，似其为人；或不经意而云者。若'手帕蘑菰'[1]之诗亦然。或曰：《犬》诗乃先正李时勉者。未知孰是。"[2]

以上，话虽圆谨，意却明贬；对上二诗作者，提出审慎存疑。

应补疑的是，于诗心境高远，《桑》诗却胸襟褊狭。明人王世贞论其诗文云："谦为文肆笔立就，诗亦爽俊，然少裁割。"[3]于谦《咏煤炭》曰："但愿苍生俱饱暖，不辞辛苦出山林"；其《孤云》亦曰："大地苍生被甘泽，成功依旧入山林。"均表明于谦造福万民、不求报答的天襟地怀。而《桑》诗流露的忌怨心绪，同于谦的性格不符。

其二为《辞世》诗。孙书以于谦之口吟的另一首诗是，第三十二回即第三十二传《西市上屈杀忠臣　承天门英魂觋诉》。文载：

> 二十二日早，狱中取出于谦、王文、范广、王诚等，于西市就刑。王文口中大叫曰："显迹何在？以'莫须有'效奸贼秦桧之故套，诬陷某等于死。天乎昭鉴！"于公乃

---

[1] 成化《水东日记·于节庵遗事》载："其入京议事，独不持土物贿当路。汴人尝诵其诗曰：'手帕蘑菇与线香，本资民用反为殃。清风两袖朝天去，免得闾阎话短长。'"后嘉靖《河南通志》，第24卷、第18页载于谦此诗文句相同。但是，文化艺术出版社1998年版校点本《七修类稿》，此处标点有误："若《手帕》《蘑菇》之诗亦然"云云。"手帕"与"蘑菇"是一首诗，而不是两首诗。

[2] 郎瑛《七修类稿》卷三七，中华书局，1959年，第558页。

[3] 王世贞《弇州山人续稿》卷八五，第22页。

大笑，口中但曰："主上蒙尘，廷中大乱，呼吸之间，为变不测。若无于谦，不知社稷何如。当时吾统一百八十万精兵，俱在吾掌握之中，此时不谋危社稷，如今一老赢秀才，尚肯谋危社稷呼？王千之（王文）、范都督等，吾与汝不必再言，日后自有公论也。"于公复大笑，口吟《辞世》诗一律，令人代录之。其诗云：

村庄居士老多磨，成就人间好事多。

天顺已颁新岁月，人臣应谢旧山河。

心同吕望扶周室，功迈张良散楚歌。

顾我今朝归去也，白云堆里笑呵呵。

呜呼！枉哉！屈乎！于公吟完，令人录毕，即正色就刑。都人见之闻之，老幼无不垂泪。[1]

于谦品格高尚、内省自律，不居功傲世、自我标榜。所谓《辞世》诗为于谦临刑口占，可惑六点，缕析如下：

一是"村庄居士"，同于谦身世不符。于谦出身于仕宦之家，他的先祖做过元朝的"杭州路总管"；祖父做过兵部主事；父亲清高耿介"隐德不仕"。于谦既先祖显贵，又世居杭州，且高中进士。这就说明所谓"村庄居士"云云，以及"老赢秀才"云云，绝不可能出自少保、兵部尚书于谦之口。

二是"心同吕望"，同于谦性情不合。朱祁钰在英宗被俘、社稷危难之时登基，于谦时任兵部侍郎，旋迁兵部尚书。于谦是景泰朝社稷之重臣、朝廷之栋梁，但他始终没有成为内阁大

[1] 孙高亮《于少保萃忠全传》，孙一珍校点，人民文学出版社，1988年，第163页。

学士。此事，非不能也，是不欲也！论功、论德，论权、论位，论资、论绩，论才、论望，他虽位极人臣，权倾一时，但从不以吕尚自诩。何而临刑摆出"吕望"的傲势？

三是"功迈张良"，同于谦心志不贴。于谦一向恭谨勤慎，从不居功自傲。他入朝议事，有人劝他带些土特产品用作交际，谦笑而举手谢曰："吾惟有两袖清风而已！"这就是他的那首名诗："手帕麻姑与线香，本资民用反为殃。清风两袖朝天去，免得闾阎话短长。"[1]他身为少保，执掌兵部，国事多艰，经年清勤："不还私第，居止朝房"，"衣无絮帛，食无兼味"，真是一条汉子。所谓"功迈张良"云云，绝不会出自于谦之口；所谓"吾统一百八十万精兵"云云，也绝不会出自于谦之口。

四是文人载述，不见诸文集笔记。于谦在北京西市临刑，震动朝野，观者如堵。上文已云："都人见之闻之，老幼无不垂泪。"如果他在被刑之前，令取纸笔，即口占诗，必是新闻，朝野传诵。但其时或稍后，在京师或杭州，在开封或太原，所见文集笔记，所阅野史稗乘，对于此事，无一记载。即如叶盛，跟于谦在朝同僚、京邸为邻、文字相交、一再往来，但其《水东日记》中有八条记载于谦的诗文事迹，却未载此诗。这就说明，所谓于谦临刑口占《辞世》诗，明史绝无此事，纯属小说家言。

五是于公集中，不曾著录临刑诗。上述口占诗，如真有其事，必传诵文坛，流布于京师，载之于笔记，记录于家乘。但其嗣子于冕、其义子于康、其内弟董序、其友夏时正等，著录

---

[1]　嘉靖《河南通志》卷二四，第18页，国家图书馆善本部藏。

于公《节庵存稿》，或其诗文集中，盖无此诗。后编纂《于肃愍公集》，亦无此诗。再后编辑《于忠肃公集》，也无此诗。这就说明：刑场之上，并无此诗。

六是不合史实，明朝人已经记载。于谦被刑之日，尹守衡《明史窃》载述："是日，谦就（刑）东[1]市，天为骤变，阴霾蔽空，朝野冤之。达官朵耳枕谦尸而哭之收瘗焉！"[2]王世贞亦记曰："谦死之日，阴霾翳天，行路嗟叹。"见闻之人众多，记载之人却无。明人笔记中载述于谦就刑之文夥矣，却没有人就其临刑吟《辞世》诗的记载。

其三为《石灰吟》，在下节分析。

总之，孙高亮的《于少保萃忠全传》，是一部歌颂于谦精神德业的章回体历史传记小说。如果将历史小说里的故事，移入历史范畴，当作历史真实，实令太史公悲哀。所以，《辞世》一律，似是孙高亮之俚句，而不是于忠肃之遗诗。从这点出发，下节进一步考析《于少保萃忠全传》中的《石灰吟》一诗。

六

《石灰吟》最早见之于孙高亮的《镌于少保萃忠传》，而该书是一部章回体历史传记小说。明嘉靖壬戌（四十一年）科进士、孙高亮钱塘同里林梓，在《镌于少保萃忠传·序》中说：

---

〔1〕 明代北京刑场在西市，故"东市"应作"西市"，"东"字为误，"西"字为正。

〔2〕 尹守衡《明史窃》卷五一，第4页，明崇祯十年（1637）刻本，台北"中央图书馆"善本部藏。

对于公之精神德业，衰采演辑，其为演义，"盖雅俗兼焉"^{〔1〕}。
《镌于少保萃忠传·凡例》说明，其书资料，雅俗兼采：既有
官书实录，也有奇闻野记；既有名臣奏疏，也有梦占琐语^{〔2〕}。
该书人民文学出版社本^{〔3〕}校点者言：这部小说融会了演义小
说和神魔小说的特点，其中"有些关节还进行了绘声绘色的渲
染，并伴以一定的虚构、想象和夸张"^{〔4〕}。这里强调《于少保
萃忠全传》的作者孙高亮，对于谦生平与功业之虚构故事情
节、艺术夸张手法和拟人化的渲染。简言之，《于少保萃忠全
传》既为章回体历史传记小说，则不可避免地会有渲染、虚
构、想象和夸张的故事情节。所以，我们在读《于少保萃忠全
传》时，对其第五回或第五传所载于谦的《石灰吟》一诗，应
在真实与虚构、实录与野记之间，细加审视，精心鉴别。现对
《石灰吟》为于谦所作，剔出其虚拟，剖析其渲染，诠释其想
象，辨别其夸张，分析其演义，揭示其真貌，进行考疑，分辨
讨论。

在《于少保萃忠全传》中，第五回即第五传《于廷益大比
登科　高孟升坚辞会试》，开篇叙述于谦在富阳山中读书^{〔5〕}。孙
高亮写了下面的一段话：

　　　　公在馆中数月，一日闲步到烧石灰窑之处，见烧灰，

---

〔1〕　林梓《镌于少保萃忠传·序》，卷首，明刻七十回本。
〔2〕　孙高亮《镌于少保萃忠传·凡例》，卷首，明刻七十回本。
〔3〕　《于少保萃忠全传》人民文学出版社1988年本扉页有于谦画像一幅，题
　　　名为"于肃公像"，脱"忠"字；应作"于忠肃公像"。
〔4〕　孙一珍《于少保萃忠全传·校点后记》，第216页。
〔5〕　富阳县，今属浙江省杭州市，距杭州市30公里。

因有感于怀，遂吟诗一首云：

　　千锤万击出深山，

　　烈火焚烧若等闲。

　　粉骨碎身全不惜，

　　要留清白在人间。

　　于公吟毕，仍到馆中，与朋友会文，讲论经史。[1]

这首七言绝句《石灰吟》，很像是小说家言[2]。此诗，版本不同，文字略异。其第三句，"粉骨碎身"又作"粉身碎骨"；"全不惜"又作"全不怕""浑不怕"。下面对《石灰吟》及其相关问题，分列五点，进行探析。

第一，《石灰吟》的意境。有文推论此诗为于谦少年时所作。[3]孙高亮将其安排在于谦中举人前一年所作。其时于谦正在潜心读书，锐意进取，奋力拼搏，追求功名。这首以石灰喻人生的诗篇，不像在书馆攻读少年的阅世心态，而似饱经人生风霜的磨难凝结。所以，这首诗不符合于谦当时的年齿与身份、阅历与心态、氛围与衷曲、意境与风格。况且，于谦诗的风格，明人评其"诗亦清丽"[4]，今人评其有"杜甫诗风"[5]。所以，《石灰吟》同于谦其他诸诗的意境、风格相差很远。

_____

〔1〕　孙高亮《镌于少保萃忠传》卷一，第 36 页，沈国元评点，明刻七十回本。

〔2〕　孙高亮《于少保萃忠全传》卷二，第 5 回，第 1 页，清道光二年（1822）刻本，国家图书馆善本部藏。

〔3〕　林寒、王季编选《于谦诗选·前言》，浙江人民出版社，1958 年；又见郭永学等著《于谦大传》，长春出版社，1999 年。

〔4〕　万历《钱塘县志》卷五，第 2 页，万历三十七年（1609）刻本，浙江省图书馆古籍部藏。

〔5〕　王其煌先生在于谦研究会第二届年会上，发言赞同本文见解，并口示此见。

第二,《石灰吟》的出处。在明代出版的成化、嘉靖、隆庆、天启和明季的五种于谦诗集正文中,不见《石灰吟》一诗。特别是其子于冕在成化十二年(1476)编纂的《节庵存稿》中,没有《石灰吟》。嘉靖六年(1527)雕梓的《于肃愍公集》,为河南大梁书院刻本,也没有《石灰吟》。上述两集的编纂,广汇资料,极为认真:于冕"亟访旧稿无得,仅于士林中得抄录者计若干首:如梁晋所作,得之都宪杨公、今南昌二守同邑夏世芳;兵部所作,得之少宰昆山叶文庄公;今祠部主事表弟董序近于乡曲之家,又得公进士、御史时所作若画、鱼、葡萄诸诗,所谓存什于千百也"[1]。后集收录于谦诗篇最多,共620首,但其中也无《石灰吟》[2]。现已查明《石灰吟》一诗,在于忠肃公诗文集中,首次出现是隆庆《于肃愍公集》之《附录·补遗·诗》,未入正文,鱼豕杂然,为清配刻本,由后人所羼。清康熙六十年(1721)于继先编辑的《于忠肃公集》,且为孤例,未见旁证。考证史实,孤证不立。前文已经分析,其根源可能出于孙高亮的章回体历史传记小说《于少保萃忠全传》第五回即第五传《于廷益大比登科 高孟升坚辞会试》。所以,与其将其当作于谦诗作,不如将其视作小说家言。

第三,《石灰吟》的记载。查阅明人跟于谦同时或稍后的亲人、族人、乡人、友人、学人、后人,在其文集笔记中,有关于谦的文字不胜枚举,但载录《石灰吟》者,既未见一人,亦未见一书。这从一个侧面表明,《石灰吟》系于谦所作,在明代

---

[1] 于冕《节庵存稿·识记》,不分卷,明成化十二年(1476)于冕刻本,上海图书馆古籍部藏,孤本。

[2] 查台北"中央图书馆"编印《公藏善本书目人名索引》(1972年版),著录于谦诗文集仅有嘉靖本、天启本、评点本、《四库》本和光绪本五种。

没有得到学人的认同，在清代也没有得到学人的认同。

第四，《石灰吟》的采风。在于谦做过抚、按的江西、河南、山西、陕西等地，在编修通志、府志和县志时，广泛采风，收集志料。但是经查阅明代有关的方志，均不见载录《石灰吟》一诗。在浙江通志、杭州府志、钱塘县志的各种版本中，特别是明代诸版本中，无一记载于谦的《石灰吟》。

第五，《石灰吟》的讹传。《石灰吟》为于谦所作，根源就在孙高亮的《于少保萃忠全传》。隆庆年间，于懋勋的《于肃愍公集》刊本，《石灰吟》初入《附录·补遗·诗》，清人刻配，羼入明本。康熙六十年（1721），于继先纂辑《于忠肃公集》刻本，《石灰吟》初入诗集。清光绪二十六年（1900），丁丙沿袭于继先《于忠肃公集》再刻版，《石灰吟》更加传播。由是，《石灰吟》一诗，近百年来，传布之广，影响之大，莫此为甚。误将说部之言，切入于谦诗集，于继先纂辑的《于忠肃公集》正文，鲁鱼不辨，为经始者。

前述文字，完稿之后[1]，《石灰吟》的作者，有文歧出新议，下面再做讨论。

七

《石灰吟》的作者，近出异议，补作附论。

黄瑞云《〈咏石灰〉的作者》一文，提出《咏石灰》的作者为明初江陵人刘儁。黄先生曾编《明诗选注》，书中选了于谦《石灰吟》，但对作者存疑，而后常存悬念。《〈咏石灰〉的作

---

[1] 承蒙吴文涛女史见告，始知有《〈咏石灰〉的作者》一文，谨此致谢。

者》文中说，"最近，我为考察夏水和云梦泽，查阅荆州地区地方志，无意中在《江陵志余》和《江陵县志》（里）发现了此诗的作者，为明初刘儁，题为《咏石灰》，文字和流传所见少有不同"[1]云云。

黄文断定石灰诗的作者为刘儁，其根据是《江陵志余》和《江陵县志》。经查，《江陵志余》在先，《江陵县志》在后；《江陵县志》的"石灰诗"，源于《江陵志余》。所以，两条证据，实为一条。现将孔自来《江陵志余》有关记述，全文引录如下：

> 三节祠在庾楼前，旧曰双节。祀日南死事忠臣刘公儁、何公忠也。后以钱公镈配享之。乃称三节云。三公别详三贤传。
>
> 附记刘愍节[2]公诸生时，赋石灰诗云：千锤百炼出名山，烈火光中走一还。粉骨碎身都不顾，独留清白在人间。
>
> 公身陷不屈，为蛮奴锯裂而死。烈士之概，已见少时。诗载祠中旧碑，后为人讹作于忠肃句，亦忠烈之气相近耳。[3]

对上面文字，做下述分析。

第一，刘儁之仕宦。黄瑞云在《〈咏石灰〉的作者》一文中，引述《明史·刘儁传》中的文字，但引文诸多疏误。现据

---

[1] 黄瑞云《〈咏石灰〉的作者》，载《湖北师范学院学报》1996 年第 4 期。

[2] 黄瑞云作"愍节"，《江陵志余》和《江陵县志》也作"愍节"；《明史·刘儁传》作"节愍"。

[3] 孔自来《江陵志余》卷八，第 8—9 页，上海鸿文书局石印本。

《明史·刘儁传》，重新标点，征引如下：

> 刘儁，字子士，江陵人。洪武十八年进士。除兵部主事，历郎中。遇事善剖决，为帝所器。二十八年，擢右侍郎。建文时，为侍中。成祖即位，进尚书。永乐四年，大征安南，以儁参赞军务。儁为人缜密勤敏，在军佐画，筹策有功，还受厚赉。未几，简定复叛。儁再出参赞沐晟军务。六年冬，晟与简定战生厥江，败绩。儁行至大安海口，飓风作，扬沙昼晦，且战且行，为贼所围，自经死。洪熙元年三月，帝以儁陷贼不屈，有司不言，未加褒恤，敕责礼官。乃赐祭，赠太子少傅，谥节愍。[1]

上文中的刘儁，当燕王朱棣"靖难之役"攻占金陵时，原建文帝诸臣多不从，而"儁等迎附，特见委用，进兵部侍郎。四年，儁以尚书，出征黎利"[2]。刘儁忠于成祖，死于社稷；受赐祭，谥节愍。[3]在湖北江陵有"三节祠"，祭祀"刘愍节、何忠节和钱忠节"。但是，于刘节愍公儁，未见其有诗文集传世。刘儁气节，迥异于谦。儁为建文之臣，朱棣攻占金陵，忠节之士，比比皆是，受刑者有之，自尽者有之，殉君者有之，灭族者有之，刘儁却迎附升官。这种逶迤趋炎的奴颜媚骨，哪有不怕烈火焚烧、不怕碎骨粉身的高风亮节！又哪有留下清白在人间的情操！

---

〔1〕《明史》卷一五四《刘儁传》，中华书局，1974年，第4228页。

〔2〕《明史》卷一五一《方宾传》，第4183页。

〔3〕《明仁宗实录》卷一二，洪熙元年三月辛巳，台北"中研院"史语所校勘本，1962年。

第二，孔自来其人。首见文献记载刘儰石灰诗的是孔自来。孔自来，字伯靡，明末清初江陵的文士。他在《江陵志余·自笺》里说：当鼎沸之秋，而屈于时命，闭户著述，未尝少懈。[1]他不仅著述，而且结社。孔自来同王文南等人成立"报庵社"。在《江陵志余》卷首列名"社弟"者有：严守昇、曹国榘、尤宏祚、郭占春、毛会建、郑师谦、胡铨、徐一经和范麒等。其"同社数子，兴起古学，矢志撰辑。吾荆大蒸变矣，即以志论"[2]云云。时为顺治庚寅年即七年（1650）。"报庵社"诸君子，鼎革之变，同人立社，交往联谊，兴古铭志。那首石灰诗，正可以抒志。孔自来在述古迹"三节祠"时，借记"石灰诗"，以抒己之志。

第三，孔伯靡其书。江陵在明以前，并无志书。明兴以后，修过新旧两部志书：一部仿史例而失之略，另一部虽较详而失之疏，水灾兵燹经年，二志化为云烟！于是，孔自来（伯靡）创修《江陵志余》。全书十卷：卷一志《总纲》，卷二志《陵陆》，卷三志《水泉》，卷四志《古迹》，卷五志《宫室》，卷六志《精蓝》，卷七志《琳宫》，卷八志《禋祀》，卷九志《垆墓》，卷十志《时俗》。"三节祠"就在卷八，而石灰诗附焉。孔氏的《江陵志余》，不是严肃确核的方志之书，而是俚俗野闻的糅杂之作。其好友评《江陵志余》曰："而其蒐逸罗僻，或正史所遗而出于稗官，或今人所忽而传于故老，或楚纪郡乘不载而偏征于奇书秘笈。"[3]书首的八篇《叙》文，前后时间为八年。

---

〔1〕 孔自来《江陵志余·自笺》，《江陵志余》卷首。

〔2〕 《江陵志余·王文南叙》，《江陵志余》卷首。

〔3〕 《江陵志余·曹国朴小引》，《江陵志余》卷首。

书中的志料来源，精与糙，文与野，尤当审慎，细加辨别。同时，书首的第四篇《叙》，署名"学弟陈弘绪题"，其中"弘"字缺末笔，为避清高宗弘历之名讳，显然刻书的时间在乾隆朝或其后。所以，书中载记的石灰诗，需要做具体的分析。

第四，刘士璋刊误。江陵志书，在清代有：清乾隆《江陵县志》五十八卷首一卷，其中采录孔自来的上述说法；光绪《续修江陵县志》六十五卷首一卷，其中也采录孔自来的上述说法。但是，刘士璋著《江陵县志刊误》，对上述纂述，提出异议。楚人刘士璋的《江陵县志刊误》一书，共六卷，清嘉庆五年（1800）刊刻。书中虽勘乾隆《江陵县志》之误，却牵涉孔自来的前述说法。"刊误"曰：第五十三卷《艺文·诗》载曰：钟离权的《题荆州开元寺壁二首》，"《全唐诗话》此《题荆州开元寺壁诗》也，郡志亦误采，旧志来自杂记"，故宜删。又曰：刘儁《咏石灰》和孔自来《七夕》等"俱宜删"[1]。刘士璋用"宜删"二字，表示了自己的判定。

第五，旧碑的存疑。检出疑点，列举四条：其一疑时间。三节祠之碑，系后人刻立。何忠节碑，刻诸公诗。有云："万里边城受困时，腹中怀奏请王师。红尘失路关山远，白日悬心天地知。死向南荒应有日，生还北阙定无期。英魂不逐西风散，愿助天兵殄叛夷。"碑刻很晚，明季清初，指斥满洲，即为一例。其二疑诗名。刘儁的诗碑，所谓咏石灰的"咏"字，是孔自来所加的，不是原诗的刻录。其三疑来源。孔自来称："刘愍节诸生时，赋石灰诗。"这个肯定论断，并无历史根据。其四疑逻辑。"千锤百炼出名山"句，违反常识，纯属悖理。

---

[1] 刘士璋《江陵县志刊误》卷四，第10页，道光十九年（1839）刊本。

笔者下放时，在石灰窑劳动过，也在基建和过石灰。深知石灰不是钢铁，哪有烈火"百炼"之事？石灰不是宝玉，哪有出自"名山"之理？

第六，因果的颠倒。《附记》曰："烈士之概，已见少时。诗载祠中旧碑，后为人讹作于忠肃句。"此一论断，须做五论。其一，"烈士之概，已见少时"。没有史料说明石灰诗为刘儦少年时所作。这里恰留下《于少保萃忠全传》中，于谦诸生时作诗的影子。如系刘儦少时之作，此诗既不著名，也未流传，怎么会传为于谦所作呢？其二，"诗载祠中旧碑"，碑为后人镌刻，刘节愍公，于忠肃公，忠烈之气，颇为相近。谁讹谁呢？孔氏之说，证据不足。其三，所谓"后为人讹作于忠肃句"，如为刘儦的诗，何人、何时讹作于谦的诗呢？孔氏凭空裁断，未见提出证据。其四，明清之际，江陵文士，忠骨傲然，不附新朝。他们抬出刘节愍公的亡灵，寄托自己的理想，将那首《石灰吟》加以改动，成为当地先贤的象征。其五，孤证不立，推论难定。推论石灰诗为刘儦所作，没有确凿有力的证据。况且，此项孤证，疑窦难解。

从上述六点可以看出，孔自来在《江陵志余》中认为，《咏石灰》为刘儦所作，仅是乏力孤证——且孤证之中，半是含糊、半是传闻，史据不足，分析悖理，疑点很多，似难定断。

《石灰吟》同刘儦的关系，上面已述，《石灰吟》同于谦的关系，下节再论。

八

《石灰吟》虽并非于谦所作，但同于谦的关系，极为密切，需做余论。

第一，《石灰吟》的梳理。将于谦《石灰吟》之考疑，前面七条，综结论述，梳理整合，归结如下：《石灰吟》一诗，最早见之于明代万历年间钱塘文人孙高亮所撰《于少保萃忠全传》。孙高亮在《于少保萃忠全传》中，或借传闻，或移他诗，或自创作，或为其他，经过艺术虚拟，成《石灰吟》一首，用于谦之口吟诵，而不是于谦之诗作。艺术家可以虚拟历史使其成为艺术，史学家不能把虚拟艺术当作历史。作家与史家，虚构与史实，泾渭分明，不相混同。其后，明清之际，江陵文士，出于气节，将其改动，镌刻庙碑，以诗铭志。至清康熙年间，于继先始将《石灰吟》移入《于忠肃公集》正文之中。说部他人之诗，经过切换，使其成为史部于谦之作。而后，各书相袭，不辨真伪，以讹传讹，影响至今。以上见解，尚需讨论，冀望切磋，探源求真。

第二，《石灰吟》的评点。今见最早评点《石灰吟》者是沈国元。沈国元，字仲飞，又字存仲，浙江秀水人，明末会试下第，从事纂述。他撰《两朝从信录》[1]《天启从信录》[2]等。今存明刻孤本《镌于少保萃忠传》，就是沈国元评点本。该本在前述《咏石灰》后，沈国元有一段评点。他评点道："后人观此诗，谓文章发自肝胆，诗赋关乎性情。观公咏桑、咏灰，足见其忧国忧民、自甘廉洁、全忠全节之印证也。"[3]这段文字从

---

〔1〕 谢国桢《晚明史籍考》载：沈国元订、陈建辑《皇明从信录》，撰《两朝从信录》《流寇陷巢记》和《甲申大事记》四书，上海古籍出版社，1981 年。

〔2〕 《明史》卷九七《艺文志》，第 2380 页。

〔3〕 孙高亮《镌于少保萃忠传》卷一，第 36 页，沈国元评点，明刻七十回本。

"足见其"到"印证也"共 19 个字，字下加圈，是为沈国元圈点、评论[1]。其评点如第一回《于少保韬年出类 兰古春风鉴超群》，有曰："公之父名彦昭，字英复，笃厚君子也。隐德积行，好善喜施。"在"隐德积行，好善喜施"8 个字下面，沈国元加上墨圈，并眉批曰："于门之昌，实根于此。"[2]总之，沈国元认为《石灰吟》印证于谦"忧国忧民、自甘廉洁、全忠全节"的高贵品质与高尚精神。

第三，《石灰吟》的价值。《石灰吟》一诗，虽不是于谦所作，却反映于谦的理念、志向、性格和风骨，映现于谦的浩然正气、精神境界、价值取向和人生历程。《石灰吟》不仅体现于忠肃公而且体现杰出人物一生历程的四种境界：在其登上历史舞台之前，经历千锤万击的磨炼，艰难出世，成为人才；在其登上历史舞台之时，经受烈火焚烧的煎熬，惊世骇俗，成为人杰；在其登上历史舞台之巅，经受碎骨粉身的考验，舍生取义，成为英雄；在其退出历史舞台之后，留下清白正气在人间，名垂千古，薪火永传！[3]

第四，《石灰吟》的影响。在中国诗歌史上，就其影响而言，《石灰吟》同于谦与《满江红》同岳飞，一样齐名，广泛流传，家喻户晓，童叟皆知。因《满江红》流传时间比《石灰吟》更为悠久，所以影响更为广泛。于谦之所以影响比岳飞小一些，时间比岳飞晚是其一，身后时代变迁是其二。《于少保萃忠全传》万历刻本今已不见，天启刻本雕梓不久，明朝民变蜂起，

---

〔1〕 人民文学出版社校点本《于少保萃忠全传》，误将这段沈国元评点的文字，窜入正文。

〔2〕 孙高亮《镌于少保萃忠传》卷一，第 1 页，沈国元评点，明刻七十回本。

〔3〕 阎崇年《于谦六百年祭》，《于谦研究》，中国文史出版社，1998 年。

满洲铁骑南逼。评点《镌于少保萃忠传》的沈国元，竟然落魄在玉溪舟中作《陷巢记》。甲申之变，清军入关。于谦驱鞑，满洲讳忌。文字之狱，学人寒蝉。民国纪元，战乱不已。而后岁月，帝王将相，横加扫荡，于谦蒙辱[1]。近二十年以来，学术氛围宽松，于谦研究，开始复苏。伴着于谦影响的扩大与深入，《石灰吟》的影响也在扩大与深入。

于谦是杭州人，也是中国人；于谦是杭州的骄傲，也是中国的骄傲。历史不会以《石灰吟》不是于谦所作，而对于谦评价有丝毫影响。《石灰吟》借于少保而传诵四海，于少保以《石灰吟》而更加辉煌。诗云："日月双悬于氏墓，乾坤半壁岳家祠。"[2]又云："赖有岳于双少保，人间始觉重西湖。"[3]于谦的精神与德业，像西湖一样美丽，像石灰一样洁白。这是人的最高品格，也是人的最高境界。

附注

本文发表后，史洪权先生在《文学遗产》2006年第5期发表《石灰吟：从僧偈到名诗——兼谈〈石灰吟〉的作者问题》，提出"石灰诗"最早见于宋末元初释信忠禅师的一首僧偈："工夫打就出深山，烈火曾经煅一番。粉身碎骨全不问，要留明白在人间。"徐泓教授《"粉身碎骨全不惜"的"救时宰相"于

---

[1] 时有《抬出于谦来干什么？》《为右倾机会主义分子招魂的一株毒草——批判吴晗〈明代民族英雄于谦〉一文》等。

[2] 张煌言《入武林》，《张苍水全集》，《四明丛书》本，扬州古籍刻印社，1934年。

[3] 袁枚《谒岳王墓作十五绝句》，《小仓山房诗文集》卷二六，上海古籍出版社，1988年，第634页（此注蒙章明斐馆员帮助查核原文，谨致谢意）。

谦》一文，载于阎崇年、冯尔康、冯明珠主编《陈捷先教授纪念文集》（九州出版社），认为"也有可能是于谦依此僧偈改写传世"。"石灰诗"的作者，黄瑞云先生在《〈咏石灰〉的作者》（载《湖北师范学院院报》1996 年第 4 期）中认为系刘儁。上引史文对此提出质疑。又有人说是李都宪所作。于谦身后经天顺、成化、弘治、正德、嘉靖、隆庆六朝，到万历年间王世贞《弇山堂别集》卷二三，说李都宪撰"石灰诗"既无其人，也无其事，并说："按，他小说载其诗，语类于肃愍，特小异耳"；时钱塘知县孙高亮《于少保萃忠全传》载于谦吟此诗，当为小说家言。研究《石灰吟》作者是个学术问题，并不影响对于谦丰功伟业和高尚情操的肯定。

（本文系为杭州于谦研究会第二届学术研讨会提交的学术论文。笔者遍查海内外有关于谦的诗文集，从明成化到清光绪年间以来，海内外现存各种善本、稿本、抄本、孤本，考证《石灰吟》非于谦所作。原载《于谦研究》第 2 辑，中国文史出版社，2001 年）

论戚继光

戚继光（1528—1588），山东蓬莱人，是明代伟大的军事家、杰出的民族英雄。时值戚继光逝世四百周年，同里先贤，光被后学，撰写拙文，以作纪念。

一

社会需要、个人才智、历史机遇——三者的交错联结与有机统一，是一个历史人物在社会舞台演出喜剧或悲剧的历史原因。戚继光一生中的功业与孤独、有幸与不幸，都应当在这里探索历史的答案。

《明史·戚继光传》赞曰："戚继光用兵，威名震寰宇。然当张居正、谭纶任国事则成，厥后张鼎思、张希皋等居言路则废。"[1]诚然，戚继光的戎绩与进退，同张居正、谭纶至为攸关。但戚继光先戍蓟"防虏"，后赴浙"御倭"，其时张居正并未当国，谭纶则初官知府。《明史·戚继光传》的撰者，过言党争之事。应将戚继光置于错综复杂的历史网络中，进行多层次、

---

〔1〕《明史》卷二一二《戚继光传》，中华书局，1974年，第5627页。

多角度的历史考索。

倭盗骚扰海疆，明廷决意御倭，为戚继光施展才智提供了一个军事舞台。

中国自近世以来，不断受到外来势力的侵略。这是中华民族文明史上从未出现过的新困扰。早在 14 世纪初，倭盗就从海上袭扰我国北部和东部沿海地区。元末，"倭人连寇濒海郡县"[1]，火城市，杀吏民，为害匪浅。明初，"倭数寇海上，北抵辽，南讫浙、闽，濒海郡邑多被害"[2]，给沿海居民生命与财产造成惨重损失。而后，西班牙、葡萄牙、荷兰等殖民者，从海上向我国东南与中南地区，俄国从陆上向我国东北与西北地区，进行殖民掠夺与扩张。特别是在明中后期、明清之际和清中后期，沿海地区受到三次大的殖民海盗骚扰。在反对外来侵略势力的斗争中，出现了以明代戚继光与郑成功、清代萨布素与林则徐为代表的民族英雄。戚继光则是中华民族发展史上最早反抗外来侵略的著名民族英雄。戚继光以御倭而显名，但明代的倭患需略作分析。

明代的倭患，似可分为前、中、后三期。前期即明初，日本群藩割据，战乱不已。战败的流浪武士与贪婪商人，到中国沿海城乡抢掠粮食和财物，并劫掠人口，作为奴隶。[3]其时明朝国力强盛，在沿海设置卫所，以资防倭。[4]并屡挫倭犯，未酿成大患。如永乐十七年（1419），辽东总兵官刘江在望海埚大败倭盗，斩

---

〔1〕《元史》卷四六《顺帝本纪九》，中华书局，1976 年。

〔2〕《明史》卷一五五《刘荣传》。

〔3〕洪平健《日本历史的发展》，《史学专刊》第 1 卷第 4 期，国立中山大学出版部，1936 年。

〔4〕《明会典》卷一〇五，商务印书馆《万有文库》排印本，1936 年。

首千余，生擒数百，"自是海上数十年，民各安业"[1]。

后期即万历朝，日本丰臣秀吉于万历二十年（1592），派20万大军侵略朝鲜，"攻陷王京，掠占平壤，生民涂炭，远近骚然"[2]。倭患殃及中国，据朝鲜史书载述掳倭供言：日军"先陷朝鲜，入据其地，然后仍犯中国"[3]。明廷鉴于同朝鲜为"唇齿之国，有急当相救"[4]，出兵朝鲜，援朝抗倭。战争历时七年，以日本失败而告终。明朝前期和后期的倭患，其共同点是，同为日人肇起骚乱，又均以日人为成员；其不同点是，前者由中国地方军民，在中国沿海地区展开抗倭斗争，后者则由明廷派出军队，在异国朝鲜土地上进行御倭战争。这两期抗倭，受时势、地域和社会等因素的制约，虽不乏骁勇战将，但未铸成伟大的军事家。

明代中期的倭患，以嘉靖朝为甚。这是因为：永乐帝迁鼎燕京，边防重北轻南，东南防务空虚；东南沿海地区经济实力日增，商品经济发展，而明廷又采取禁海和劫杀[5]的错误政策；明朝在己巳（1449）、丁丑（1457）和庚戌（1550）三变后元气大伤，日趋衰落，军备废弛；日本列岛群雄割据，浪人以岛为巢，登岸肆掠，真倭与假倭相勾结——"各岛诸倭岁常侵掠，滨海奸民又往往勾之"[6]。正统以降，逐渐酿成倭患。正

---

[1] 查继佐《罪惟录》卷一九《刘江传》，浙江古籍出版社，1986年。

[2] 《李朝宣祖实录》卷四二，二十六年九月己未，日本学习院东洋文化研究所，1959年。

[3] 《李朝宣祖实录》卷四〇，二十六年七月辛酉。

[4] 《李朝宣祖实录》卷二七，二十五年六月乙卯。

[5] 《清圣祖仁皇帝实录》卷一四一，康熙二十八年八月戊子，中华书局影印本，1985年。

[6] 《明史》卷三二二《日本传》。

统四年（1439）史载：

> 是年，寇大囂，入桃渚，官庾民舍，焚劫一空。驱掠少壮，发掘冢墓。束婴竿上，沃以沸汤，视其啼号，拍手笑乐。捕得孕妇，卜度男女，刳视中否，为胜负饮酒。荒淫秽恶，至有不可言者。积骸如陵，流血成川。城野萧条，过者陨涕。[1]

至嘉靖朝中期，酿成倭患大祸。"自鲁迄粤，海疆糜沸，江浙受祸尤酷"[2]：略扬州，杀同知，居民遭焚劫；薄苏州，城门闭，乡民绕城哭[3]。受倭患的城镇，"四郊庐舍，鞠为煨烬；千队貔貅，空填沟壑。既伤无辜之躯命，复浚有生之脂膏。闻者兴怜，见者陨涕"[4]。遭倭难的地区，"兵火之后，百姓流移。死者未葬，流者未复。蓬蒿塞路，风雨晦明。神号鬼泣，终夜不辍"[5]。浙东浙西，江南江北，滨海千里，同时告警，倭帆所指，皆为残破。因此，抗倭既是明廷维护皇权的需要，也是民众谋求生存的愿望。戚继光在浙、闽的抗倭，受到明廷的重视，也得到百姓的支持。这就为戚继光在抗倭中贡献才智准备了历史的条件。

---

[1]《嘉靖东南平倭通录》附录二，载《国朝典汇》，台湾学生书局据台北"中央图书馆"藏善本影印，1965年。

[2]《嘉靖东南平倭通录·柳跋》，神州国光社，1946年。

[3]《明史》卷二〇五《任环传》。

[4] 采九德《倭变事略·序》，《中国历史研究资料丛书》，上海书店出版社，1982年。

[5] 玉垒山人《倭变事略·金山倭变小志》，《中国历史研究资料丛书》，上海书店出版社，1982年。

蒙骑屡破长城，明廷加强御守，为戚继光施展才智提供了又一个军事舞台。明代的蒙古贵族，不断骚扰北边，内犯中原，正统之后，尤为剧烈。《明史·鞑靼传》载："当洪、永、宣世，国家全盛，颇受戎索，然畔〔叛〕服亦靡常。正统后，边备废弛，声灵不振。诸部长多以雄杰之姿，恃其暴强，迭出与中夏抗。"[1]正统己巳之变与嘉靖庚戌之变，皇帝被俘，京师被困，明之防务，重在北边。在东南沿海倭平之后，北部防务，益加突出，"天下之大患，莫重于边防"[2]。北边防务，重点在蓟，"今之边务，莫重于蓟"[3]。隆庆元年（1567），朝廷采纳给事中吴时来之言，调总兵官戚继光北上守蓟。

在戚继光守蓟的 16 年间，恰逢诸多历史机缘。第一，蒙古走向割据衰落，满洲尚未统一崛兴，时处嘉靖庚戌攻扰京师后与崇祯己巳（1629）攻打京师前的北骑南犯低潮之际。第二，明廷采纳宁夏巡抚王崇古之议[4]，诏封俺答汗为顺义王，开辟贡市。万全等地开市之日，店贾交易，"铺沿长四五里许"[5]，北边形势，为之一变。第三，张居正当国，谭纶主戎政，究心军谋，委任责成，使其动无掣肘，事克有济。第四，蓟镇与辽东，"表里相依，不啻唇齿"。戚继光戍蓟门设严守固，李成梁镇辽东屡奏大捷，内外配合，遥相呼应[6]。上述的有利因素，

---

〔1〕《明史》卷三二七《鞑靼传》。

〔2〕《张给谏奏议一》，载《明经世文编》卷三六四，中华书局影印本，1962 年。

〔3〕 汪道昆《蓟镇善后事宜疏》，载《明经世文编》卷三三七。

〔4〕《明史》卷二二二《王崇古传》。

〔5〕 万历《宣府镇志》卷二〇，万历二年（1574）增刻本，北京图书馆藏（胶片）。

〔6〕《明史》卷二三八《李成梁传》。

为戚继光守蓟功成促合了历史的机遇。

但是，在平倭与守蓟的两个军事舞台上，戚继光之所以能比同时代人扮演更重要的角色，还有其自身的原因。

戚继光的始祖戚详，曾随朱元璋起兵，从戎近三十年，攻战阵亡。明廷为追念戚详开国之功，授其子斌为明威将军，世袭登州卫指挥佥事[1]。斌子珪，珪子谏，谏子宣，宣无子，弟宁娶阎氏生子景通即继光之父。从明初起，倭盗不断骚扰山东沿海州县，登州卫成为海防重地。明在登州设置七所，军官百余人，军兵三千二百余名。[2] 戚家自斌至继光，任登州卫指挥佥事共历六世，约一个半世纪。继光之父景通曾历大宁都司掌印，坐京师神机营副将，并以都指挥佥事督备倭诸军事。景通喜读书，不阿附，"常席地读书，当暑不辍"[3]，刘瑾时，"部戍卒践更京师，瑾阴遗之席帽，约曰：'着此帽为刘景通。'不肯着，为黄冠遁去"[4]。景通教子极严，尝以"绮疏四户""綦履锦衣"诟诫之，并教育其读书立志，报效社稷。景通晚年，"画策备胡，累数百牍"[5]，究心边事，颇有撰述。景通忠介清廉，死后"家徒四壁，惟遗川扇一柄"，贫至其遗孀告贷襚殓。戚景通于军事理论之造诣，戎事实践之丰富，经史艺文之渊博，居官做人之清介，均予戚继光以重要的影响。

天启初，山东总兵沈有容尝言：戚继光以"世胄起家，得

〔1〕《戚少保年谱耆编》卷一，崇勋祠重刻本，道光二十七年（1847），福建仙游。

〔2〕《筹海图编》卷七，明嘉靖四十一年（1562）刻本。

〔3〕《汪太函集》卷二七，明万历辛卯年（1591）刻本。

〔4〕查继佐《罪惟录》卷一九。

〔5〕李贽《续藏书》卷一四《都司戚公传附子继光传》，中华书局，1959年。

读父书，所谓将门出将，故师出以律"[1]。戚继光出身将门，幼时读书之余，则"融泥作基，剖竹为杆，裁色楮为旌旗，聚瓦砾为阵垒，陈列阶所，研究变合，部伍精明，俨如整旅，居然蛇鸟之势，而绰有风云之状"[2]。他日金鼓旗帜之节，营伍奇正之方，兹已斑斑微露。稍长性倜傥，负奇气，"不求安饱，笃志读书"，习兵法武备，"通经史大义"[3]。他严于律己，尝书"十四戒"[4]置于座右，并乡试中武举。青少年时的经历，将门家风的熏陶，为戚继光后来事业的成就，准备了重要的条件。

戚继光先祖世袭登州卫指挥佥事，他生长于山东蓬莱水城，自幼受海洋文化熏陶，知风信，识潮汐，习波涛，明舟师，更了解沿海民众甘苦，又具有训练水兵经验。他的《纪效新书》（十八卷本）有《治水兵篇》，其《纪效新书》（十四卷本）则有《陆兵舟行解》《船》《舟师号令》《水操解》《发舡号令》《行泊号令》《夜行号令》《水战号令》《潮汐歌》《太阳歌》《寅时歌》《潮信歌》《风涛歌》《水兵陆操号令》十四节。他率军在沿海抗倭战争中，陆兵水兵，步车战船，两栖作战，彼此转换，相互配合，展现优长。这是戚继光在浙、闽沿海抗倭，铸成伟大英雄的又一个重要条件。

"封侯非我意，但愿海波平。"[5]戚继光利用时代的条件与机

---

[1]《戚少保年谱耆编》卷首"沈序"，崇勋祠重刻本，道光二十七年（1847）。

[2]《戚少保年谱耆编》卷一，崇勋祠重刻本，道光二十七年（1847）。

[3]《明史》卷二一二《戚继光传》。

[4]《止止堂集》卷四《愚愚稿上》，清光绪十四年（1888）山东书局重刊本。

[5]《止止堂集》卷一《横槊稿上》。

遇，秉承父祖遗志，萦念民苦国忧，胸怀壮志，气概博大，登上荡平海波、御守蓟门的军事舞台。

二

戚继光"飙发电举，屡摧大寇"[1]，在抗倭战争中立下千古不朽的功勋。

在嘉靖朝的御倭战争中，戚继光的行动同东南沿海抗倭形势相联系，而东南沿海抗倭的形势又同朝廷政局相联系。嘉靖帝自二十一年（1542）"壬寅宫变"后，移居西苑永寿宫（后改名万寿宫），不入大内，不御朝政。大学士严嵩无他才略，"惟一意媚上，窃权罔利"[2]，并遍引私人，官居要职。赵文华以附嵩，受命总督江浙诸军事。御倭事权不一，战抚不定，用人失当，功罪倒衡。巡抚浙江兼提督浙、闽海防军务的朱纨，虽屡获大捷，却遭谗下狱，自"制圹志，作俟命词，仰药死"[3]。都指挥卢镗虽获战功，因坐朱纨事系狱。[4]巡抚浙江兼提督军务王忬，上方略、整军旅、破倭犯、见成效，但被调任，"浙复不宁矣"[5]。总督张经败敌于王江泾，因怠慢赵文华而落狱，巡抚李天宠亦下狱，俱被斩首，"天下冤之"[6]。南直巡抚曹邦辅以

---

〔1〕《明史》卷二一二《戚继光传》。

〔2〕《明史》卷三〇八《严嵩传》。

〔3〕《明史》卷二〇五《朱纨传》。

〔4〕《明史》卷二一二《卢镗传》。

〔5〕谷应泰《明史纪事本末》卷五五，中华书局，1977年。

〔6〕《明史》卷二〇五《张经传》。

获捷被谪戍[1]，甚至总兵俞大猷也因捷遭诬下狱，赖友人密资严世蕃方解狱戍边[2]。出力任事之臣，落狱、受戮；弄权谄媚之流，却得宠、晋官。赵文华不知兵，上平倭患七事，"首以祭海神为言"[3]，并饰奏"江南清晏"，竟官至总督、尚书。从而使得东南沿海倭患伏而复起，愈演愈烈。

倭患不仅祸及东南沿海居民，而且危及漕运。明代都城在北京，而经济重心在江南，"天下财赋，大半取给东南"[4]。明朝中期，"河、淮以南，以四百万供京师"[5]。漕运自江而淮而黄，终至京师。漕运梗阻，殃及京城。倭盗骚扰江、浙一带，影响明廷的财赋与漕运。如"倭至扬州，营于湾头镇数日。逆犯高邮，入宝应，信宿而去。突犯淮安，掠民船四十余艘，旋复入宝应，烧毁官民廨舍，掘县北土坝，泄上河水入，乃驾舟溯东乡，由盐城至庙湾，入海居数日，开洋东遁"[6]。倭盗滋扰杭、苏、宁、淮、扬等地带，明廷的陵寝、留都、赋源和运道，同时告急。以抚、以贿[7]消弭祸乱的主张，不得人心，遭到摒弃。因此，面对倭患危急态势，只能做出一种回答：抗御倭寇，卫国保民。戚继光就是在这样的情势下，开始受命抗倭的。他平倭十五年，可分作备倭山东、至浙练军、抗倭浙江和援闽御倭四个时期。

---

〔1〕《明史》卷二〇五《曹邦辅传》。

〔2〕《明史》卷二一二《俞大猷传》。

〔3〕《明史》卷三〇八《赵文华传》。

〔4〕 孙承泽《山书》卷七，清抄本。

〔5〕 谷应泰《明史纪事本末》卷二四。

〔6〕《嘉靖东南平倭通录》。

〔7〕《明史》卷二〇五《阮鹗传》。

备倭山东，海疆肃靖　嘉靖三十二年（1553）六月，戚继光"进署都指挥佥事，督山东备倭事"[1]。其时，倭犯重点在浙江。浙江王忬去职，张经与李天宠下狱。赵文华以祷祀东海镇倭寇之猖獗兼督察沿海军务而至浙，凌轹官吏，公私告困，外患内扰，益无宁日。但山东所受干扰较少，戚继光得以施展才能。他熟悉海情、倭情。早在宣德八年（1433），其高祖戚珪即上言备倭事：

> 初山东缘海设十卫、五千户所，以备倭寇。其马步军专治城池器械，水军专治海运。后调赴京操备、营造，军士已少。而都指挥卫青，复聚各卫马步水军，于登州一处操备。遇夏分调，以守文登、即墨诸处，及秋夏聚。若倭寇登岸，守备空虚，无以御敌；且倭船肆掠，无分冬夏，仓卒登岸，而官军聚于一处，急难策应。请以原设捕倭马步水军，各归卫所，如旧守备，且习海运，遇有警急，相互援应，则刍粮免于虚费，军民两便。[2]

疏上，命山东三司及巡按御史计议以闻。戚继光缵承先世历代御倭、治军、海运经验，设署于登州（今山东蓬莱）太平楼前[3]。他振饬营伍，整刷卫所，清理钱粮[4]，严明纪律，惩治

---

[1]《戚少保年谱耆编》卷一，崇勋祠重刻本，道光二十七年（1847）。
[2]《明宣宗实录》卷九九，宣德八年二月甲辰，台北"中研院"史语所校勘本，1962年。
[3] 1987年10月纪念戚继光逝世四百周年学术讨论会开幕式即在复建的太平楼前举行。
[4]《明代辽东档案汇编》下册，第1156页，辽宁省档案馆藏。

闾里豪强，巡查海上营卫，所辖海疆平静，御倭卓有成绩。御史雍焯疏荐言："海防之废弛料理有方，营伍之凋残提调靡坠。谋猷允济，人望久孚。"[1]由是，调任浙江都司佥书。

浙戎初挫，募练新军　嘉靖三十四年（1555）七月，戚继光转浙江都司，管屯局事。翌年七月，进分守宁、绍、台三郡参将。[2]后赵文华再视师至浙，凌胁百官，搜括库藏，"外寇未宁，内忧益甚"[3]。东南倭患之火又呈炽势。戚继光虽获龙山、缙云等小捷，但形势不利，兵不颐使，攻不克，坐免官，戴罪办倭，立功复官。挫折与困惑使戚继光认识到："今军书警报，将士忧惶，徒将流寄杂兵应敌，更取福、广舟师驱而陆战，兵无节制，卒鲜经练，士心不附，军令不知。况又赤体赴敌，身无甲胄之蔽，而当惯战必死之寇；手无素习之艺，而较精铦巧熟之技。且行无赍裹，食无炊爨，战无号令，守无营壁，其何以御寇？"[4]于是，戚继光找到一件克敌制胜的法宝——募练新兵。嘉靖三十六年（1557）二月，戚继光违众排纷，上《练兵议》。议获准后，招募绍兵，经过训练，军容咸整；但兵员素质差，怯于短刃格斗。两年后，他再上《练兵议》，请招募金华、义乌矿工和农民等入伍，得到总督胡宗宪的支持。这支新军：

　　　　其选编之法，凡城居者不用，尝败于敌者不用，服从官府者不用，得四千余人。其前绍兵弊习，一切反之，遂以成军。练之期月，皆入彀。再易月，而偏部中法，无不

〔1〕《戚少保年谱耆编》卷一。

〔2〕《新建敌台碑记》，浙江省临海市博物馆录示碑文。

〔3〕 谷应泰《明史纪事本末》卷五五。

〔4〕《戚少保年谱耆编》卷一。

以一当百也。[1]

戚继光招募新军获得成功，为他在浙平倭奏捷铸成了利剑。

抗倭浙江，战功卓著　戚继光在浙平倭，除募练"戚家军"外，还需有利的抗倭态势。先是，给事中孙濬上言，防倭诸臣事权不一，牵掣靡定，迄无成功。廷准兵部覆奏："诸臣职守：督察主竭忠讨寇，实核布闻；总督主征集官兵，指受方略；巡抚主督理军务，措置粮饷；总兵主设法教练，身亲战阵。"[2]后胡宗宪为总督，赵文华得罪死。宗宪贿斩徐海、诱擒汪直，平之。[3]浙江平倭形势发生变化。这为戚继光抗倭告捷提供了有利的条件。戚继光率领"戚家军"在浙抗倭的突出成绩是台州大捷。嘉靖四十年（1561）夏，倭盗船数百艘、一二万人犯台州，分侵州治滨海之新河[4]、桃渚、健跳和隘顽诸所。依总督胡宗宪部署，戚继光以"敌众我寡"[5]之兵，分路应策，并力合击，先讨敌大股，后依次歼除。他急趋宁海，扼"三面阻山、一面滨海"[6]的桃渚，败之龙山。倭分流七百余兵突袭新河。时城内空虚，戚继光夫人令"城守士卒及妇女，悉假兵装，

〔1〕《戚少保年谱耆编》卷一。
〔2〕谷应泰《明史纪事本末》卷五五。
〔3〕《明史》卷二〇五《胡宗宪传》。
〔4〕《大参戎南塘戚公表功记》，碑藏浙江省临海市东湖小瀛洲，临海市博物馆见示碑文。
〔5〕光绪《台州府志》卷二九，光绪二十三年（1897）修，民国铅印本，首都图书馆藏。
〔6〕康熙《临海县志》卷二，清康熙二十二年（1683）刻本，故宫博物院图书馆藏。

布列城上，旌旗丛密，铳喊齐哄"[1]。敌疑未敢近城——演出一场"空城计"。戚继光率师回救，敌又乘虚袭台州。他身先士卒，手歼其酋，获花街之捷，败敌汩没瓜邻江[2]波底。"戚家军"又在健跳、隘顽，水陆并击，奇正相合，各路相继败敌。是役，历时四十天，九战皆捷，共斩俘4100余人，释系男妇8000余人，缴获器械无算，"所向以全取胜"[3]。"戚家军"班师入府城，"老稚士女欢呼，咸谓自罹倭毒以来，无如此捷大快也"[4]！这是戚继光在浙平倭中最为辉煌之役，由此，"戚家军"遐迩闻名。

福建御倭，连获三捷　浙东倭平，闽中告急。戚继光率"戚家军"转师福建，横屿、平海、仙游等屡相告捷。其时，浙闽总督胡宗宪因书通严嵩子世蕃被劾下狱，后"竟瘐死"[5]。但谭纶再起为福建巡抚[6]，二人上下协和。继光在闽抗倭，得展其才。嘉靖四十一年（1562），倭盗大举犯闽，戚继光师至宁德。距城十里海中的横屿，倭踞三年，结营其中，潮长成海，潮退为泥。八月初八日，戚继光值潮退，督兵"阵列鸳鸯，负草填泥，匍匐而横进"[7]。抵岸后，戚兵南北夹击，背水血战；倭盗据城拒守，拼死顽抗。戚军力拔重城，焚其巢居，"如奔雷

---

〔1〕《戚少保年谱耆编》卷二。

〔2〕《明史·戚继光传》作"瓜陵江"。

〔3〕李贽《续藏书》卷一四《都司戚公传附子继光传》。

〔4〕《筹海图编》卷九，明嘉靖四十一年（1562）刻本。

〔5〕《明史》卷二〇五《胡宗宪传》。

〔6〕《明史》卷二二二《谭纶传》。

〔7〕《戚少保年谱耆编》卷三、《明史·戚继光传》作"人持草一束，填壕进"，"壕"似应为"泥"字。

迅电,立见除扫"〔1〕,涨潮前回师。九月,捣牛田,夺林墩〔2〕,入兴化,勒石镌铭于平远台。四十二年(1563),倭于上年破兴化府(今福建莆田),至是又据平海卫。是为倭犯以来首陷府城,远近震动。巡抚谭纶令参将戚继光将中军,广东总兵刘显为左军,福建总兵俞大猷为右军,合攻兴化前哨之平海。戚军先登,左右军助击〔3〕,克收全捷,擒斩2451级,释还被掠者3000余人,妇女裸跣者给衣布而遣之。兴化亦复。四十三年(1564),戚继光战仙游,用寡击众,以正为奇,破重围,收全捷。是役,"盖自东南用兵以来,军威未有若此之震,军功未有若此之奇也"〔4〕。戚继光晋总兵官,后与俞大猷战南澳,败吴平。至嘉靖末,东南沿海,"倭患始息"〔5〕。

戚继光在鲁、浙、闽、粤的抗倭,具有历史的正义性与民族性。或言史载"真倭十之三,从倭十之七"〔6〕,以此认为这是一场国内战争。实则不然。其一,上述《明史·日本传》引文前有地域限制,即太湖以北地区。其二,上述引文前有"大抵"二字,仅概略言之。其三,真倭为主,所俘大隅岛主之弟辛五郎等献首京师,蒋洲在倭中谕山口、丰后二岛主源义长、源义镇放还被掠人口而具方物入贡,即是例证。其四,汉人为从,所掠人口,"男则导行、战则令先驱,妇人昼则操茧、夜

---

〔1〕《闽书》卷六七《武军志》,明刻本,北京图书馆善本部藏。

〔2〕《戚少保年谱耆编》卷六。

〔3〕《明史》卷二一二《刘显传》。

〔4〕《谭襄敏公奏议》卷二,明刻本,北京图书馆善本部藏。

〔5〕谷应泰《明史纪事本末》卷五五。

〔6〕金安清《东倭考》,不分卷,《中国历史研究资料丛书》,上海书店出版社,1982年;又见《明史·日本传》。

则聚而淫之"[1]，当然也有甘心助纣为虐者。其五，掳掠子女送回日本，即"以所掠象、奉、泰、宁子女，附舟于巢，髡首跣足，定拟次年归国"[2]。所以，解民于倒悬、救民于水火的御倭战争，其性质是一场在中国土地上进行的，反抗早期外来侵略者的正义战争。戚继光在这场长达 15 年的御倭斗争中，铸成为中华民族的民族英雄。

三

戚继光"边备修饬，蓟门宴然"[3]，在守边中有着重要的功绩。

先是自正统瓦剌部也先犯京师，边防独重宣与蓟。也先死后，瓦剌势力转衰，退至天山南北。后鞑靼部兴起，西败瓦剌部，东破兀良哈，驻帐河套，统一蒙古诸部。巴图猛克登鞑靼汗位，即达延汗。达延汗之孙俺答汗，兵精马强[4]，对明不满，庚戌（1550）之变，叩薄都城。而后，明之边防，独重蓟镇。戚继光守蓟，可分为嘉靖、隆庆、万历三个时期。

嘉靖中期，五戍蓟门　嘉靖二十七年（1548），戚继光受命戍守蓟门，至离任赴浙，历时五年。蓟门之危，在于俺答："攻蓟镇墙，百道并进。警报日数十至，京师戒严。"[5]大学士

〔1〕　采九德《倭变事略》，不分卷，《中国历史研究资料丛书》，上海书店出版社，1982 年。

〔2〕　《戚少保年谱耆编》卷二。

〔3〕　《明史》卷二一二《戚继光传》。

〔4〕　王世贞《北虏始末志》，《明经世文编》卷三三二，中华书局影印本，1962 年。

〔5〕　《明史》卷三二七《鞑靼传》。

夏言、兵部尚书丁汝夔、总督三边侍郎曾铣和保定巡抚杨守谦，皆因俺答兵事诛斩或论死；总兵张达、林椿、李涞、岳懋等，亦俱因俺答犯边死之。嘉靖二十九年（1550），俺答率骑[1]，逼蓟州塞，入古北口，进犯京师。这是明代北京自己巳"土木之变"后，所遇到最大的困扰。艰难的环境，使懦弱者怯缩，更使坚毅者刚强。时值戚继光会试京都，而京都九门戒严。他先在蓟镇，以京蓟唇齿，蓟无劲兵，著《备俺答策》，博得当道者的称赞。他这时又充"北京九门旗牌"，条陈《御房方略》，部当其议[2]，命刊以闻。俺答兵退之后，边势仍极紧张。他回戍蓟门，著《马上作》云："南北驱驰报主情，江花边月笑平生。一年三百六十日，多是横戈马上行。"[3]他年资英锐，耻同流俗，慷慨不羁之怀，勇往直前之概，抒成诗意，凝于笔端。戚继光在戍蓟期间，虽未与敌握刃格斗、马颈相交，却能奉职跋涉关隘、遍察军情，故得好评。兵部主事计士元疏荐云："留心韬略，奋迹武闱。管屯而俗弊悉除，奉职而操守不苟。才猷虎变，当收儒将之功；意气鹰扬，可望干城之寄。"[4]戚继光后南调平倭，终于练就干城之材。前述戍历，既为他嘉靖平倭，又为他隆庆守蓟，做了重要准备。

　　隆庆戍蓟，练兵修台　隆庆元年（1567），戚继光受命北调，镇守蓟门。翌年入京，遭忌任神机营副将，寻改总理蓟、昌、辽、保练兵事务，节制四镇。在戚继光南戍的十五年间，北部边防，岁无宁日。先是嘉靖四十二年（1563），北骑大掠顺

〔1〕《戚少保年谱耆编》卷一一。

〔2〕黄道周《广名将传》卷二〇，书目文献出版社，1986年。

〔3〕《止止堂集》卷一《横槊稿上》。

〔4〕《戚少保年谱耆编》卷一。

义，京师戒严。隆庆元年（1567），蓟镇告警，京师震动。明廷"增兵益饷，骚动天下。复置昌平镇，设大将，与蓟相唇齿。犹时蹦内地，总督王忬、杨选并坐失律诛。十七年间，易大将十人，率以罪去"[1]。形势严峻，重任在肩，戚继光荷圣命，赴蓟门，镇守京师北边。

蓟镇，"拱护陵寝，锁钥畿甸，所以保障万年根本之地，如人身之头目腹心是也"[2]。戚继光莅职后，兢兢业业，频频上疏，论形势、议弊失，辩请兵、分路协，明阵法、练营伍，严纪律、信赏罚，筑边墙[3]、建敌台，募南兵、修营房，买军马、备征饷，谕将士、恤病伤，设车营、增鹿角，办火器、筹武学等。他虽志气甚锐，但"纷纷掣肘，精神已减，至于病作"[4]，后上言兼摄事权。隆庆三年（1569）二月，命戚继光以总理兼镇守蓟州、永平、山海等处督率十二路军戍事。他兼摄事权后，创议建台[5]。明自洪武以降，边墙虽修，敌台未建。京师御守在边，而守边在台。继光巡行塞上，奏《请建空心台疏》："御戎之策，惟战守二端。除战胜之事，别有成议外；以守言之，东起山海，西止镇边地方，绵亘二千余里，摆守单薄，宜将塞垣稍为加厚，二面皆设垛口。计七八十垛之间……即骑墙筑一台，如民间看家楼。高五丈，四面广十二丈，虚中为三层：可住百夫，器械、糇粮、设备具足；中为疏户以居；上为雉堞，可以用武。虏至即举火出台上，瞰虏方向高下，而皆以兵当

〔1〕《明史》卷二一二《戚继光传》。

〔2〕《戚少保年谱耆编》卷七。

〔3〕《修长城边墙碑记》，北京图书馆善本部藏拓片。

〔4〕《戚少保年谱耆编》卷六。

〔5〕《止止堂集》卷一《横槊稿上》。

坤。……如此则边关有磐石之固，陛下无北顾之忧矣。"[1]疏上，议准。至隆庆五年（1571）八月，台工基本告成，蓟、昌二镇共建台一千零一十七座。[2]后又增建，至翌年十一月，共建台一千二百余座。[3]墩台耸立，精坚雄壮，二千余里，声势连接，其建台之举，垂永世之功[4]。他兼摄事权后，还募练南兵，"浙兵三千至，陈郊外。天大雨，自朝至日昃，植立不动。边军大骇，自是始知军令"[5]。蓟门军容由是为九边之冠。

在戚继光镇蓟的隆庆年间，京师未警，蓟门晏安。这主要由于戚继光勤职戍守。戚帅除在隆庆二年（1568）冬，拒长昂、董狐狸于青山口外，几未同北骑接战。但他闲暇练兵筑台，按期告成，边备益为坚固，北骑未敢轻犯。蓟门未警，除上述原因外，还有三个因素：其一，俺答封贡。隆庆四年（1570），俺答集团内讧，其孙把汉那吉降。明廷以此为契机，调整三十余年斩使绝贡之策，封俺答为顺义王，纳款贡市，得以乘暇修备。其二，动无掣肘。戚继光在蓟，有"钧台破格知遇于上，总督为知己忧焦于外，抚院幸同乡无猜嫌"[6]，三端鼎合而一，得以施展所为。其三，成梁镇辽。漠南蒙古东面诸部，不相统一；辽东总兵李成梁屡获大捷，从关外牵制蒙骑南犯。综上，内因与外因，主观与客观，诸多因素，相为统一，从而使戚继光在隆庆年间守蓟，施展才能，获得成功。

---

〔1〕《戚少保文集三》，《明经世文编》卷三四八。
〔2〕《戚少保年谱耆编》卷九。
〔3〕万历三年二月，敌台增至1337座。见《戚少保年谱耆编》卷一一。
〔4〕汪道昆《边务疏》，《明经世文编》卷三三八。
〔5〕《明史》卷二一二《戚继光传》。
〔6〕《戚少保年谱耆编》卷七。

万历镇蓟，修墙著书　隆庆帝死，万历帝立，戚继光进入他守蓟的第三个时期，共十年零二个月。他在此间，第一，稍历战阵。万历初，蒙古朵颜、土蛮常为北患。万历元年（1573），戚继光相继获挈子谷、桃林和窟窿台三捷。翌年，朵颜部长秃受其兄董狐狸、侄长昂意入犯，为戚继光所获。董狐狸与长昂叩关请罪。继光与总督刘应节等议，允释长秃，许其通贡；还掠边民，"攒刀设誓"。经继光在镇，朵颜部不敢犯蓟门。万历七年（1579）土蛮犯辽东，他率师往援取胜。第二，增台修墙。蓟镇之守，所最要者，一为修台，一为修墙[1]。修台，初工告成，只在增建；修墙，工程浩繁，所费甚巨。万历四年（1576），于长城"始有折旧修新之议。新墙高广，皆以三合土筑心，表里砖包，垛口纯用灰浆，与边腹砖城，比坚并久"[2]。二千里间，分期修新，在古北、黄花两镇，增台、修墙为先。这是明代自徐达经略以来二百余年未有的大工程。戚继光创议修工，亲自督察，独任其事，备极劳瘁。第三，操练营伍。戚继光长于练兵，善于练兵，凡营伍、阵列、分合、应援、号令、赏罚、破格、握算等不胜枚举，节制精明，器械锋利，并多次大阅，卓著成效。第四，著书立说。他切合实际，总结经验，著《练兵实纪》（详后文）。他又值戎暇之机，览山川险隘，游湖泉胜境[3]，帐灯撰文，马上赋诗，"著作甚盛"[4]，"几于充栋"[5]，并著《止止堂集》。

---

〔1〕《春防分修黄花镇本镇关边墙碑记》拓片，国家图书馆善本部藏。

〔2〕《戚少保年谱耆编》卷一一。

〔3〕《戚继光白龙潭诗并序》，国家图书馆善本部藏拓片。

〔4〕董承诏《戚大将军孟诸公小传》，《重订批点类辑练兵诸书》。

〔5〕《重订批点类辑练兵诸书》卷首"吴序"，明天启二年（1622）董承诏刻本。

一代名将戚继光戍蓟先后 21 年，而在镇蓟的 16 年中，练南兵与建敌台[1]，是其两件得意之作。他有幸的是，修新台墙，固若金汤，部伍整肃，蓟门泰安；不幸的是，未历大阵，展示军容，因功遭忌，心怀不畅。他说：操练营伍，"方期一战，以报主恩，在其时矣，乃计出塞，或援辽以试。状上，政府不主之。虏竟亦不犯蓟，徒有封拜之具，无可措手之会"[2]。是为大将内心的悲苦。他的悲苦还表现在被小人算计。小人像影子总跟着君子转，所以"阴在阳之内，不在阳之对"。戚继光还遭到争者、忌者、异者和怪者之龃龉。张居正死后六个月，他被谗改调广东。戚继光拖着垂暮之体、伤病之躯，以未能在蓟结局为憾，受命南行。他的一首七绝《病中偶成》云：

> 风尘已老塞门臣，欲向君王乞此身。
> 一夜零霜侵短鬓，明朝不是镜中人。[3]

他在怅惘与悲冷的思绪中赴粤半载后，上引告疏，又过半年，旨准归里。但戚继光得以骨骸还里，苟完名节，尚可自慰矣。

四

万历十五年十二月初八日（1588 年 1 月 5 日），"鸡三号，

---

〔1〕《练兵实纪杂集》卷六《敌台解》，明万历二十五年（1597）刻本，现藏南京图书馆。
〔2〕《戚少保年谱耆编》卷一二。
〔3〕《止止堂集》卷一《横槊稿上》。

将星殒"[1]，明代伟大的军事家戚继光去世，享年60岁。

伟大的军事家戚继光，自17岁袭职从戎，至58岁告病引退，历事三朝，征战40年，驰驱南北，水陆兼及，身经百战，屡建大功，声誉传华夏，威名震域外，在中国古代军事史上占有重要的地位。他临终前半年，总结自己的征战经历道：

> 三十年行间，先后南北水陆大小百余战，未尝遭一劫，馘倭首殪万计，覆之水火者以数万计，土贼平者殆十余万，返我俘掳无能数计。凡兵临妄杀被掳、动人一物者，皆立诛之。救一生命，赏金五钱，不乐战胜而乐俘归，未敢费先世之积也。部曲起家为大将者十人，内围玉者五人；副总、参、游而下，无虑百计；得卫、所世官者数百计。东南数省离任后，为尸祝庙宇者不可数计。离蓟塞今复四祀而起宏宇崇祀者亦比比。[2]

上述戚继光的自我评估，只述其戎事战绩，未语其军事著作。客观地评价戚继光，还要考虑他的军事论著在中国古代军事史上的位置等因素。

我国是一个历史悠久、幅员辽阔、人口众多、民族繁盛的大国，历史上战争规模之大、次数之多、争局之激烈、情势之复杂，为世界古代历史所罕见。长期而剧烈的战争，既培育出骁勇将帅，又凝晶出军事著作。《四库全书总目·子部·兵家类》正目收兵书20部，戚继光的《纪效新书》和《练兵实纪》被

---

〔1〕 汪道昆《孟诸戚公墓志铭》，《汪太函集》卷五九，明万历辛卯（1591）刻本。

〔2〕 《戚少保年谱耆编》卷一二。

收录，占其所收兵书总数的十分之一。且一人被著录两部，是为本目所仅见。我国的兵书，风后以下，皆出依托，《孙子》为古代兵书之祖。秦汉以降，隋代之前，兵书或系佚名伪托之卷，或为后人摭拾之作，或为儒士辨谬之著，不可深论。唐代《李卫公问对》，疑为宋人掇拾之作；《太白阴经》著者李筌，入山访道，蒙上仙气，且"其人终于一郡，其术亦未有所试"。宋代四部兵书，其撰者或未娴将略，或汇前人之说，或评论古人之作，或囿于一城一障而未成大家手笔。至于明代五部兵书，唐顺之著《武编》，其人一战而几为敌困，被讥为"纸上之谈"。何良臣之《阵记》、郑若曾之《江南经略》，虽均为平倭之书，然二人《明史》未列传，其名不显，与戚继光层次不同，亦当别论。上面简析《四库全书总目》卷九九所录二十部兵书，虽其所著录未尽合理，但从一个侧面可以看出戚继光的《纪效新书》和《练兵实纪》，在中国古代军事思想史上所占的重要位置。

伟大的军事家戚继光所著《纪效新书》与《练兵实纪》，突出"新""实"二字，这是他军事思想的两个闪光点。戚继光所处的嘉、隆、万三朝，朝政日益腐败，社会危机四伏。文武官员多浑噩混冥，阿谀媚上，侈谈大言，以娱朝廷。理学"天不变道亦不变"的教条禁锢头脑，王守仁的心学又笼罩士林。他说："物理不外吾心，外吾心而求物理非物理矣。"[1]这就摆错了心与理、主观与客观的关系。戚继光从戎马实践中认识到，一切泥法与唯心的东西，都必然在对敌交锋中碰壁。他说兵事必须真实，不可虚戏：兵士习弄虚套，将军务弄虚欢，一遇敌来，不能实战，只有失败。戚继光以"新"对泥旧，以"实"

---

〔1〕 黄宗羲《明儒学案》引《传习录》，世界书局本，民国二十年（1931）。

对唯心，勇于创革，敢于实践，从而使其在军事理论与军事实践中，取得了超越同时代人的卓越成就。他所著的《纪效新书》与《练兵实纪》，则是这一成就的记录。

《纪效新书》是戚继光的发愤之作。司马迁尝言，"人皆意有所郁结，不得通其道"[1]而著书立说。戚继光也是这样，他说，"岁丁巳，幸有舟山之役，三折肱始得其彀，三易其人始成，遂著《纪效新书》，俾共习之"[2]。丁巳即嘉靖三十六年（1557），他在舟山岑港受挫，遂发愤募兵、著书。至三十九年（1560）正月，"创鸳鸯阵，著《纪效新书》"[3]。他说："夫曰纪效，所以明非口耳空言；曰新书，所以明其出于法，而不泥于法，合时措之宜也。"[4]可见戚继光以其书的"新"与"实"而自况。其时谈兵之家，"往往捃摭陈言，横生鄙论，如汤光烈之掘穿〔阱〕藏锥，彭翔之木人火马，殆如戏剧"[5]。《纪效新书》则不然，其说皆为阅历有验之言[6]。全书分束伍、操令、阵令、谕兵、法禁、比较、行营、操练、出征、长兵、牌筅、短兵、射法、拳经、诸器、旌旗、守哨和水兵十八篇，内容广博，不乏新见。诸如创练浙兵、鸳鸯阵法、节制营伍、武器配置、新型舰船和水兵治制等，都对古代军事历史发展做出了新的贡献。《纪效新书》源自戎旅，又用于兵阵，先鲁、次浙、复闽、再

---

〔1〕《史记》卷一三〇《太史公自序》，中华书局，1959 年。

〔2〕《戚少保年谱耆编》卷一二。

〔3〕《戚少保年谱耆编》卷一。

〔4〕《纪效新书》卷首"自序"，影印文渊阁四库全书本，台湾商务印书馆，1986 年。

〔5〕《四库全书总目》卷九九《阵纪提要》，中华书局影印本，1965 年。

〔6〕《四库全书总目》卷九九《纪效新书提要》。

粤，所战皆验，倭平而安。

《练兵实纪》也是戚继光的发愤之作。他莅镇后，多所建树，"致有飞语上达宸听，数滨斛氏之危，乃著《练兵实纪》"[1]。戚继光受三镇练兵，但"蓟边兵政废弛已久，一切营伍行阵、志趋识见，类皆延袭旧套，是以将不知兵，兵无节制，已非一日"[2]。他既始终以练兵为本，便师取兵籍中的精华，总结南北兵事经验，依照蓟镇实情，著《练兵实纪》。书分练伍法、练胆气、练耳目、练手足、练营阵，终之以练将，篇篇精彩，练将尤精。"将者，三军司命"[3]；将之于兵，犹如人之心与身[4]。故兵家历来重练将，兵书有《将苑》《将鉴》《将纪》和《将略》等可为明证。但戚继光的《练将》，练将的德、才、学、艺，重在将德。此篇声色害、货利害、刚愎害、胜人害、逢迎害、委靡害、功名害等二十六条，其中二十四条讲的是将德。这是一篇著名的"将箴"。戚继光既重练将，又重练兵。练兵之要在实："教兵之法，美观则不实用，实用则不美观。"[5]书以"实纪"为名，旨在征于实用。在实际中练的兵将，万众一心，节制精明。他在蓟练兵，"练至八载，将士实无二心，而有死心。登坛则大将之威仪，卓有可观。其车营十二，精甲十万，可联营数十里，指呼如一人之牧羊群，絮长度短，至无

〔1〕《戚少保年谱耆编》卷一二。

〔2〕《练兵实纪》卷首《公移》。

〔3〕《练兵实纪杂集三》卷三《将官到任宝鉴》。

〔4〕《练兵实纪杂集一》卷一《储将》。

〔5〕《四库全书总目》卷九九《练兵实纪提要》。

隙漏"[1]，攻无不克，战无不胜。其法"后多遵用之"[2]。戚继光的选兵练兵，实践与理论相结合，达到了我国古代军事史上的高峰。戚继光于兵事多有建树，《明史·兵志》在四处肯定了他在练伍、台墙、车营和舰船等方面的新贡献。他于战略战术也多有新见，巧妙运用，诸如大创尽歼、水陆配合、迅击速决和算定而战[3]等，不胜枚举。

综上，戚继光在《纪效新书》和《练兵实纪》中闪出"新"与"实"的思想光华，使其在军事理论上有了新发明，在军事实践上做了新贡献。有人说：中国古代十大兵书，戚继光所著占其二。中国古代大兵书为哪几部尚可讨论，但这说明戚继光在军事史上的地位。在我国古代军事史上，著名将领多无兵书，兵书著者又多非名将。自秦汉迄明季，近两千年间，我国著名将领而有著名兵书，唯戚继光一人。他既出身将门，躬历百战，显名于世；又勤于总结，撰著兵书，垂之于后。戚继光其人，为民族之精英；其书，为传世之佳作。可以得出一个结论：戚继光是我国古代伟大的军事家。

（本文系 1987 年为纪念戚继光逝世四百周年，在山东蓬莱举行首届戚继光学术研讨会上提交的论文，收入《戚继光研究论集》，知识出版社，1989 年）

---

〔1〕《戚少保年谱耆编》卷一二。
〔2〕《明史》卷九二《兵志四》。
〔3〕《练兵实纪杂集》卷四《登坛口授》。

工匠：精巧技艺与高尚精神

在中华工艺史上，记录着工匠的精巧技艺与高尚精神。诸如木工鲁班、纺织工黄道婆、印刷工毕昇、桥梁工李春、雕塑工刘元、陶瓷工童宾、建筑工蒯祥和陆祥以及样式雷、绣娘沈寿（雪芝），等等。他们是物质文化与非物质文化的重要创造者。精美的非遗成果，是工匠和艺师精巧技艺与高尚精神的结晶，体现着真善美的特质。本文略举元明清若干史例，探讨中华工匠的技艺与精神。

一　帝制工匠的历史地位

先从"工匠"二字说起。"工"，《说文解字》作："工，巧饰也，象人有规矩。"段玉裁注："直中绳，二平中准，是规矩也。"他又引《诗经·小雅》"毛传"注："善其事，曰工。"由上，工：一要"巧饰"，二要"规矩"。这是"工"，那么"匠"呢？"匠"，《说文解字》作："匚，受物之器，象形，凡匚之属皆从匚，读若方。匠，木工也。从匚、斤。斤，所以作器也。"段玉裁注："工者，巧饰也。百工皆称工、称匠，独举木工者，其字从斤也。以木工之偁〔称〕，引申为凡工之偁也。说从斤之意，匚者，矩也。"其实，《周礼》中已有"匠人"的详细记载。《孟子》说："匠人，工匠之人也。"[1]工匠，在我国有悠久的历史、优良的传统。

工匠是既有规矩又巧成器物的人。良工巧匠，尤为难得。在中华两千多年的帝制时代，"士农工商"四民中，虽"工"居第三位，但其政治、经济、社会、文化的地位，既不如士农，也不如商贾。然而，大量器物、用品是根本离不开工匠的。工匠在人类物质文明和精神文明的发展中，处于一个特殊重要的地位。遗憾的是，中国文化史对工匠尊重不够。重道轻器、厚士薄工，是帝制时代的一大弊端。以历史人物传记而言，在"二十四史"和《清史稿》中，帝王和将相是人物传记的核心，官员和士人是人物传记的主体，除《元史》有《工艺列传》外，其他诸史，一概没有。如在《明史》333卷列传中，有后妃皇子、文臣武将、儒林文苑、忠义列女、隐逸方技、宦官奸佞等列传，但没有专为工匠列传。又如在《清史稿》316卷列传中，同样也没有专为工匠列传。

不过，在元明清时期，蒙古成吉思汗、满洲努尔哈赤的时代，都喜欢精良的工匠。工匠的地位，既优于士农，也优于商贾。

成吉思汗在西征欧亚时，每攻陷一座城镇，往往要屠城，"惟工匠得免"，[2]将他们带回，留下来使用。因之才有长春真人丘处机（1148—1227）与成吉思汗，于蒙古太祖十七年（1222），在阿姆河畔的营帐里，君臣对话，论道三日。他们有

〔1〕《孟子·梁惠王下》，宋本《十三经注疏》本附校勘记本，中华书局影印本，1980年。
〔2〕《元史》卷一六三《张雄飞传》，中华书局，1976年。

一段著名的对话，哲思深刻，传颂千古。丘处机以蒙古军西征时的屠杀和焚掠，对成吉思汗讲述了治国和养生之道：

> 问为治之方，则对以敬天爱民为本。
> 问长生久视之道，则告以清心寡欲为要。[1]

元朝比较重视工匠。据载：一天，成吉思汗拿着一件他亲自射箭也穿不透的铁甲，对制作的工匠赞不绝口地说："你啊！也可兀兰！"匠人大喜，叩头谢恩。因为他知道这是大汗用蒙古语称赞自己是一位"伟大的工匠"！元朝重视工匠的一例，是《元史》有《工艺列传》，就是记载工匠艺人的传记。是为"二十四史"和《清史稿》所仅见。在《元史·工艺列传》中，为雕塑家刘元等立传。刘元以其雕塑绝艺，在当朝被塑像祭祀。[2]他居住过的胡同，在元、明、清，[3]直到当代，[4]都以其名字命名。《元史·刘元传》记载：

> 元，[5]字秉元，蓟之宝坻人。始为黄冠，师事青州把道录，传其艺非一。至元中，凡两都名刹塑土、范金、抟换[6]为佛像，出元手者，神思妙合，天下称之。其上都三

[1]《元史》卷二〇二《释老列传·丘处机》，第4525页。
[2] 高士奇《金鳌退食笔记》，"文津阁四库全书"本，国家图书馆善本部藏。
[3] 朱一新《京师坊巷志稿》卷上，北京古籍出版社，1982年，第46页。
[4]《北京分区详图》，第一图，内一区图，世界书局，民国二十九年（1940）。
[5] 刘元，民间称刘蓝、刘兰，北京西安门北，曾有一条胡同叫刘蓝塑胡同，相传刘元当年居此，胡同因之得名。
[6]《元史·刘元传》记载："抟换者，漫帛土偶上而髹之，已而去其土，髹帛俨然成像云。"

皇尤古粹，识者以为造意得三圣人之微者。由是，两赐宫女为妻，命以官长其属，行幸必从。仁宗尝敕元，非有旨不许为人造他神像。后大都南城作东岳庙，元为造仁圣帝像，巍巍然有帝王之度，其侍臣像，乃若忧深思远者。始元欲作侍臣像，久之未措手，适阅秘书图画，见唐魏征像，蘧然曰："得之矣，非若此，莫称为相臣者。"遽走庙中为之，即日成，士大夫观者，咸叹异焉。其所为西番佛像多秘，人罕得见者。元官为昭文馆大学士、正奉大夫、秘书卿，以寿终。[1]

刘元以工匠出身做到了昭文馆大学士。

清太祖努尔哈赤早期，也是攻陷城池后屠杀其民，特别是儒生，史称之为"屠儒"。一个是草原文化蒙古族大汗成吉思汗的"嗜杀"，一个是森林文化满洲族大汗努尔哈赤的"屠儒"，但他们都不杀工匠，保护工匠，利用工匠，优惠工匠。这是为什么呢？可能的原因是：其一，城中居民据守反抗，杀之以泄愤恨；其二，儒生知书达礼守节，杀之以绝后患；其三，留下人每天要吃饭，杀之以省饭食；其四，显示胜利者的淫威，杀之以固统治。但于工匠，格外重视，给予收养。如努尔哈赤说："将辽东地方之兵员几何，城堡几何，百姓几何，以及木匠、画匠匠役数目，亦皆具文奏报。"[2]于此，努尔哈赤不仅重视明辽东的工匠，而且重视朝鲜的工匠。如后金获乘船去明朝

---

〔1〕《元史》卷二〇三《刘元传》。
〔2〕《满文老档》第20册，天命六年三月初七日，中华书局译注本，1990年。

的朝鲜人 86 人，除收养其有用之匠人外，余尽杀之。[1]他为什么如此重视工匠呢？因为工匠有用。例如一次，后金军攻下海州，获得析木乡民制造的绿瓷碗、盆、罐等 3510 个。为此，努尔哈赤高兴地谕曰：

> 素称东珠、金、银为宝，何其为宝，寒者可衣乎？饥者可食乎？国中所养之贤人知（智）人所不知，匠人能人所不能，彼等实为宝也！今析木城制绿瓷碗、盆、罐来献，实乃众国人有用之器也！至其造器匠人，可否授职加赏，著都堂、总兵官及道员、副将、游击，尔等会议复奏。[2]

从上可见，工匠在成吉思汗、努尔哈赤的眼中，是有用的，是比金银、财宝更为珍贵的。

二 明朝工匠的精巧技艺

《明史》虽不专为工匠列传，"实录"却记载着工匠的鸿爪雪泥。这正如苏东坡诗云："人生到处知何似，应似飞鸿踏雪泥。泥上偶然留指爪，鸿飞那复计东西。"工匠的精巧技艺与高尚精神，在浩瀚的历史文献与珍贵档案中，只留下鸿爪雪泥的记载。《明实录》里留下两个著名工匠的事迹，一个是蒯祥，另一个是陆祥，这既是明代工匠中的两例典型，也是历史工匠中的两位隽秀。

---

[1]《满文老档》第 23 册，天命六年七月初七日。
[2]《满文老档》第 23 册，天命六年六月初七日。

蒯祥（1398—1481），今江苏省苏州市吴中区胥口镇香山村人。香山是个木工之乡，这里的木工被称作"香山帮"。木工制品被誉为"苏作"，与"京作"齐名。蒯祥出身于木工世家，又适逢一个特殊的时代。这个时代的一个特点是永乐帝迁都北京，营建紫禁城宫殿，并大量兴建皇家坛庙寺宇。永乐帝兴工建皇宫时，蒯祥19岁；皇宫告成时，他24岁，正是年富力强、贡技献艺之年。永乐十九年（1421），皇宫建成三个月，一场天火，奉天、华盖、谨身三大殿化为一片灰烬。这场火灾，既是皇朝的灾难，也是蒯祥的机遇。永乐帝崩后，经过洪熙、宣德两朝的犹豫、彷徨，到正统时，决定重建三大殿。蒯祥遇到一个施展才华的天机。蒯祥聪明灵巧，技艺高超，勤劳谨慎，为人和善，尽心尽职，敬事敬业，得到步步提升。他参与京师大兴隆寺（大庆寿寺）重修工程。这项皇家工程，役使上万军民，耗费物料巨万，其伟丽，其庄严，其堂皇，其精美，均为都城千寺之冠。史称"壮丽甲于京都内外数百寺"。[1]蒯祥实际主持了这项工程，受到了朝廷的重赏。最早见于官书记载的是，正统十二年（1447）：升工部营缮所所副为工部主事。[2]他由副所长升为主事，就是由副科升为正处。这一年，蒯祥50岁。正统十四年（1449），升为工部营缮司员外郎。[3]由正处级升为副厅局级。是年，发生土木之变，正统帝朱祁镇被蒙古瓦剌部俘虏，其弟朱祁钰继位，是为景泰帝。景泰七年（1456），蒯祥

〔1〕《明英宗实录》卷一六三，正统十三年二月己未，台北"中研院"史语所校勘本，1962年。
〔2〕《明英宗实录》卷一五三，正统十二年闰四月己卯。
〔3〕《明英宗实录》卷一八三，正统十四年九月戊子。

升为工部右侍郎，仍督工匠。[1]一个工匠升到副部，可见蒯祥之优秀、之俊杰。天顺三年（1459），营造南内殿宇完工，受到皇帝的重赏。[2]又营造英宗的裕陵，亦受到表彰。蒯祥，愈有成绩愈谦逊，愈受表彰愈恭谨。成化二年（1466），时年69岁的蒯祥，升为工部左侍郎。[3]

蒯祥在工部，任职久，技艺精，品格高，信得过，用得上，离不开。而后，蒯祥在72岁高龄，已经考满，"例当致仕，特命复职"。[4]时过三年，吏部以其六年满考，"祥年七十有五，已踰致仕之期"，谕旨："以祥内官监督工年久，命复职，仍旧办事。"[5]祥九年考满，升正二品俸，仍于内官监管工。[6]就是副部级而享受正部级俸禄。又过三年，吏部再言："祥年八十有一，已踰致仕之期，宜令其去。"就是让蒯祥退休。但是，皇帝仍命祥复任，照旧内官监督工，[7]并升俸禄一级。最后，84岁的蒯祥，卒于工作岗位。历史对工匠出身的蒯祥，评价道：

> 以木工起，隶工部，精于其艺。自正统以来，凡百营造，祥无不预积劳累。……祥为人恭谨详实，虽处贵位，俭朴不改常，出入未尝乘肩舆，既老犹自执。寻引指使，

〔1〕《明英宗实录》卷二六八，景泰七年七月甲午。

〔2〕《明英宗实录》卷三〇〇，天顺三年十二月癸亥，台北"中研院"史语所校勘本，1962年，台北。

〔3〕《明宪宗实录》卷三二，成化二年七月丙戌，台北"中研院"史语所校勘本，1962年。

〔4〕《明宪宗实录》卷六九，成化五年七月甲申。

〔5〕《明宪宗实录》卷一〇五，成化八年六月己卯。

〔6〕《明宪宗实录》卷一四一，成化十一年五月庚戌。

〔7〕《明宪宗实录》卷一七七，成化十四年四月壬子。

工作不衰。至是，卒于位，年八十四。赐祭葬如例。[1]

蒯祥，木工精于其艺，为人"恭谨详实"，虽然贵居高位，仍然简约朴素，兢兢业业，耄耋之年，鞠躬尽瘁，卒于岗位，赐祭葬，敕建碑。蒯祥是中华工匠史上一位伟大的典范。与木工蒯祥同时，还有石工陆祥。

陆祥（？—1469），江苏无锡人，工石匠，是与蒯祥经历几乎雷同的又一个工匠典范。蒯祥与陆祥，"蒯善攻木，陆善攻石"，[2]大体同龄，又是同乡，一木一石，双璧生辉。陆祥与蒯祥，有"六个同"：同为工部营缮所副丞，同日升主事，同日升员外郎，同日升太仆寺少卿[3]，同日升工部右侍郎，也同日升工部左侍郎。在正统、景泰、天顺、成化的四朝实录中，他们都是同时出现，只在卒时记载，前后有所不同。但是，陆祥比蒯祥早逝几年。《明宪宗实录》对陆祥之卒及其事迹，评论道：

> 祥，初以石工，隶工部。郑王之国，选授工副，后有荐其有异技者，召改工部营缮所丞，以营作称旨。祥有老母病，或以闻，命光禄日给酒馔，并钞五锭，以为养。擢工部主事，进郎中，以至侍郎。祥有巧思，尝用石方寸许，刻镂为方池以献，凡水中所有鱼龙荇藻之类皆备，曲尽其巧。然为人颇谨愿，士夫不以其出自杂流而弃之。[4]

---

[1]《明宪宗实录》卷二一三，成化十七年三月辛丑。

[2]《明英宗实录》卷一五三，正统十二年闰四月己卯。

[3]《明代宗实录》卷二七七，景泰四年三月癸未。

[4]《明宪宗实录》卷七四，成化五年十二月辛亥。

陆祥，石作特有异技，工艺曲尽奇巧，为人颇具谨愿，一生恭俭谦让，潜心修炼技艺，朴素简约律己，虽然出身工匠，士夫恭敬有嘉。那些身世高贵、学富五车、自诩清高、傲俯群黎的士大夫，对待工匠出身的陆祥，却倍加敬重，而不敢矮视。陆祥也是中华工匠史上一位伟大的典范。

此外，蒯钢也是由木工工匠，升至工部侍郎。史载："工部带俸郎中蒯钢，先以木工管理营造，累官至工部右侍郎"。蒯钢"年已七十一岁，例当致仕，内官监太监李广奏留之。上命复职"[1]。

以蒯祥、陆祥和蒯钢等为代表的工匠，有着高尚的工匠精神。

三　伟大工匠的高尚精神

清朝工匠也鲜有列入史传者。在《清史稿》的列传中，有梁九、张涟等，凤毛麟角，寥若晨星。

梁九，顺天（今北京）人。自明末到清初，紫禁城宫殿的兴造，都与其事。他虚心拜师，坚持不懈，感动师傅，受其真传。只要诚意深，铁杵磨成针。于此，史载：

> 初，明时京师有工师冯巧者，董造宫殿，至崇祯间老矣，九往执业门下，数载，终不得其传，而服事左右，不懈益恭。一日，九独侍，巧顾曰："子可教矣！"于是，尽授其奥。巧死，九遂隶籍工部，代执营造之事。康熙

---

〔1〕《明孝宗实录》卷九九，弘治八年五月乙酉，台北"中研院"史语所校勘本，1962年。

三十四年，重建太和殿，九手制木殿一区，以寸准尺，以尺准丈，大不逾数尺许，四阿重室，规模悉具，工作以之为准，无爽。[1]

工程虽然没有图纸，却有实物建筑模型。梁九按100：1的比例，先做模型，然后放大，依型施工，建造宫殿。后来出现烫样，著名的样式雷亦是一例。

在清代，皇家的宫殿苑囿，民间的园林假山，江南塞北，大胜前朝。园冶成为一门苑林艺术。北京有"三山五园"——万寿山的清漪园（颐和园）、玉泉山的静明园、香山的静宜园，还有畅春园、圆明园，以及承德避暑山庄等。这就出现一批园林艺术大家。造园艺术家张涟，是一例，史所载：

张涟，字南垣，浙江秀水人，本籍江南华亭。少学画，谒董其昌，通其法，用以叠石堆土为假山。谓世之聚危石作洞壑者，气象蹙促，由于不通画理。故涟所作，平冈小阪，陵阜陂陁，错之以石，就其奔注起伏之势，多得画意。而石取易致，随地材足，点缀飞动，变化无穷。为之既久，土石草树，咸识其性情，各得其用。创手之始，乱石林立，踌躇四顾，默识在心。高坐与客谈笑，但呼役夫，某树下某石置某处，不假斧凿而合。及成，结构天然，奇正冈不入妙。以其术游江以南数十年，大家名园，多出其手。东至越，北至燕，多慕其名来请者，四子皆衣食其业。晚岁，大学士冯铨聘赴京师，以老辞，遣其仲子往。康熙中，卒。

---

〔1〕《清史稿》卷五〇五《艺术四·梁九传》，中华书局，1977年。

后京师亦传其法，有称"山石张"者，世业百余年未替。吴伟业、黄宗羲并为涟作传，宗羲谓其"移山水画法为石工，比元刘元之塑人物像，同为绝技"云。[1]

在清朝，工匠包括木工、石工、制瓷、刺绣、景泰蓝、牙雕、雕漆、绢花造纸、制笔、做墨等百工。以瓷器为例。清朝御窑"郎窑"的郎廷极，隶八旗汉军，曾官江西巡抚；"年窑"的年希尧，隶八旗汉军，官广东巡抚；"唐窑"的唐英，也隶八旗汉军，官内务府郎中。他们都不是工匠出身，而是官员出身，但能精研业务，敬于所事。真正工匠出身，且事迹突出，精神高尚，明朝工匠童宾，尤应特别一提。

童宾的事迹与精神，清督陶官唐英在《火神童公传》中记述：

> 神，姓童名宾，字定新，饶之浮梁县人。性刚直，幼业儒，父母早丧，遂就艺。浮地利陶，自唐宋及前明，其役日益盛。万历间，内监潘相奉御董造，派役于民。童氏应报火，族人惧，不敢往，神毅然执役。时造大器，累不完工，或受鞭篓〔棰〕，或苦饥羸。神恻然伤之，愿以骨作薪，丐器之成，遽跃入火。翌日启窑，果得完器。自是器无弗成者。家人收其余骸，葬凤凰山，相感其诚，立祠祀之，盖距今百数十年矣。[2]

唐英《龙缸记》亦载：

---

〔1〕《清史稿》卷五〇五《艺术四·张涟传》。
〔2〕唐英《火神童公传》，《唐英全集》，学苑出版社，2008年。

> 青龙缸，邑志载：前明神宗间造。先是，累岁弗成，督者益力。火神童公，悯同役之苦，激而舍生，乃成事。[1]

唐英既是一位勤政的官员，也是一位制瓷的专家，还是一位严谨的学者。学苑出版社出版的《唐英全集》，就是一个明证。唐英考证童宾的身世、履历、事迹、品行、技艺、精神，《浮梁县志》阙载。这不足为怪。如建造明朝皇宫的两位杰出工匠，蒯祥和陆祥，《明史》也阙载。帝制时代，史志所载，重理轻物，扬士抑工，成为通弊，不必为怪。唐英考《浮梁县志》，又查访民间，四处踏访，找到谱牒："神裔孙诸生兆龙等，抱家牒来谒。"其家谱中记载童宾"详死事一节"。

当然，作为学术问题，童宾，其人斯有斯无，其事乃实乃虚，可以考据，也可研究。但是，更应重视的是工匠文化，更当发扬的是童宾精神：

> 当神之时，徭役繁兴，刑罚滋炽，孰不越趄瑟缩于前，而涕泣狼狈于后？神闻役而趋，趋而尽其力，于工则已耳！物之成否，不关一人；器之美恶，非有专责。乃一旦身投烈焰，岂无妻子割舍之痛与骨肉锻炼之苦？而皆不在顾，卒能上济国事而下贷百工之命也。何其壮乎！然则神之死也，可以作忠臣之气，而坚义士之心矣。

童宾的精神是什么呢？择其要，列四点：

第一，迎难而上。在明神宗万历帝时，谕令景德镇御窑烧

---

[1] 唐英《龙缸记》，《唐英全集》。

瓷，数量多、器件大、工艺难、时间紧："当神之时，徭役繁兴，刑罚滋炽，孰不趑趄瑟缩于前，而涕泣狼狈于后？神闻役而趋，趋而尽其力，于工则已耳！"童宾在谕旨难违的急迫情势下，不怕艰难，迎难而上，这是一种可贵的精神。

第二，忠于所事。童宾为着烧瓷事业，在烧窑屡败之际，作为把桩师傅，童宾可以委责于人："物之成否，不关一人；器之美恶，非有专责"。但是，童宾首要完成国家任务，又要顾及工友利益，他"卒能上济国事，下贷百工之命"，就是对上忠于国家之事，对下维护窑工之苦。在明万历年间，烧制龙缸，童宾"悯同役之苦，激而舍生乃成"。这是一种可赞的精神。

第三，奋不顾身。童宾屡见烧瓷失败，不顾身遭烈火，也不顾撇下妻子儿女，决定投身炉火："乃一旦身投烈焰，岂无妻子割舍之痛与骨肉锻炼之苦？而皆不在顾。"这种殉道而死，如《孟子·尽心上》所言："尽其道而死者，正命也。"这是一种可敬的精神。

第四，百工楷模。就是对工友讲义，为解救百工疾苦，而不惜牺牲自己。这种精神，就是"义"。《论语》中"义"字出现24次。其中，孔子说："见义不为，无勇也。"[1]就是要"见义勇为"。孔子重仁，孟子重义。《孟子》中"义"字出现108次。什么是"义"？《孟子·离娄上》说："义，人之正路也。"在生与死面前，怎么办？"生，亦我所欲也；义，亦我所欲也；二者不可得兼，舍生而取义者也。"[2]这是一种舍生取义的精神。童宾是中华儿女中舍生取义的一位英雄典范。

---

〔1〕《论语·为政》，宋本《十三经注疏》本附校勘记本。
〔2〕《孟子·告子上》，宋本《十三经注疏》本附校勘记本。

童宾的精神和行为，用一句话来概括，就是"舍生取义"。童宾"舍生取义"的精神和行为，体现了一种高尚、勇敢、忘我、伟大的精神！

童宾精神的精髓，就是用生命熔冶陶瓷，用心灵融入艺术。当今世界有一种"金钱拜物教""商品拜物教"在流行，甚至在疯狂地横行。固然，人们需要金钱，人们需要商品；但是，既不能金钱至上，更不能商品至上。

2015年10月19日，"窑神童宾铜像"在景德镇市古窑景区广场落成。这是景德镇文化史上，也是中国陶瓷史上的一件盛事。为什么呢？因为中华文化，需要工匠精神。

中国历史上有神话英雄，如大禹；中国陶瓷史上也有神话英雄，如童宾。一个没有英雄的民族，不是伟大的民族；一个没有英雄的行业，不是伟大的行业。感谢大禹等英雄人物的出现，中华民族成为世界文化史上一个伟大的民族。感谢童宾等英雄人物的出现，中国陶瓷成为世界陶瓷史上一个伟大的辉煌。

但是，在我们的国家，曾有一个时期，人们不尊重英雄，不敬仰英雄，不学习英雄，不传承英雄。岳飞、文天祥、戚继光、袁崇焕、康熙帝等，遭到批判、诋毁、侮辱、否定，因为他们属于帝王将相之列，都是反动阶级的代表人物。然而，在国外并不完全是这样。如法国，他们把拿破仑当作英雄，把路易十四誉作"太阳王"。如俄国，他们把彼得大帝当作英雄，把涅瓦河畔的都城命名为"圣彼得堡"；把叶卡捷琳娜当作英雄，将亚欧交界的重镇命名为"叶卡捷琳堡"。在俄国的伊尔库茨克，这座仅有40万人口的城市，在马路十字路口附近、在重要的建筑物前面、在公园最显要的地方、在安卡拉河畔，竖立着英雄人物的雕像或塑像，竟有84座。在中国北京，3000万人口的大都会，在街上重要地方的英雄雕像或塑像，现存似乎一尊没有。

而景德镇的古窑景区内，竖立陶瓷英雄童宾的铜像，是尊重工匠精神的一件可喜可贺的文化大事！

总之，中华传统文化中工匠楷模的精神，主要表现在：

其一，一以贯之。工匠从事的专业，往往从童年学起，或从青年做起，矢志不移，长年坚守，执着专注，贯穿终生。如蒯祥、陆祥，既不见异思迁，也不浅尝辄止，而是发愿，耄耋之年，敬事敬业，奋斗不息，从不止步，踏实前行。

其二，技艺精绝。俗话说："千招儿会不如一招儿绝。"木工学鲁班，塑工学刘元，瓷工学童宾，因为这几位都是工匠的范例。工匠要重巧轻拙，什么是巧与拙呢？《礼记》说："器善则工巧，器恶则工拙。"[1] 所以，良工不示人以朴。应立志愿，不断努力，争做本行业最优秀的工匠。

其三，不断求新。要使自己的技艺，巧夺天工，成为珍品，每件作品，每道工艺，都有创意，都在创新。《礼记·大学》说："苟日新，日日新，又日新。"如梁九，如张涟，求新，创新，争做本行业的引领者。

其四，利民利国。如童宾，为工友、为社会、为民族、为国家，义与利，义重于利；死与生，死重于生。童宾用生命融化陶瓷艺术，用心灵制造高尚、精美、超越前人、超越时代的陶瓷艺术精品！

中华工匠史表明，匠人修养，必重双修：一修手，二修心。所谓手，就是手艺。工匠是手艺人，所以重艺。而工艺，要精

---

[1]《礼记正义》卷二四《礼器第十》，宋本《十三经注疏》本附校勘记本。

细、精巧、精绝、精美。蒯祥、陆祥等杰出的工匠，都是身怀绝技，技艺超群。作为工匠，既要用手，更要用心。所谓心，就是心灵。为匠之道，当先治心。治心，要有爱心、专心、耐心、善心，也就是"止于至善"之心。蒯祥、陆祥，都有一颗善良之心、进取之心、求精之心、博大之心。优秀的工匠，都重视个人的修养、修炼。特别是童宾，以生命升华展现工匠心灵之大爱，魂灵之大美。

让工匠的精巧技艺和高尚精神，在弘扬传统文化中传承，在振兴中华文化中升腾！

附录一

火神童公传

唐英

神，姓童，名宾，字定新，饶之浮梁县人。性刚直，幼业儒，父母早丧，遂就艺。浮地利陶，自唐宋及前明，其役日益盛。万历间，内监潘相奉御董造，派役于民。童氏应报火，族人惧，不敢往，神毅然执役。时造大器，累不完工，或受鞭棰，或苦饥羸。神恻然伤之，愿以骨作薪，丐器之成，遽跃入火。翌日启窑，果得完器。自是器无弗成者。家人收其余骸，葬凤凰山，相感其诚，立祠祀之，盖距今百数十年矣。雍正戊申，余衔命督理，诞埏来厂，涓吉，谒神祠。顾瞻之下，求所为丽牲之碑，阙焉无辞。问神姓氏、封号，率无能知者；而《浮梁志》亦不复载。最后，神裔孙诸生兆龙等，抱家牒来谒。牒称神曰"风火仙"，详死事一节，并载康熙庚申年臧、徐两部郎董制陶器，每见神指画呵护于窑火中，故饶守许拓祠地，加修葺焉。牒首有沈太师三曾《序》曰："先朝嘉号而敕封之"，不知所封何号也，岂所谓风火仙耶？夫五行，各有专司。陶司于火，而加以风，于义何取？且朝廷之封号，如金冶神，木、土、谷以及岳、渎、山、川，皆曰神，未闻仙也！岂相私称云尔耶？敕封之语，殆不确耶，是皆莫可考也。当神之时，徭役繁兴，刑罚滋炽，孰不趑趄瑟缩于前，而涕泣狼狈于后？神闻役而趋，趋而尽其力，于工则已耳！物之成否，不关一人；器之美恶，非有专责。乃一旦身投烈焰，岂无妻子割舍之痛与骨肉锻炼之苦？而皆在不顾，卒能上济国事而下贷百工之命也。何其壮乎！然则神之死也，可以作忠臣之气，而坚义士之心矣。神娶于刘，生一子曰儒。神赴火后，刘苦节教子，寿八十有五。儒奉母以孝闻。（《浮梁县志》卷七《诗文佚篇》，又见张发颖编《唐英督陶文档》）

附录二

龙缸记

唐英

青龙缸，邑志载：前明神宗间造。先是，累岁弗成，督者益力。火神童公，悯同役之苦，激而舍生，乃成事。（事详神小传）此则成后落选之损器也，弃置僧寺墙隅。余见之，遣两舆夫，舁至神祠堂西，饰高台，与碑亭对峙。或者疑焉，以为先生好古耶？不完矣；惜物耶？无用矣。于意何居！余曰："否，否！"

夫古之人之有心者，之于物也，凡闻见所及，必考其时代，究其款识，追论其制造之原委，务与史传相合，而一切荒唐影响之说，不得而符合之。或以人贵，或以事传，或以良工见重，每不一致，要不敢亵昵云尔。故子胥之剑，陈之庙堂；[1]杨（扬）雄之匜，置之墓口；[2]甄邯之威斗，殉之寿藏。[3]盖其人，生所服习，世所载决，虽历久残缺，而灵所凭依，将在是矣。况此器之成，沾溢者，神膏血也；团结者，神骨肉也；清白翠灿者，神精忱猛气也。其人则神，其事则创，其工则往古奉御之所遗留、而可不加之珍重乎？由志所云，万历己亥[4]到今雍正庚戌，[5]相去凡一百三十二年，其不沦于瓦砾者，必有物焉？实呵护之，余非有心人也，神或召之耳，故记之。缸径三尺，高二尺强。环以青龙，四下作潮水纹。墙口俱全，底脱。[6]

（原载《景德镇古窑》2016 年第 1 期）

---

〔1〕 此典参阅《史记》卷六六《伍子胥列传》，中华书局，1959 年。

〔2〕 此典参阅《汉书》，中华书局，1962 年；《后汉书》，中华书局，1965 年。

〔3〕 此典参阅班固《汉书》，包括两个元素：

其一，甄邯，为汉太师孔光之婿。孔光支持王莽，王莽以"大司徒孔光名儒，相三主，太后所敬，天下信之"，而加以宠信。由光及邯，官侍中奉车都尉。元始中，王莽秉政。是时，莽方立威柄，用甄邯等新贵，威震朝廷。王莽得位后，附顺者拔擢，忤恨者诛灭。王莽以甄邯为太保、大将军，受钺高庙，领天下兵，左杖节，右把钺。寻甄邯为大司马、承新公。（始建国）四年，大司马甄邯死。

其二，威斗，出自《汉书·王莽传》（卷九九下）记载："是岁（四年）八月，莽亲之南郊，铸作威斗。威斗者，以五石铜为之，若北斗，长二尺五寸，欲以厌胜众兵。既成，令司命负之，莽出在前，入在御旁。"

〔4〕 万历己亥即万历二十七年（1599）。

〔5〕 雍正庚戌即雍正八年（1730）。

〔6〕 唐英《陶人心语》，《唐英全集》卷六。

北京方志探述

我国重要的历史文化遗产——地方志，肇始久远，历代修纂，内容宏富，卷帙浩繁，而北京方志居其一。本文以年经志纬，就北京方志的源流、发展，兼其特点、价值，作一探索与概述。

一

方志即地方志，是记载一定地区自然和社会诸方面历史与现状的综合性著述。"方志"一词，始见于《周礼》：外史"掌四方之志"[1]。所谓"四方之志"，即载述诸侯国历史与现状的册籍。方志历史久远，章学诚说："方志之由来久矣。"[2]但方志始于何时、始自何书，历来见仁见智，众说纷纭。方志的产生和发展，有个漫长而曲折的过程。《四库全书总目》载："古之地志，载方域、山川、风俗、物产而已，其书今不可见。然《禹贡》《周礼·职方氏》，其大较矣。《元和郡县志》颇涉古迹，

---

〔1〕 《周礼·春官宗伯下》。
〔2〕 章学诚《章氏遗书》卷一四。

盖用《山海经》例。《太平寰宇记》增以人物，又偶及艺文，于是为州、县志书之滥觞。元明以后，体例相沿，列传侔乎家牒，艺文溢于总集，末大于本，而舆图反若附录。"[1]这段文字概述了方志发生和发展的基本轮廓。

北京是我国历史悠久的名都。北京先为都城，后有方志。《史记·周本纪》载：武王克商后，"封召公奭于燕"[2]，北京成为燕的都城。缪荃孙在《纪录顺天事之书》中，所列《燕春秋》[3]《燕丹子》[4]《燕十事》[5]的"三燕书"[6]，虽蕴含方志的因素，但均不是北京最早的地方志书。北朝时前燕尚书范亨撰《燕书》二十卷，记前燕主慕容儁事，是为前燕史，亦非蓟城志。北齐阳休之著《幽州人物志》三十卷，方志含人物传，人物传非方志，虽此书行世，却早已亡佚。

北京在隋唐时称为"幽州"。《隋书·经籍志》著录《幽州图经》一卷。[7]隋唐时方志多以《图经》的名称出现。"图则作绘之名，经则载言之别"[8]，图即舆图，经为图的文字说明。所以，《幽州图经》当是北京地区最早的方志。但是，《旧唐书·经籍志》和《新唐书·艺文志》均阙载《幽州图经》，可见其时已佚。北京又称"幽都"，隋唐时有《幽都记》一书。隋、

---

〔1〕《四库全书总目》卷六八。

〔2〕《史记》卷四《周本纪》。

〔3〕《墨子》卷八《明鬼下》。

〔4〕《燕丹子》上中下三卷，上卷570字，中卷594字，下卷1636字，共2800字，见《子书四十八种》，上海广益书局，1922年。

〔5〕《汉书》卷一〇《艺文志》。

〔6〕缪荃孙《纪录顺天事之书》，光绪《顺天府志》卷一二二《艺文志一》。

〔7〕《隋书》卷三三《经籍志》。

〔8〕李宗谔《祥符州县图经序》卷首。

唐经籍与艺文两志虽不著录此书，但《太平寰宇记》紫渊水征引《幽都记》两则[1]，知其书既传人物，又志地理，颇近方志，惜亦失传。而后，安禄山的大燕，刘守光的刘燕，若石火一闪，旋即熄灭，蓟城屡易其主，未见图经著录。

及至两宋，方志体制确定，我国重要都会相继出现专志。宋敏求纂修的熙宁《长安志》二十卷图三卷，周淙纂述的乾道《临安志》十五卷，马光祖纂著的景定《建康志》五十卷，都是例证。当时北京地区先后属于辽、金。契丹和女真相继入主北中国后，燕京的经济与文化，比黄河流域的长安（西安）、长江流域的建康（南京）和临安（杭州）落后，北京专志自然比上述诸都城志书更晚出现。虽"辽有燕北会要，金则疆域有图"[2]，但属草昧，且已亡佚。

金亡元兴后，北京成为元、明、清三代全国的政治中心和文化中心。北京方志的发展随之出现了新的时期——元代的滥觞期、明代的发展期和清代的鼎盛期。

二

元代是北京方志的滥觞时期。元至元九年（1272），忽必烈改中都为大都，并从上都移鼎大都。[3]元初，专志北京之书有《大都志》和《大都图册》，两书俱已亡佚，详细内容无考。元末，出现了体例比较完备的北京志书，即熊梦祥的《析津志》。

---

[1]《太平寰宇记》卷六九。
[2]《日下旧闻考》卷一六○《张序》。
[3]《元史》卷七《世祖纪四》。

　　《析津志》是元代记述北京及北京地区历史与地理的专门志书。北京在辽代，于会同元年（938）定为陪都，名"南京"，又称"燕京"，府名"幽都"。《周礼》保章氏以星土辨九州之地，北京为古燕国地，"燕分野旅寅，为析木之津"[1]，所以辽圣宗开泰元年（1012），耶律隆绪改幽都府为析津府。金兴辽亡，北京成为金中都，改析津府为永安府，又改永安府为大兴府。[2]元灭金后，中都改称"大都"，其大兴府名仍旧。[3]虽北京早有析津府之名，但始终没有府志。元末，熊梦祥以析津之名为大都纂志，名《析津志》，又称《析津志典》，也称《燕京志》。

　　熊梦祥，字自得，江西丰城人，"以茂才异等，荐为白鹿洞书院山长，授大都路儒学提举，崇文监丞"[4]。他"博读群书，旁通音律"[5]，广学强记，放浪诗酒，尤工翰墨，兼写山水，后隐居京西斋堂村。熊梦祥在斋堂并非遁世，而是著述《析津志》。他在任崇文监丞时，接触内府藏书和方志册籍，为撰修《析津志》做了资料准备。后居山村，远离俗尘，虽生计苦薄，却著志弥坚。他的挚友张仲举诗云："近闻京志将脱稿，贯穿百氏手自繙。朱黄堆案墨满砚，钞写况有能书孙。"[6]熊梦祥倾注其全部心血，私家撰述第一部北京方志。

　　据明正统年间杨士奇纂《文渊阁书目》和成化年间叶盛撰

---

〔1〕《辽史》卷四〇《地理志四》。

〔2〕《金史》卷二四《地理志上》。

〔3〕《元史》卷五八《地理志一》。

〔4〕乾隆《丰城县志》卷一〇。

〔5〕顾瑛《草雅堂集》卷六。

〔6〕纳兰性德《通志堂集》卷一五。

《菉竹堂书目》著录,《析津志典》三十四册,卷数不详。它为抄本,未见雕梓,至明中后期亡佚。但洪武纂《北平图经》与永乐修《永乐大典》,永乐《顺天府志》与乾隆《日下旧闻考》等书,都采择了《析津志》中不少的资料。北京图书馆善本部从《永乐大典》、永乐《顺天府志》、《宪台通纪》和《日下旧闻考》等书中辑录成册,名《析津志辑佚》。保存《析津志》资料最多的是永乐《顺天府志》。《永乐大典》收录《顺天府志》二十卷全文。清光绪二十六年(1900),《永乐大典》遭到焚劫,所余无几。幸清代从《永乐大典》中辑出的《顺天府志》,有两种过录本:一是通学斋主人孙殿起购得的清缮本,另一是艺风堂主人缪荃孙的辑抄本(后另叙述)。这使《析津志》的许多资料得以保存。经过多人长期辛勤辑录,《析津志辑佚》方能出版问世[1]。

《析津志》的内容,大体上包括城池街市、朝堂公廨、寺庙祠祀、艺文学校、官宦人物、岁时风纪、钱粮盐课、物产异贡、山川关隘、驿站桥梁、名胜古迹等。《析津志》载录的元中书省及六部题名记,牛车往来运煤,旨令白话碑文,葡萄酒的酿造,庙市繁华饶盛,蒙汉习俗交融,大都学校专志,各路站名道里,击马球和施水车,《居庸关过街塔铭》以及关汉卿小传等,保存了大都的政治、经济、文化、习俗、科技、古迹、人物等珍贵资料。如蒙古太宗五年(1233),石刻旨令白话碑,记载令蒙古子弟学汉人语文,为加强学习效果,规定学习时不许说蒙古话,否则,说一句即打一板子:"一番一简子打者,第二番打两

---

〔1〕 北京图书馆善本组辑《析津志辑佚》,分列18目,262页,10余万字,北京古籍出版社,1983年。

简子者，第三番打三简子者。"[1]同时又令汉官子弟学蒙语、习骑射。这就保存了汉、蒙之间文化交流的可贵资料。又如居庸关过街塔，"其为壮丽雄伟，为当代之冠"，敕学士欧阳玄[2]撰《过街塔铭》。熊梦祥加以收录，洋洋千余言，极具史料价值。它还专列《菜志》，将菜蔬中采其目见口尝者与闻而知者，"并书于是，乃作菜志"。志中列园蔬、田蔬和野蔬（多为药材）共百余种[3]，表明菜蔬在大都市民生活中占有的重要位置。《析津志》中所列人物名宦、寺庙宫观、名胜古迹和城乡物产等，谨据已知资料，列表统计于下：

人物名宦		寺庙宫观					名胜古迹		物　　产							合计
人物	名宦	庙	寺	院	宫观	庵	城市	属县	菜蔬	药品	花草	果品	竹木	杂粮	其他	合计
35	239	17	71	34	71	8	118	16	90	20	49	14	22	31	60	895
274		201					134		286							895

此外，《析津志》所引《天京事略》《舆地要览》《岁时风纪》等元人著述，今已不存，赖其保存大都重要史料。

三

明代是北京方志的发展时期。北京方志在明代，不仅有府志，而且有州志、县志和专志。

洪武元年（1368）八月，徐达率军攻占大都。寻诏改大都路总管府为北平府。以北平府为名的志书，始见于明初。《永

---

[1]《析津志》辑抄本，不分卷。
[2]《元史》卷一八五《欧阳玄传》。
[3]《日下旧闻考》卷一四九。

乐大典》卷8420"平"字韵，载《洪武北平图经》，但书已佚，撰者无考。其时，北平府所属州县多有图志和志书，如《昌平县图志》《昌平县志》等。兹据今北京市属县建制，将明初北平府属相关州、县之图志与志书存佚，列表如下^[1]：

州县	昌平	密云	通县	延庆	顺义	大兴	怀柔	平谷	房山	总计
图志	有	有	有	？	有	有	？	有	？	6
志书	有	有	有	？	有	？	有	有	有	7

注：今房山区、通州区原为房山县、通县，故将其图志与志书列入表中。

上表所列州、县，虽多有州、县图志与州、县志，惜俱已亡佚。

同时，《文渊阁书目》卷十九暑字号第一橱书目，尚著录有《北平志》二册、《北平成均志》二册、《北平八府图总目》一册、《北平图志》一册、《北平府图志》一册。缪荃孙认为《北平图志》与《洪武北平图经》系同书，《顺天府志》也为《洪武北平图经》所托始。其前者启人思索，而后者似有见地。上列志书，惜已亡佚。

永乐元年（1403）正月，明成祖朱棣"靖难之役"告捷后，以北平为北京，不久，改北平府为顺天府。从此，北京始有顺天府志书。明代的顺天府志书，有永乐《顺天府志》和万历《顺天府志》两种。

永乐《顺天府志》，又称大典本《顺天府志》，二十卷，未刊已佚，但被收入《永乐大典》卷4644至4663。清乾隆间有人从《永乐大典》中辑出，1930年孙殿起从济南收购其第七、八两卷：

---

[1]《文渊阁书目》，暑字号第一橱。

　　十二月一日　晴　早，赴南关正觉寺街国华书局，得书二种。随赴趵突泉前街，游吕祖庙。经南城根大街，赴友竹山房，得书七种。有：……永乐大典卷四千六百五十至四千六百五十一，凡二卷、一册。前卷第一页佚前半页，分门凡五：曰寺、曰院、曰阁、曰塔、曰宫。后卷第一页第一行题曰：顺天府志，亦无卷数。最后第三十页佚后半页，下阙如，余无从查考。分门凡三：曰观、曰庵、曰名宦。盖二卷所采用之书：曰郡县志、曰寰宇记、曰舆地要览、曰大都图册、曰图经志、曰析津志、曰元一统志诸书。书中遇真字皆缺末笔，此是避雍正皇帝之讳，方知其为雍正间缮本。予初得此书，并不知其名，而贾人曰残本顺天府志。至回寓细检，见其前卷末页最后之一行题曰永乐大典卷之四千六百五十，始悉过录永乐大典毫无疑义。[1]

　　孙殿起虽所记较详，但未览全书。我粗经翻检，见其讳“玄”“真”“弘”三字，如卷八页一“丹阳观全真道师通玄”中，“真”与“玄”均缺末笔，卷七页九“弘”字亦缺末笔。可见其为乾隆间抄出，或乾隆间修《四库全书》时录出[2]。但“玄”“真”“弘”三字偶有不讳者，如卷七页三九“崇真万寿宫”之“真”字即未缺末笔；卷七页九“弘法寺”条108字中有四个“弘”字，其中三字讳，而一字不讳[3]。由此可见其并非原缮本，或为后来转录本。此书现珍藏台北，北京图书馆有

〔1〕　孙殿起《庚午南游记》，《文物》1962 年第 9 期。
〔2〕　《四库全书总目》，阙录此书。
〔3〕　永乐《顺天府志》卷七，缩微胶卷，北京图书馆善本部藏。

缩微胶卷。清末缪荃孙从《永乐大典》卷 4650 至 4657，辑录出《顺天府志》卷七至十四，共八卷，三册[1]。其中较北京图书馆原藏本增出六卷，现藏北京大学图书馆。这部《顺天府志》，保存了《北平图经志书》《元一统志》《析津志》《郡县志》和《宛平县图经志书》等已佚图书的资料，记录了明初北京经济等史料。如载录洪武二年（1369）至八年（1375）北平的户口、田粮资料及明初宛平、大兴、顺义、昌平、良乡、怀柔等县的户口、田粮和其他资料。其书成于洪武年间，初名或为《北平府志》。至永乐初年修《永乐大典》时，北平府已改称顺天府，似将原来的《北平府志》易名纂入，称作《顺天府志》。

万历《顺天府志》，由谢杰、沈应文、谭希思修，张元芳纂。万历时，北京过去编纂的两部府志——《析津志》和永乐《顺天府志》皆佚，各省均撰志书，谢杰序言，"京兆独阙，识者病焉"[2]。北京作为明代京师，"顺天本为首善，风厉寓内"[3]，志书不容久阙。府尹沈应文、府丞谭希思等遂主持编修，张元芳纂汇"地理、营建、食货、政事、人物、艺文"六纲三十六目的《顺天府志》，分为六卷，雕梓问世。尽管有人贬斥它"非略即舛"，但万历《顺天府志》在北京方志史上，是第二部顺天府志书，也是第一部完整保存下来而又体例较为完备的北京专志。万历《顺天府志》的纂成刊行，为北京志书奠下基石。

明代北京涌现一批州、县志书。其现存者，如官修成化

---

[1] 永乐《顺天府志》，辑抄本，北京大学图书馆善本部藏。
[2] 万历《顺天府志》卷首"谢序"。
[3] 万历《顺天府志》卷首"沈序"。

《隆庆州志》、嘉靖《通州志略》[1]、隆庆《昌平州志》、万历《永宁县志》(永宁县后并入延庆州)、万历《怀柔县志》[2]和万历《房山县志》(崇祯间刻本)等。成化《隆庆州志》是北京现存最早的州县志书。先是，延庆县即隆庆州的名称与建制有所衍变，《元史·地理志》载：

> 龙庆州，唐为妫川县，金为缙山县。元至元三年，省入怀来县，五年复置，本属上都路[3]宣德府奉圣州[4]。二十二年，仁宗生于此。延祐三年，割缙山、怀来，来隶大都，升缙山为龙庆州。[5]

元仁宗孛儿只斤·爱育黎拔力八达于至元二十二年（1285）诞降于州城东北香水园[6]，故升其州名为龙庆州。明承元后，北元势力长期威胁着北京，龙庆州民内徙，州名废弃。明成祖朱棣于永乐十一年（1413）北巡，驻跸团山，"诏复置州，改曰隆庆，迁民以实之"[7]。成化十一年（1475），被谪官至州的谢

〔1〕 明杨行中纂嘉靖《通州志略》，十三卷、图一卷，日本东京尊经阁文库藏，首都图书馆复印本。
〔2〕 万历《怀柔县志》卷四、日本《东洋文库所藏汉籍分类目录·史部》第200页载："怀柔县志四卷，明史国典修，明周仲士纂，昭和四十二年东京东洋文库用美国国会图书馆摄旧北平图书馆藏明万历三十二年刊本景照。"
〔3〕 《中国市县大辞典》（1991年版）第10页"延庆县"条，误作"属大都路奉圣州"。
〔4〕 《元史·地理志一·保安州》（中华书局标点本）：奉圣州"仍至元三年，以地震改保安州。"其"仍"字为"后"字之误。
〔5〕 《元史》卷五八《地理志一·龙庆州》。
〔6〕 嘉靖《隆庆州志》卷八。
〔7〕 嘉靖《隆庆州志》卷一。

庭桂纂修《隆庆州志》十六卷，后苏乾续修，于嘉靖二十八年（1549）刊刻。隆庆州即今延庆县，明穆宗年号隆庆，为避讳，遂改隆庆州为延庆州。继成化《隆庆州志》之后，北京另一部纂修较早且价值较高的是嘉靖《通州志略》。先是，通州已有志稿，"弘治间州人周通曾创为稿"[1]，但未成书雕梓。至嘉靖中，知州汪有执倡修志之议，置守制乡里之佥都御史杨行中诺允主纂，实为通州修志之机会：

> 作天下之事本乎机，而成天下之事存乎会；机以动之，会以合之，古今之所有事，率由是也。[2]

通州以此机会，修成志书，但传本稀见，现独存于日本尊经阁文库。因其罕见，故略介绍。嘉靖《通州志略》主纂杨行中，字惟慎[3]，号潞桥，通州广济坊民籍，正德十一年（1516）乡试中举，嘉靖二年（1523）进士登第。该志乙巳（1545）动议，丙午（1546）经始，丁未（1547）稿就，己酉即二十八年（1549）刊梓，时杨行中已官都察院左副都御史。全书十三卷，图十四幅，分为十三纲七十六目，其卷一为舆地志：沿革、郡名、星野、形胜、景致、疆界、山川、坊里、坊表、市集、古迹、冢墓；卷二为建置志：城池、公署、学校、桥梁、邮铺、烽堠、囿苑；卷三为漕运志：漕渠、仓厂、粮额、设官、置役、

---

〔1〕 杨行中纂修嘉靖《通州志略·凡例》。
〔2〕 杨行中纂修嘉靖《通州志略·杨序》。
〔3〕 《北京日报》载《杨行中〈通州志略〉独存海外》，文中"杨行中，字维慎"；嘉靖《通州志略》卷八《人物志》第10页"杨行中"作"杨行中，字惟慎"，应以后者为是。

关支；卷四为贡赋志：户口、田税、徭役、马政、课程、杂赋、军器、驿传；卷五为官纪志：额置、守令、师儒、转属；卷六为官纪志：武额、戎帅、卫职、名宦；卷七为官纪志：节使、经略；卷八为兵防志：将领、兵马、屯营、分防；卷九为礼乐志：庆贺、祠祭、乡饮、风俗；卷十为人物志：选举、岁贡、例贡、武举、椽阶；卷十一为人物志：孝义、贞烈[1]、乡彦、貤封；卷十二为物产志：禾类、蔬类、果类、木类、花类、药类、草类、禽类、兽类、水类、虫类，丛纪志：寺观、仙释、灾祥；卷十三为艺文志：文类、诗赋。详见下表：

卷序	首	1	2	3	4	5	6	7	8	9	10	11	12		13	总计
志名	舆图	舆地志	建置志	漕运志	贡赋志	官纪志	官纪志	官纪志	兵防志	礼乐志	人物志	人物志	物产志	丛纪志	艺文志	15
分目	14（幅）	12	7	6	8	4	4	2	4	4	5	4	11	3	2	76
页数	6	22	21	14	21	21	22	25	9	10	27	21	4	10	70	303

杨行中作前序，汪有执作后序。全书 313 页，每半页 10 行，行 19 字，约计共 116660 字[2]。此外，曾任宛平县知县的沈榜私人修纂的《宛署杂记》，保存宛平县重要的经济史料，也是一部很有价值的北京志书。

明代北京开始有专志。京师之"居庸，犹秦之崤、函，蜀之剑门"，于是有嘉靖《居庸关志》。而浚河济漕又为京师的命脉，

---

[1] 嘉靖《通州志略》卷首目录作"贞烈"，卷内目录作"贞节"，通州、三河、武清、漷县、宝坻俱作"贞节"。

[2] 承首都图书馆北京地方文献部韩朴主任相助，得以阅读其庋藏嘉靖《通州志略》日本尊经阁文库珍藏本之复印本，谨此致谢。

于是有嘉靖《通惠河志》[1]。通惠河就是元代郭守敬所开的通州运河。明初湮废，粮由陆运，费重民苦，亟待疏浚。御史吴仲疏请重浚，历四月河成，从此漕船直达京师，岁省费二十余万。吴仲外调处州知府，恐岁久其法失传，于南行舟中撰《通惠河志》三卷，详载筑坝建闸、浚河通漕事，并附载图说。这是有关北京水利史的第一部专著。吴仲为民兴利，"人思仲德，建祠通州祀之"[2]。此外，《长安客话》《旧京遗事》《帝京景物略》和《京师五城坊巷胡同集》等，记京师公宇名胜、风土景物、坊巷市井、山河雄镇，资料珍贵，均有裨益。至于抄本《冈志》，记今宣武门外回族史事民俗，传为明初所修，姑且附记于此。

四

清代是北京方志的鼎盛时期。清朝政府重视修志。康熙十一年（1672），谕各直省分纂志书。雍正六年（1728），又命直省修纂志书，"务期考据详明，摭采精当，既无阙略，亦无冒滥，以成完善之书"[3]。翌年，为纂修《大清一统志》而需各省志作资料，命各地有司"确查记载，采访乡评，据实秉公，咨送书馆"[4]。又定各州县志书要六十年一修之例。乾隆时，随着统一多民族国家的发展和巩固，地方志更加受到重视。清代留

---

〔1〕《四库全书总目》卷七五载：《通惠河志》二卷，附一卷，西淮马裕家藏本，入史部地理类存目。天一阁原存之明刻本《通惠河志》已毁。今存《玄览堂丛书》影印嘉业堂刻本《通惠河志》二卷。

〔2〕《明史》卷八六《河渠志四》。

〔3〕《清世宗实录》卷七五，雍正六年十一月甲戌。

〔4〕《清世宗实录》卷八四，雍正七年闰七月癸未。

下的北京志书，其卷数为明代的六倍多。

清代北京的志书，顺天府尹张吉午纂修的康熙《顺天府志》较早。它缮写工整，版框木刻，丝线精装，黄绫封面，四周双边，单鱼尾，为恭缮承览之呈写正本。[1]它载录自万历《顺天府志》以降，至清康熙二十四年（1685），近百年北京地区的资料，特别是该志卷四《食货：人口·田赋》所载人口、土地、田赋统计资料，卷六《政事》收录刘余祐抨击清初虐政"逃人法"的《条分刑律六款疏》、郝惟讷揭击文字狱的《请杜首告诗文疏》以及高尔位揭露顺天科场弊端的《贡院禁止抢夺疏》[2]等，为《清世祖实录》《清圣祖实录》和《康熙起居注册》所阙载，均有重要史料价值。但它记载疏略，尘封内府，流布不广，罕为人见，致使缪荃孙等修光绪《顺天府志》时，竟不知已有此书。清代的京师志书，除康熙《顺天府志》外，值得称道的是《日下旧闻考》和光绪《顺天府志》。

《日下旧闻考》是北京方志史上的重要著作。先是，清代大家朱彝尊仕途坎坷，僦居北京宣武门外海波寺街古藤书屋。他"风雨一编，青灯永夕"[3]，搜拾旧闻，订讹辨误，采集经史杂录1600余种，上自远古，下迄明季，分星土、世纪、形胜、宫室、城市、郊坰、京畿、侨治、边障、户版、风俗、物产、杂缀十三门，共42卷，成为一部"援据精确，辞雅义畅，前未有此书"。其后，清朝进入全盛时期，出现史称的"康雍乾盛世"，京师也有巨大变化。从《日下旧闻》编撰到《日下旧闻考》成

---

〔1〕 阎崇年《张吉午与康熙〈顺天府志〉》，《文史》第 42 辑，中华书局，1997 年。
〔2〕 康熙《顺天府志》卷八，北京图书馆善本部藏。
〔3〕 《日下旧闻考》卷一六〇《冯序》。

书恰为一百年。为反映京师的百年巨变，乾隆帝命廷臣、儒士对《日下旧闻》删繁补缺，详加考核[1]，后成《日下旧闻考》160 卷。它资料丰富，考据精细，记述了北京城池、宫殿、坛庙、官署、园囿、河运、京郊、风俗、物产、边障等的历史与现状。《日下旧闻考》是一轴清代鼎盛时期京华繁花似锦的历史画卷。但它也存在不少纰误。《日下旧闻考》成书后一百年，又有光绪《顺天府志》问世。

光绪《顺天府志》是集元、明、清三代京师府志大成之作。先是，在同治年间修《畿辅通志》，调取各府州县志，而顺天独阙。文华殿大学士、直隶总督李鸿章云："皇朝宅京垂三百年，文轨大同。天下郡县皆有志，而京府尚阙，非所以昭首善也"[2]。以京师修志事关至大，曾首尾两具折陈，奏请开局，得旨俞允。由大学士、直隶总督李鸿章监修，吏部尚书兼管顺天府尹万青藜、顺天府尹周家楣为总裁，翰林院编修缪荃孙任总纂。于是开设志局，三筹资金，拟定义例，延聘分纂，购书籍，遍采访，辑长编，传人物。而后按门修纂，分卷计程，历时六年，告竣付梓。全书"一百三十卷，总纲十一，子目六十有九"[3]，350 万字，引书 892 种。

清代北京的州县志书比较齐备。以今北京行政区划范围计，大兴、宛平、房山、良乡、怀柔、密云、顺义、平谷、通州、延庆普遍修志。仅以《通州志》为例。通州为"畿东首冲，拱抱神京，上振关塞，下控徐兖，地大物博，襟带千里"[4]。通

---

〔1〕《清高宗实录》卷九三六，乾隆三十八年六月甲辰。

〔2〕 光绪《顺天府志·李序》。

〔3〕 缪荃孙《艺风堂文集》卷四。

〔4〕 李调元《童山文集》卷六。

州的志书，清康熙十二年（1673）、康熙三十六年（1697）、雍正二年（1724）、乾隆四十八年（1783）、道光十八年（1838）、光绪五年（1879）和光绪九年（1883），共修志或订补七次，平均约每40年续修一次。这种修志连续性的传统，是值得承继的。

同时，出现一批专志。志水道的如李逢亨的《永定河志》和朱其诏的《续永定河志》，志名山的如智朴的《盘山志》《钦定盘山志》和自如的《上方山志》，志坊巷的如朱一新的《京师坊巷志稿》，志学校的如《钦定国子监志》，志人物的如孙承泽的《畿辅人物志》，志庙宇的如释然的《广济寺志》，志会馆的如胡远源的《京师长沙会馆志》和龚镇湘的《善化馆志》，志乡土的如《延庆州乡土志》，记名胜古迹的如吴长元的《宸垣识略》，记风俗的如潘荣陛的《帝京岁时纪胜》和富察敦崇的《燕京岁时记》，记金石的如孙星衍的《京畿金石考》，记掌故的如孙承泽的《春明梦余录》和《天府广记》，记家族的如《宛平王氏族谱》等。

清代麻兆庆的《昌平外志》也值得一提。麻氏自称"庆籍昌平，世居巩华"[1]，后居昌平贯市西村，即今昌平区阳坊镇西贯市村。他熟谙昌平地区掌故、地理，又受乾嘉考据学风的影响，对缪荃孙纂修的光绪《昌平州志》等详加考证。他"考沿革、正纰谬、辨河渠、记金石，校新志之讹误，拾新志之漏遗"[2]，亲自踏访，稽古察今，参酌册籍，数十百种，著《昌平外志》六卷。如他考证齐惠王肥子印，为平昌侯，在今山东安邱县境。但《史记·齐悼惠王世家》误将"平昌"倒刻为"昌平"，"《正义》注

〔1〕 麻兆庆《昌平外志·后录》。
〔2〕 麻兆庆《昌平外志·自序》。

误为今州，顾亭林引之，纂入《昌平山水记》，《辽史地理志考证》《西宁新志》又引《昌平山水记》证汉昌平为今昌平，毫厘之差，谬在千里，此之谓也"[1]！作者诙谐地说："再数千百年后，则孔子亦我昌平乡人矣！"

五

从光绪《顺天府志》兴修至今又历时百年。在这百年之间，北京经历了从民国时期的北平，到中华人民共和国首都北京的历史巨变。

民国时期，北平政权迭变，志书修纂凋落。这时期除《北平志略》外，吴廷燮等撰修的《北京市志稿》堪称巨著。但修纂匆促，经费不足，资料缺滥，无序阙目，仅为稿本，尚未付印。

《北京市志稿》194卷，总56册，约300万字。民国二十九年（1940）稿本，分建置、民政、度支、文教、礼俗、宗教、前事、货殖、金石、艺文、人物、选举、职官、舆地、名迹、故宫等志。其中缺舆地志十卷，故宫、前事、名迹、人物等志各缺一部分。它搜存了从光绪十一年（1885）至民国二十八年（1939）间，半个多世纪有关北京的档案、公报、史事、表格、统计、文献、石刻等资料。如首列《建置志》，包括道路、沟渠、工程、官署、营屯、坛庙、园囿等。其中载有如正阳门等火车站的兴筑、有轨电车的始设、市内主要街道的修建等。志稿内《中南海公园之过去及其现状》载："（民国）十七年，首都南迁。国民政府派周震麟率同职员组织接收……十八

---

[1] 麻兆庆《昌平外志》卷二。

年五月，乃由前北平特别市市政府正式开放为三海公园，仿中山（中央）、北海两公园之例，组织董事会及委员会管理之。十九年十二月，更名为中南海公园。"对中南海的海晏楼也有记载：

> 居仁堂原名海晏楼，清光绪乙酉（1885）建造。崇楼峻宇，模仿西式，略参中制，经年落成。为孝钦后接见海外女宾之所。每值炎夏，亦常临幸。楼中陈列器物极盛，桌椅悉照路易十四式仿制……后遭庚子（1900）兵燹，颇多残损。壬寅（1902），从事补葺，得复旧观。然陈设一切，已无复昔时之都丽矣。民国初元，袁前大总统迁居此楼，改易今名。黎（元洪）、冯（国璋）、曹（锟）各总统，亦相继在本楼办公。民国二十六年（1937）十二月，临时政府于此开成立会。现为法部官署。[1]

《北京市志稿》不仅体例有创新，而且资料有价值。如《民政志·户口》，详列自宣统元年（1909）至民国二十六年（1937），北京内外城正户与附户、京城二十四旗及内务府三旗的户口统计表；又列《北京市寺庙户口教别表》，包括佛教、道教、伊斯兰教、耶稣教、天主教及其他宗教的人口分类统计；复列《北京市历年外侨国别表》，录列外国在京的人口分类统计等。此外，所录北京市历年出生数与出生率、死亡数与死亡率、婴儿与产母死亡率诸表，都保存了重要的资料。

《北京市志稿》纂者重视收录文化资料。北京是历史文化之

---

〔1〕《北京市志稿·建置二·居仁堂沿革纪略》，稿本，北京市文物研究所藏。

城，人文荟萃，艺文繁博。陈仲篪《纂修补例》载："向来志体，囿于史法，维尚谨严，所载偏重于政治、经济、人物数者，对于社会状态，甚少叙述。然纪述社会之书，不可不举。尤以北京为首都者凡千年，其间政治之推移，社会之衍变，视他郡为独异。"[1] 故其艺文一志，搜集1300余种，删其重复，得1080余种，分为八卷。纂者勤于襞，功不可没。

但是，《北京市志稿》体例欠周，资料零碎，排比失序，衍误颇多，仅是一部粗加梳理而极不完备的资料集稿。

附：北京方志统计表

时代	府（市）志		州县志		村镇志		合　计	
	种	卷（册）	种	卷（册）	种	卷（册）	种	卷（册）
元	1	2					1	2
明	2	14	7	70	1	1	10	85
清	3	298	33	275			36	573
民国	1	194	12	79	2	2	15	275
总计	7	508	52	424	3	3	62	935

注：专志未列入。

在民国时期，自辛亥革命至"七七"事变前，为时二十五年，除《北京市志稿》外，先后修撰了《密云县志》《良乡县志》《平谷县志》《房山县志》《顺义县志》《昌平政治古迹概略》及其后的《通县志要》等，还有《居庸志略》《古北口志》和《成府村志》。这些县志、村志和专志，多成书仓促，舛误较多，但记录了民国时期的一些资料，尚属可贵。

上述现存北京旧志书，既珍存史志资料，又糅杂谬误糟粕，

---

[1] 《北京市志稿·艺文志》《纂修补例》，原件由中央民族学院历史系苏晋仁教授收藏，承蒙赠予复印件。

应加梳理，汲取精华，以适应北京物质文明和精神文明建设之需，并为纂修新北京志的参考。

（原载《前线》1982 年第 8 期）

张吉午与康熙《顺天府志》

一

清朝京师顺天府[1]第二十二任府尹张吉午，字长白，广宁人，隶汉军镶蓝旗，在其官师顺天之任，主持纂修康熙《顺天府志》。

张吉午，清朝国史无传，《三十三种清代传记综合引得》亦无著录。其生平仕宦资料，星散于官私册籍。仅据目击，信手摘卡，略加钩稽，粗作撮录。张吉午之仕宦生涯，初见于《八旗通志》：

> 顺治六年，朝廷以海宇平定，云、贵而外，尽入版图。州、县缺多，牧令需员。特命八旗乌真超哈通晓汉文者，无论俊秀、闲散人等，并赴廷试。选取文理优通者，准作贡士，即以州、县补用。[2]

---

〔1〕《金史·粘哥荆山传》载：元兵石总管入亳州，"改州为顺天府"。是知除北京曾称顺天府外，亳州亦曾称顺天府。

〔2〕《八旗通志初集》卷四六《学校志一》，东北师范大学出版社，1985年，第904页。其"云贵"于明洪、永间，云、贵已各置布政使司，故"云贵"不应连点，而应破点。

是次汉军八旗廷试贡士，共取 332 人，内镶蓝旗 24 人，其中"张吉午，授顺天玉田知县"[1]。是知张吉午为汉军镶蓝旗人，顺治六年（1649）以贡士，授顺天府玉田县知县。但是，张吉午于顺治九年（1652），赴玉田县知县任："张吉午，镶蓝旗人，贡士，顺治九年任。"[2]是为清朝玉田县第五任县令。其第六任，《玉田县志》载："徐钟溥，浙江人，贡监，顺治十三年任。"[3]由是可知，张吉午任玉田县令之下限为顺治十三年（1656）。其任内之政绩，康熙《玉田县志·名宦》载：

> 张吉午，字长白，性明敏，美丰仪，有惠政，雅量宽弘，刑清讼简，民至今歌思之。行取御史，奉差陕西茶马，历升左通政。[4]

玉田县令任满之后，张吉午转陕西茶马御史[5]，后又任浙江道御史。他勤政事，性介直，上疏言，获旨允。《清圣祖仁皇帝实录》记载：

> 浙江道御史张吉午疏言："三年考满之法，一二等称职者，即系荐举。应将督、抚二年荐举一次之例，概行停

---

[1] 《八旗通志初集》卷四六《学校志一》，第 910 页。

[2] 康熙《顺天府志》卷六，第 141 页，北京图书馆善本部藏。

[3] 乾隆《玉田县志》卷六，第 6 页，清乾隆二十一年（1756）刻本。

[4] 康熙《玉田县志》卷四，第 12 页，清康熙二十年（1681）刻本。

[5] 《清史稿·职官志二》：顺治初，又有督理陕甘洮宣等处茶马御史一人，康熙七年省，三十四年复故，四十二年又省。

止。"从之。[1]

疏在康熙二年（1663），玄烨尚属冲龄，辅臣执掌朝纲，削停封
疆大吏荐举之例，强化辅政大臣遴选之权。上疏奏准不久，张
吉午又转巡盐御史。康熙三年（1664）二月，长芦巡盐御史张
吉午上疏：

> 户部议覆：长芦巡盐御史张吉午疏言："请增天津卫盐
> 引一千二百道。"查各州、县行盐，俱有定例。天津卫议增
> 之引，恐为民累，应无庸议。从之。[2]

张吉午请增天津卫盐引以裕国库之疏，受到户部的驳覆。
《清史稿》载述此事，直记："巡盐御史张吉午请增长芦盐引。
斥之。"[3]

张吉午从顺治六年（1649），贡士以来，凡十五年，未见显
升。遭斥之后，又十五年，政坛沉寂。但寂中有升，他升任通
政使司左通政。此职顺治元年（1644）设，满、汉各一人，康
熙九年（1670）改官正四品。至康熙二十年（1681），吉午之
宦迹，又见于史载：

> 大学士、学士随捧折本面奏请旨：为吏部题补顺天府
> 尹员缺事，正拟太仆寺正卿王继祯，陪拟左通政张吉午。

---

〔1〕《清圣祖实录》卷八，康熙二年二月丙午，中华书局影印本，1985 年。
〔2〕《清圣祖实录》卷一一，康熙三年二月壬寅。
〔3〕《清史稿》卷六《圣祖本纪一》，中华书局，1976 年，第 170 页。

上曰："王继祯不足论，张吉午为人何如？"大学士明珠奏曰："张吉午以前一应条奏事宜皆无关系，其人亦无才干。"上曰："府尹职任紧要，事虽不多，但在京师内地，甚有碍手之处。尔等可有素知堪用之人否？尔等拟妥，再行启奏。"[1]

吏部以张吉午任顺天府府尹之题拟，被大学士明珠奏阻。翌日，康熙帝御乾清门听政，明珠提议熊一潇补授顺天府府尹。《康熙起居注册》记载：

大学士、学士随捧折面奏请旨：为吏部题补顺天府府尹事。上曰："尔等所议若何？"大学士明珠奏曰："臣等公议熊一潇、徐旭龄俱优，皆属可用。"又汉大学士等言："熊一潇为人厚重，徐旭龄系敏捷堪用之人。"上曰："熊一潇着补授顺天府府尹。"[2]

此事，《清圣祖仁皇帝实录》同日做了记载[3]。熊一潇为江西南昌人，康熙三年（1664）甲辰科进士[4]，以右通政于康熙二十年（1681）五月甲戌（二十二日）[5]，迁顺天府府尹。张吉

---

〔1〕《康熙起居注册》，康熙二十年五月二十一日（癸酉），中国第一历史档案馆藏。

〔2〕《康熙起居注册》，康熙二十年五月二十二日（甲戌），中国第一历史档案馆藏。

〔3〕《清圣祖实录》卷九六，康熙二十年五月甲戌。

〔4〕《清进士题名碑记》，康熙甲辰科（1664年），北京孔庙和国子监博物馆藏。

〔5〕钱实甫《清代职官年表》（二），第1151页注为"五（月）甲（转下页）

午未升顺天府府尹，却授左佥都御史[1]。但是，在廷议补授太仆寺正卿员缺时，张吉午再次受到大学士明珠之旁白：

> 大学士、学士随捧折面奏请旨：为吏部补授太仆寺正卿员缺，开列通政司左通政张可前、大理寺少卿荣国祚事。上问曰："尔等云何？"大学士明珠奏曰："臣等满、汉公议，张可前与张吉午才具相同，张吉午已升佥都御史，张可前似亦可用。"上从之。[2]

康熙二十一年（1682）六月，张吉午以左佥都御史[3]，升任顺天府府尹。《清圣祖仁皇帝实录》记载：

> 升左佥都御史张吉午，为顺天府府尹。[4]

此事，康熙《顺天府志·政事·府尹》记载：

> 张吉午，镶蓝旗人，贡士，康熙二十一年六月任。[5]

（接上页）戌廿"，误；甲戌为二十二日。中华书局，1980年。

[1]《清史稿·职官志二》："汉左佥都御史一人，先用汉军，后用汉人，乾隆十三年省。"

[2]《康熙起居注册》，康熙二十年十月二十七日（丙午），中国第一历史档案馆藏。

[3] 钱实甫《清代职官年表》（二），第1152页作张吉午"右佥迁"，误；《清史稿·职官志二》："右都御史、右副都御史、右佥都御史为督、抚坐衔"，应作"左"。同页"癸午"误，应作"癸未"。

[4]《清圣祖实录》卷一〇三，康熙二十一年六月癸未。

[5] 康熙《顺天府志》卷六，第8页，北京图书馆善本部藏。

顺天府府尹张吉午在任四年半，于康熙二十五年（1686）十二月，升为通政使："升顺天府府尹张吉午，为通政使司通政使。"〔1〕一年零两个月之后，张吉午以原官休致："以通政使张吉午，衰老失职，命原官休致。"〔2〕

张吉午从顺治六年（1649）贡士，至康熙二十七年（1688）休致，仕途几四十年，其主要政绩在顺天府府尹任上。张吉午政绩卓著者两端：其一是勤政敏事，疏报府情民瘼；其二是兴文重教，纂修《顺天府志》。

顺天府府尹张吉午，勤敏政事，忠直耿介，屡疏府情民瘼。现存《顺天府志》中四疏：

第一，《请盛兴教化疏》。他于康熙二十一年（1682）六月十二日上任，十一月初十日即上此疏。疏称顺天为首善之地，应"厚风俗，正人心"，复行"乡饮酒礼"〔3〕。同月十四日，即奉旨依议。此疏、旨《清圣祖仁皇帝实录》和《康熙起居注册》均未载。

第二，《请豁年远无征地价疏》。大兴、宛平积欠未完地价银一千八百二十三两四钱八分，县民"自遭地震，房颓户塌，残喘老幼，皮骨仅存，委系追无可追，变无可变"〔4〕。他"为民哀，恳援赦"。上疏康熙二十一年（1682）十一月十七日题奏，十九日"奉旨依议"。此疏、旨《清圣祖仁皇帝实录》和《康熙

---

〔1〕《清圣祖实录》卷一二八，康熙二十五年十二月己巳。

〔2〕《清圣祖实录》卷一三三，康熙二十七年二月己未。

〔3〕张吉午《请盛兴教化疏》，康熙《顺天府志》卷八，无页数，北京图书馆善本部藏。

〔4〕张吉午《请豁年远无征地价疏》，康熙《顺天府志》卷八，无页数，北京图书馆善本部藏。

起居注册》俱未载。

第三，《请换贡院号房瓦椽疏》。贡院号房，士子试场，年久失修，下雨滴漏。前任府尹魏象枢、徐世茂"咸以节省钱粮，暂行停止具题"[1]。他亲自巡察，题请修葺。康熙二十三年（1684）十二月初三日具疏，初五日"奉旨依议"。此疏、旨《清圣祖仁皇帝实录》和《康熙起居注册》亦俱未载。

第四，《请停圈民地疏》。张吉午援引大兴、宛平、东安、香河、永清、文安诸县令申称："圈地以来，民失恒产，零星开垦，旋垦旋圈。"[2]题请永免圈取民地。但此疏遭户部议驳。康熙二十四年（1685）四月初九日，康熙帝御瀛台门听政，《起居注册》载述此事：

> 户部题顺天府府尹张吉午疏请，自康熙二十四年起，凡民间开垦地亩，永免圈取。议不准行。上曰："凡民间自开田亩，毋许圈取，久已有旨。今若圈与旗下，恐致病民。嗣后百姓自开田亩，永不许圈。如有应给之处，着以户部现存旗下多余田地给发。"[3]

《清圣祖仁皇帝实录》《康熙起居注册》《八旗通志》[4]《养

---

〔1〕 张吉午《请换贡院号房瓦椽疏》，康熙《顺天府志》卷八，无页数，北京图书馆善本部藏。

〔2〕 张吉午《请停圈民地疏》，康熙《顺天府志》卷八，无页数，北京图书馆善本部藏。

〔3〕 《康熙起居注册》，康熙二十四年四月初九日（戊戌），中国第一历史档案馆藏。

〔4〕 《八旗通志初集》卷一八《田土志一》，第320页。

吉斋丛录》[1]等官私要籍,俱著摘录。但此疏全文,极为罕见,兹附文末,以便稽考。张吉午《请停圈民地疏》,虽获康熙帝特旨允行,却埋下招怨遭訾种子。《顺天府志》未能梓行,抑或与此有关。

顺天府府尹张吉午,兴举学校,重视教化,纂修《顺天府志》。其重文兴教之一举,是主持纂修《顺天府志》。但原书未署纂修者姓名,推断康熙《顺天府志》的纂修者,基于以下史实与义理:第一,修撰《顺天府志》值张吉午官师顺天之时,他当为主持纂修者。第二,其前万历《顺天府志》与其后光绪《顺天府志》,均由府尹主持纂修,康熙《顺天府志》当不例外。第三,张吉午一向勇于任事、倡兴文业,时纂修府志,必躬自主持。第四,志中收录大量针砭时弊奏疏,同张吉午的宦迹、品格相通。第五,府志卷八《奏疏》最后著录张吉午四疏,均无页数,显系添加,旁证其主持此书之修纂。第六,康熙帝以顺天府府尹"职任紧要",旨授慎重,且几次御门听政议及他,又经反复考察,不信权相明珠"其人亦无才干"之词,而升其为京师府尹。缘此知遇,府志稿就,缮正呈览者,似只应是张吉午。综上六项,可以定断:顺天府府尹张吉午是康熙《顺天府志》的纂修者。

二

康熙《顺天府志》的版本,是需要探讨的问题。

康熙《顺天府志》一部,现为北京图书馆善本部庋藏,存

---

[1] 吴振棫《养吉斋丛录》卷一《余录》,北京古籍出版社,1983年,第286页。

卷二至卷八，凡七卷，七册。本书为白绵纸，黄绫封面，丝线原装，书签题"顺天府志"。书每页长 36.5 厘米，宽 23.5 厘米，版框木刻，印栏黑格，四周双边，单鱼尾，版心刻"顺天府志"四字，并标卷数、页数。本书半叶 10 行，行 20 字，小字双行、行 20 字，共 847 页，约 338800 字。全书仿刻精写，笔画工整，酷似刻本。书中"皇"字顶格，"世祖""今上"抬行。全书凡遇"玄"字皆讳，如第三卷第五四页玄宁庵、玄极庵，同卷第六四页玄帝庙等；凡遇带"玄"偏旁之字亦皆讳，如第六卷第三四页王金弦、第四七页朱弦、第五四页施炫和陆炫、第七八页马玹、第九一页范铁铉、第一〇七页许应铉、第一三一页朱景铉等。但是，不讳"胤"字，如第六卷第十六页高辛胤、第二〇页杨宝胤、第五九页魏象胤和第七六页王鼎胤等。同书皆不讳"弘"字，如第六卷第三二页纪弘谟、第三七页汪弘道、第四八页包弘、第五七页陆弘贤、第一二六页张志弘、第一三四页汪弘、第一三五页王弘祚、第一五〇页姬弘基、第一八六页周弘道等。

康熙《顺天府志》的版本，皆著录为抄本或钞本。诸如：

北京图书馆在本书的书封签注：康熙《顺天府志》，史部地理类，清康熙张吉午纂修，清康熙抄本[1]。《北京图书馆古籍善本书目》亦载："《〔康熙〕顺天府志》，八卷，清张吉午纂修，清康熙抄本。"

朱士嘉《中国地方志综录》（增订本）：《顺天府志》，纂修人张吉午，康熙二十四年抄本[2]。

---

〔1〕 康熙《顺天府志》卷二，书封签注，北京图书馆善本部藏。
〔2〕 朱士嘉《中国地方志综录》（增订本），商务印书馆，1958 年，第 1 页。

　　冯秉文主编《北京方志概述》：康熙《顺天府志》"避玄烨讳，不避胤禛、弘历，内容记事至康熙二十四年，当为康熙间抄本"[1]。

　　《中国地方志联合目录》载记："《〔康熙〕顺天府志》八卷。（清）张吉午纂修，清康熙抄本。"[2]

　　王灿炽《北京地方历史文献述略》记载："《〔康熙〕顺天府志》，现存的是康熙二十四年（1685）的抄本，黄皮大字。"[3]

　　上引诸见，俱断言康熙《顺天府志》为抄本。诚然，就版本学来说，抄本是相对刻本而言。由是，抄本的含义相当宽泛。而界定康熙《顺天府志》为抄本，虽能够说明这是一部非雕印的手抄之书，但不能区别于其他传抄之书，尤未能准确地表述其版本特征。似应当将康熙《顺天府志》的版本，加以确切的而不是笼统的界定。我认为，康熙《顺天府志》是恭缮呈览待梓之缮写正本，即呈写正本，理由如下：

　　其一，抄本是相对刻本而言的版本。抄本的界定有广义与狭义之分，广义指手抄之书，狭义指传抄之书。前者，乾隆帝《四库全书总目·圣谕》曰："其有未经镌刊，只系钞本存留者，不妨缮录副本，仍将原书给还。"[4]此为广义手抄之书。后者，李清照《金石录后序》曰："独余少轻小卷轴书帖，写本李、杜、韩、柳集，《世说》《盐铁论》。"[5]此为狭义手抄之书。

---

〔1〕　冯秉文主编《北京方志概述》，长春第六印刷厂印，1985年，第30页。

〔2〕　庄威风等编《中国地方志联合目录》，中华书局，1985年，第1页。

〔3〕　王灿炽《王灿炽史志论文集》，北京燕山出版社，1991年，第58页。

〔4〕　《清高宗实录》卷九〇〇，乾隆三十七年正月庚子，中华书局影印本，1986年。

〔5〕　李清照《金石录后序》，《金石录》卷末，顺治七年（1650）刻本。

但近代以来，抄本泛蕴狭义传抄之书。

其二，近代抄本常指转抄之书。《辞海》释"抄本"云："宋以后，雕版虽已盛行，但有些比较专门、不甚著名而需要不广的著作，仍靠传抄流通，因此，抄本图书一直为研究工作所重视。"〔1〕《图书馆学情报学辞典》释"抄本"亦云："根据底本（不论其为写本或刻本）传录而成的副本，故又称传抄本。"〔2〕上述两例，虽属两家之言，但表明近代以来，"抄本"的概念逐渐地由广义向狭义转化。

其三，康熙《顺天府志》每页俱为木刻版框，黑格印栏，四周双边，有单鱼尾，字迹工整，端正划一，酷如镌刊，故不是传抄之书，而似呈览后按式雕版之底本。

其四，现存康熙《顺天府志》，凡七卷，其第二卷为"地理"、第三卷为"建置"、第四卷为"食货"、第五卷为"典礼"、第六卷为"政事"、第七卷为"人物"、第八卷为"艺文"，内容完整，但卷序阙一。推其原因，或为独缺卷一，预留承旨，雕刻圣藻，以示尊崇。如系转抄本，当自卷一始，不必卷二起抄。

其五，书藏北京图书馆善本部，而北京图书馆最初为清宣统元年（1909）学部奏建的京师图书馆。康熙《顺天府志》书末有"京师图书馆藏书印"。京师图书馆的馆藏册籍，远溯至南宋缉熙殿、明文渊阁和清内阁大库。本书的收藏源流表明，它成书后，恭缮呈览，因故留中，藏之内库，而未镌刊。

其六，呈写正本，史有先例。呈写正本是写本的一种。写

〔1〕《辞海》（缩印本），上海辞书出版社，1980年，第671页。
〔2〕周文骏主编《图书馆学情报学辞典》，书目文献出版社，1991年，第56页。

本，亦"特指抄本中字体工整的本子"[1]。但呈写正本，更为规范。"呈写正本"作为版本学的名词，史有所载。《安徽通志》修辑告竣后，缮写正本呈览。史载如下：

> 谕内阁：邓廷桢奏创修安徽省志告成一折，安徽自分省以来，未经辑有通志。道光五年，陶澍奏准予限纂辑。现据邓廷桢奏称，业经修辑完竣，并缮写正本呈览。此书由陶澍具奏创修，邓廷桢督办蒇事，陶澍、邓廷桢均著加恩交部议叙。[2]

可见，修辑完竣之《安徽通志》，镌刊之前，恭缮呈览，是为呈写正本。

综上，现存康熙《顺天府志》是修竣呈览缮写正本，而不是镌刻刊本，也不是缮录副本，更不是传录抄本。呈写正本是康熙《顺天府志》区别于其他古籍抄本之版本特征。其特点：一是呈览，二是缮写，三是正本，四是仿刻。所以，我认为：今存康熙《顺天府志》是呈写正本。

三

今存康熙《顺天府志》，不仅是呈写正本，而且是世间孤本。在明代，以顺天府为名的志书有二，即永乐《顺天府志》

---

[1] 诸奇伟等编著《简明古籍整理辞典》，黑龙江人民出版社，1990年，第97页。
[2] 《清宣宗实录》卷一五七，道光九年六月戊辰，中华书局影印本，1986年。

和万历《顺天府志》。然而，北京自元代成为全中国政治中心以来，其最早的志书为《析津志》（又称《析津志典》）。但它早已散佚，经北京图书馆善本组诸先生累年搜求，撷采索辑，成《析津志辑佚》，于 1983 年由北京古籍出版社出版。而后，明初之《顺天府志》，凡二十卷，未刊已佚，幸被录入《永乐大典》卷四六四四至四六六三，清乾隆间有人从《永乐大典》中辑出其卷七至卷八，共两卷；清光绪间缪荃孙又从《永乐大典》中辑出其卷七至卷十四，共八卷。[1]以上所辑，仅为其原书的 40%。而万历《顺天府志》，《四库全书总目·〈顺天府志〉提要》载："《顺天府志》六卷，明谢杰撰，沈应文续成之。"[2]后人评曰："明万历有志，简率未备。"[3]有人误将康熙《顺天府志》作万历《顺天府志》，致北京图书馆善本部在其卷二书封上特识签注：

> 按，此书事实都至康熙二十四五年，前油印书目据光绪《顺天府志》原奏称，《顺天府志》自前明万历癸巳年府尹谢杰等修辑后，迄今并未续修，误作万历谢杰修者，今查明更正，认为康熙年修，特此备查。[4]

所以，明代两部《顺天府志》，虽其价值不容低视，但或阙佚，或疏略，与北京的历史与地理之实情差距甚远矣。

---

〔1〕 阎崇年《北京方志探述》，《前线》1982 年第 8 期。
〔2〕《四库全书总目》卷七四《〈顺天府志〉提要》，中华书局影印本，1965 年，第 646 页。
〔3〕 光绪《顺天府志·周序》，光绪十二年（1886）刻本。
〔4〕 康熙《顺天府志》卷二，书封签注，北京图书馆善本部藏。

在清代，以顺天府为名的志书也有二，即康熙《顺天府志》和光绪《顺天府志》。然而，康熙《顺天府志》既未插架，亦未留传。光绪十一年（1885），直隶总督、府志监修李鸿章称：

> 前代志顺天者，仅有谢杰、沈应文之书，草创荒略。皇朝宅京垂三百年，文轨大同，天下郡县皆有志，而京府尚阙，非所以昭首善也。[1]

署顺天府府尹、府志总裁沈秉成亦序曰：

> 《燕京志》《析津志》佚矣。明洪武《北平图经》，其书亦佚，仅见之《永乐大典》卷八千四百二十平字韵。《文渊阁书目》暑字号《北平图志》，或即一书。又载旧志二册，又往字号载《顺天府志》一册，书皆不传。传者万历间谢杰、沈应文志六卷，非略即舛，殊难考征。我朝宅京二百数十年来，志尚阙如。[2]

博学广识的缪荃孙在纂修光绪《顺天府志》时，曾征引书目凡892种[3]，而康熙《顺天府志》阙录。

在清代公私书目中，康熙《顺天府志》均未见著录。前已述及，此志久藏宫中，未曾刊刻，不见著录，睹者绝少，在清代已是罕见之书。但在清末民初，康熙《顺天府志》由内阁大

---

〔1〕　光绪《顺天府志·李序》，光绪十二年（1886）刻本。
〔2〕　光绪《顺天府志·沈序》，光绪十二年（1886）刻本。
〔3〕　缪荃孙《光绪〈顺天府志〉恭引书目》和《光绪〈顺天府志〉引用书目》，光绪《顺天府志》卷末，光绪十二年（1886）刻本。

库流入京师图书馆，后嬗入北京图书馆善本部。

北京图书馆善本部所藏之康熙《顺天府志》，或为海内孤本，尚难做出定断。这需要在全国地方志普查和善本书普查后，方能做出结论。

全国地方志的普查工作始于 1975 年。由中国科学院、教育部、国家文物局等单位，会同有关科研机构、高等院校、图书馆和博物馆等组成普查组，对全国的地方志进行普查。历时七年，编成《中国地方志联合目录》。此目录的编修经历了多次反复的过程："一九七六年，我们先以朱士嘉先生一九六二年修订的《中国地方志综录》为蓝本，印发给各有关单位与实际馆藏进行核对，并且补充和修改；一九七七年秋至一九七八年春，编者们经过两次集中，根据各单位的核对结果，按照共同制订的编例，重新考订、著录，编辑成《中国地方志联合目录》（初稿）。以后又将目录的初稿再次印发给各参加单位进行核对；编者又根据各单位的修改补充意见，并参考上海图书馆、中央民族学院图书馆、天津市人民图书馆等单位新编的地方志目录"[1]，进行了复查和修订。该目录著录其时中国大陆 30 个省、市、自治区的 196 个公共、科研、高校图书馆和博物馆、文史馆、档案馆等所收藏的地方志，仅见北京图书馆善本部收藏有康熙《顺天府志》。此后，中国大陆两千余个市、县全面展开纂修地方志的工作，又一次对地方志进行了普遍的调查。与此同时，为编纂《中国善本书目》，中国大陆又对善本书之收藏进行了联合调查。以上地方志和善本书的普查，是自乾隆帝纂辑《四库全书》以降，二百多年来时间最长、范围最广、核对最细

---

〔1〕《中国地方志联合目录·前言》，第 1 页。

的普查，但均未见其他单位收藏康熙《顺天府志》。至此，可以得出一个结论：康熙《顺天府志》是海内孤本。

但是，康熙《顺天府志》海内属孤本，并不等于海外无藏本。有的善本书，海内虽无，海外却有，如嘉靖《通州志略》国内无书，却在日本尊经阁文库独藏。所以，要对海外康熙《顺天府志》之收藏实情进行查证。在美国，朱士嘉先生编著美国《国会图书馆中国地方志目录》，康熙《顺天府志》未予著录[1]。我 1989—1990 年赴美讲学期间，在美国国会图书馆同中文部王冀主任、居密博士查询此书，该馆确未庋藏。又在哈佛大学、耶鲁大学、哥伦比亚大学、印第安纳大学、夏威夷大学、加州大学等诸图书馆及其他图书馆查阅中国地方志目录，亦概未著录康熙《顺天府志》。在欧洲，我通过其他途径查询，亦未见著录康熙《顺天府志》。在日本，除有人已查阅日本的中国地方志联合目录外，我 1987 年赴日本，曾在东洋文库看书，并查阅日本收藏中国地方志的目录，未见著录康熙《顺天府志》。

在中国台湾，除有人已核阅台湾公藏地方志联合目录外，我 1992 年赴台湾，对"中研院"史语所图书馆、台北故宫博物院文献处和台湾"中央图书馆"等进行查询，均未见著录康熙《顺天府志》。此外，我对香港大学、香港中文大学和澳门大学的图书馆均做过查阅，亦未见收藏康熙《顺天府志》。

至此，似可以说：康熙《顺天府志》不仅是海内孤本，而且是世间孤本。

综上，可以得出结论：康熙《顺天府志》是世间孤本。

---

[1] 朱士嘉《国会图书馆中国地方志目录》，新文丰出版公司印行，1985 年，第 212 页。

四

康熙《顺天府志》的内容。

康熙《顺天府志》成书于康熙二十四年（1685）。其收录的志料，上起《召诰》，下至《请停圈民地疏》。全书下限的志料为最近的府丞："王维珍，镶蓝旗人，进士，康熙二十四年九月任。"[1]因此，康熙二十四年九月，是本书完稿的下限时间。

康熙《顺天府志》标八卷，缺卷一。前文已述，所阙仅为本书序号，无碍于体例与内容。所以，它实际上是七卷，内容完整。全书七卷，分为七志——地理志、建置志、食货志、典礼志、政事志、人物志和艺文志。每志首列，志类小言，四字一句，挈领提纲。全书七纲五十三目，分装七册，其册卷结构，列表于下。

册序	卷序	分目	页数	页行	行字	字数
1	2	7	81	20	20	32400
	3	8	77	20	20	30800
2	4	2	36	20	20	14400
	5	2	4	20	20	1600
3 4	6	5	322	20	20	128800
5	7	15	175	20	20	70000
6 7	8	14	152	20	20	60800
合计	7	53	847	–	–	338800

康熙《顺天府志》自卷二至卷八，内容梗概，略作分述。

---

[1] 康熙《顺天府志》卷六，第16页，北京图书馆善本部藏。

卷二志地理：疆域、形胜、山川、风俗、物产、古迹、陵墓，凡七目。

卷三志建置：沿革、城池、公署、学校、坛壝、庙宇、邮舍、关梁，凡八目。

卷四志食货：户口、田赋，凡二目。所列户口和田赋，保存了清初京畿州县重要的史料。兹以今北京疆域范围，将其中大兴、宛平、良乡、通州、房山、平谷、昌平、顺义、密云、怀柔的户口资料，列表统计于下。

	原额		实在		续入原额（丁数）	实在（丁数）
	户数	丁口	户数	丁口		
大兴	15163	71797	15163	71007	4136	2892
宛平	14441	61215	14441	62067	14030	11064
良乡	2900	13707	2901	14806	1844	2563
通州	3896	18507	3687	12954	5042	1289
房山	1829	10297	1348	30647	5005	3869
平谷	1203	8096	1807	5344	5444	2796
昌平	3680	16946	2990	15473	1177	2413
顺义	1247	12477	1247	12966	11716	2711
密云	1647	16447	1647	17051	16553	8332
怀柔	1026	6642	1020	7316	3872.5	1730
合计	43032	236131	46251	249631	68819.5	39659

以上十州、县的田赋、丁银资料，列表统计于下。

	原额田赋		实存田赋		人丁征银			地丁共征银（两）
	民屯牧地（亩）	征银（两）	实在田地（亩）	征银（两）	原额人丁（丁）	实在人丁（丁）	共征银（两）	
大兴	190963	7390	554650	3822	4136	2892	1203	5025
宛平	327256	9485	144587	4069	14030	11064	3822	7892
良乡	291824	13415	192557	3952	1844	2563	369	4321

	原额田赋		实存田赋		人丁征银			地丁共征银（两）
	民屯牧地（亩）	征银（两）	实在田地（亩）	征银（两）	原额人丁（丁）	实在人丁（丁）	共征银（两）	
通州	573176	16079	194823	3577	5042	1289	140	3717
房山	176737	11095	120855	5715	5005	3869	806	6521
平谷	112430	5362	66531	1310	5444	2796	680	1991
昌平	288870	8651	180431	4701	1177	2413	684	5395
顺义	248688	13069	127980	2613	11716	2711	522	3136
密云	273343	7623	166952	3172	16553	8332	1746	4918
怀柔	139222	6764	64095	1917	3872	1730	554	2472
合计	2622509	98933	1813461	34848	68819	39659	10526	45388

表中所列的原额田，指原额民屯牧地；实存田，指除圈占、投充带去地亩外，实在存剩拨补、香火、新旧开荒等地；原额人丁，指原来额定的人丁；实在人丁，指经编审实在行差的人丁。从表中可以看出：约今北京地区的土地，自顺治元年（1644）至康熙二十四年（1685），实存田地比原额田地减少809048亩，比原额田地减少30.9%——主要是八旗圈占和投充带去的田地；此期人丁减少29160，比原额人丁减少42.4%——主要是汉人投充和逃走死亡的人丁。另从书中保定、固安、永清、东安、香河、三河、武清、宝坻、涿州、蓟州、玉田、遵化州、丰润、霸州、文安、大城共十六州、县统计资料（统计表从略）可以看出：实存田地比原额田地减少2055631亩，比原额田地减少35%；此期人丁减少44640，比原额人丁减少31.3%。综上，清顺天府属六州二十县，自顺治元年，至康熙二十四年，实存田地比原额田地减少2864679亩，比原额田地减少25.1%；此期人丁比原额人丁减少73800，比原额人丁减少28.3%。

卷五志典礼：经费、祀享，凡二目。其经费项内，详列官吏俸银：知县六十两，县丞四十五两，典史三十一两，夫役六两等。

卷六志政事：历官、职掌、名宦、武备、徭役，凡五目。

卷七志人物：征辟、进士、举人、贡生、乡贤、理学、忠贞、功业、廉直、儒林、孝义、节烈、流寓、隐逸、仙释，凡十五目。全书的《人物志》共载录 5350 人，或详或略，可资参酌。其人物分类统计，详见下表。

	征辟	进士		举人		贡生	乡贤	理学	忠贞	功业
		明	清	明	清					
人数	5	956	304	1128	728	1730	72	7	68	111

	廉直	儒林	孝义		节烈		流寓	隐逸	仙释	合计
			孝子	义士	节妇	烈妇				
人数	29	35	12	13	68	46	11	9	18	5350

卷八志艺文：御制文、册文、古诰、奏疏、议、论、书、序、记、传、箴、赞、赋、诗，凡十四目。其文体分类统计，列表于下。

文体	御制文	册文	古诰	奏疏	议	论	书	序	记	传	箴	赞	赋	诗	合计
篇数	11	1	1	23	2	3	3	1	11	1	1	1	1	96	156

艺文志中的奏疏，其重要价值，将在下节中讨论。

五

康熙《顺天府志》中的"奏疏"，凡二十三件[1]。其前万历

---

[1] 薛所蕴《请颁清字禁约疏》，未列标题，以礼部覆疏具题著录，（转下页）

《顺天府志》之《艺文志》，列碑刻与题咏二目；其后光绪《顺天府志》之《艺文志》，列纪录顺天事之书、顺天人著述和金石三目，均未著录"奏疏"。康熙《顺天府志》所列"奏疏"，不畏时讳，文字犀利，针砭政弊，颇具胆识，成为本书价值与特色之焦点。且所录"奏疏"，为《清世祖实录》《清圣祖仁皇帝实录》[1]《康熙起居注册》和《皇朝经世文编》等所未编录，极富史料价值，学人应予珍视。书中所列"奏疏"，依其内容，略加评述。

圈占房屋是清初顺天之一弊政。八旗官兵及其眷属进入北京后，将原京师内城民人全部逐出，迫令其迁入外城住居，原住房或拆或卖，造成社会震荡。魏象枢上《小民迁徙最艰疏》言：

> 南城块土，地狭人稠，今且以五城之民居之，赁买者苦于无房，拆盖者苦于无地。嗟此穷民，一廛莫□，将寄妻孥于何处乎！……民间赁买房屋，爰有定价，近闻鬻房之家，任意增加，高腾数倍，势必至罄家所有，不足以卜数椽之栖，则迁者更多一苦矣。[2]

此疏勾勒出清初京师内城民人迁徙外城住居的悲苦万状的画面。

圈占土地是清初顺天之二弊政。顺治定鼎燕京，即谕令圈占京畿土地，分给八旗官兵。顺天地处王畿，圈占土地尤烈。虽顺治四年（1647）、十年（1653）谕禁圈拨土地，但仍屡圈

（接上页）康熙《顺天府志》卷八，第13—15页，北京图书馆善本部藏。

[1] 张吉午《请停圈民地疏》，《清圣祖仁皇帝实录》载述其事，但未录原疏。

[2] 魏象枢《小民迁徙最艰疏》，康熙《顺天府志》卷八，第32—33页，北京图书馆善本部藏。

不止。郝惟讷《条陈圈地疏》言：

> 迩年以来，有因旗下退出荒地，复行圈补者；有自省
> 下及那营处来的壮丁，又行圈拨者；有各旗退出荒地召民
> 耕种，或半年或一二年青苗成熟，遇有拨补复行圈去者；
> 有因圈补之时，将接壤未圈民地取齐圈去者。以致百姓失
> 业，穷困逃散。且不敢视为恒产，多致荒废。而旗下退出
> 荒地，复圈取民间熟地，更亏国赋。[1]

郝惟讷"圈取民地，永行停止"之疏请，未载"奉旨依议"，亦
未着实停圈，致引出前文所析，康熙二十四年（1685）张吉午
《请停圈民地疏》。

　　汉人投充是清初顺天之三弊政。投充是指民人投到旗下充
作奴仆，有强逼者，也有自愿者；有贫寒者，也有富厚者。投
充弊窦不胜枚举，卖身挟诈仅为其一。郝惟讷《请杜卖身挟诈
疏》言：

> 近日多有无赖之徒，一入旗下，便指称妻子在某家寄
> 居，田地、财物在某处坐落；或本人私自回籍，或主人代
> 为控告。及至原籍，借端诈害。[2]

书中，未载"奉旨依议"。

---

[1] 郝惟讷《条陈圈地疏》，康熙《顺天府志》卷八，第30页，北京图书馆
　　善本部藏。
[2] 郝惟讷《请杜卖身挟诈疏》，康熙《顺天府志》卷八，第28页，北京图
　　书馆善本部藏。

督捕逃人是清初顺天之四弊政。奴仆逃亡，数月之间，几至数万，事态严重。顺治三年（1646）五月，严申隐匿满洲逃人从重治罪："逃人鞭一百，归还本主；隐匿之人正法，家产籍没；邻右九、甲长、乡约，各鞭一百，流徙边远。"[1]是法过于严酷，尤涉甲长邻右，章云鹭《请别逃人之地邻情罪疏》言：

> 至于窝隐之罪，总由窝犯一人。其十家长、地方两邻，皆系牵连无奉。而不肖官吏，因之为货。有一窝犯，即将住址数里之内，搜罗殷实者，概言收禁，饱欲而后纵之。[2]

此疏，书中亦未载"奉旨依议"。

文字之狱是清初顺天之五弊政。清兴文字之狱，胜于前代诸朝。朝廷查禁"邪说悖词"，群小告讦，刁诬成风。郝惟讷《请杜告首诗文疏》言：

> 无赖之徒，借端倾害，地方光棍，乘机诈索，或摘拾一二字句，或牵引旧日诗文，甚且以自己之私作，假他人之姓名，转相谋陷者，亦复不少。[3]

宵小告首，间阎不安。本书篇内，未见"依议"。

内院访役是清初顺天之六弊政。明朝锦衣，恣行京师，广

---

〔1〕《清朝文献通考》卷一九五，浙江古籍出版社影印本，1988年，第6601页。

〔2〕章云鹭《请别逃人之地邻情罪疏》，康熙《顺天府志》卷八，第35页，北京图书馆善本部藏。

〔3〕郝惟讷《请杜告首诗文疏》，康熙《顺天府志》卷八，第27页，北京图书馆善本部藏。

窃事权，巧于捏造："或诱人妄首，引之成词；或窥人厚藏，诈之使贿；或以无为有，私拷示威；或以是为非，饱囊卖法。势之凶横，如虎如狼；计之罗织，如鬼如蜮。"张国宪在《亟禁访役疏》中，痛斥明朝厂卫上述罪行外，疏言内院访役：

> 臣等办事科中，间有缉事员役，在内院门首，访察赐画。夫赐画特典也，内院重地也，有何弊端，容其缉访！内院有可访，则在外有司，何所不至哉。此而不禁，弊将更甚前朝矣！[1]

同样，书中亦未载"奉旨依议"。

抑汉扬满是清初顺天之七弊政。"首崇满洲"是清廷之国策。京师为辇毂之地，满汉杂处，崇满抑汉，尤以为甚。满汉同官不同品，同职不同权，同绩不同迁，同罪不同刑。书中收录蒋超《请酌复进取旧额疏》，上言满、汉生员同试不同取：

> 最苦者顺天一府，向时止是汉人考试，每次尚入一百二十名。今增入八旗满洲、蒙古、汉军，以千余名之童生，共取六十五名，人多数少，进取万艰。[2]

郝杰则疏言既敬满又礼汉："如满洲[3]贵人，宜辨章服、别仪

---

〔1〕 张国宪《亟禁访役疏》，康熙《顺天府志》卷八，第20页，北京图书馆善本部藏。

〔2〕 蒋超《请酌复进取旧额疏》，康熙《顺天府志》卷八，第42页，北京图书馆善本部藏。

〔3〕 洲，原作"州"，误，今正之。

从，使汉人望而起敬；即汉官大小，亦宜辨章服、别仪从，使满人亦见而加礼。"[1]

文物破坏是清初顺天之八弊政。清初八旗兵入京后，文庙、国子监、府学等均遭到不同程度的破坏。侍读学士薛所蕴《请颁清字禁约疏》言：文庙和国子监之"庙庑倾圮，堂斋颓废，不蔽风雨，心窃伤之"。经府尹、绅士捐资修葺，皆已改观。但是，擅自破坏，不能禁止：

> 学宫左右，居住满州〔洲〕旧人，比屋连墙，私开便门，往来行走。及儿童妇女，任意作践。有修葺未毕，而旋经拆毁者。臣屡制止不能，乃移文礼部，请给清字告示。[2]

上疏奉旨，严行禁饬；拆毁作践，禁约不止。顺天府府尹王登联再上《请禁约疏》言：

> 墙垣俱无，庑门全毁，庙庑左右，多被邻兵旗下人等，侵占基址，擅开门户。且无知人等，拆毁搅扰，恣意作践。虽有禁约，无所责成。[3]

此疏，礼、工二部俱覆，"奉旨依议"。

---

〔1〕 郝杰《请开经筵阙里疏》，康熙《顺天府志》卷八，第9页，北京图书馆善本部藏。

〔2〕 薛所蕴《请颁清字禁约疏》，康熙《顺天府志》卷八，第13页，北京图书馆善本部藏。

〔3〕 王登联《请禁约疏》，康熙《顺天府志》卷八，第15—16页，北京图书馆善本部藏。

治安不靖是清初顺天之九弊政。科试盛典，士子群集，生员事竣出场，帽毡笔砚等物，尽被抢去。高尔位《贡院禁止抢夺疏》言：

> 朝廷取士之巨典，士子济济千里，跋涉匍匐而至。十五日三场事竣，忽有多士齐至公堂，口云："场外抢夺，不敢出场，讨役护送"等语。臣以为辇毂之地，咫尺天威，焉有不法之徒，辄敢公然无忌，横行于白昼乎？少顷，场外喧声，乃广平府曲周县生员王泽远、沧州生员戴王纲也，帽、毡、笔、砚等物，尽被抢去。[1]

科试贡院治安尚且如此，京师秩序混乱可见一斑。

清初有六大弊政，即剃发、易服、圈地、占房、投充和捕逃。上列疏言所讥刺，除剃发和易服外，还有文字之狱、访役缉查、满汉不协、文物破坏、治安不靖等。但是，有些弊政，颇为帝讳，缄封民口，严禁上疏。顺治帝颁谕，禁止疏奏五事："有为剃发、衣冠、圈地、投充、逃人牵连，五事具疏者，一概治罪，本不许封进。"[2]旨词严切，圣怒难犯。然而，诸大臣勇于上疏，张吉午敢于录疏，其责任感，其高风节，殊为可贵，青史永垂。

---

〔1〕 高尔位《贡院禁止抢夺疏》，康熙《顺天府志》卷八，第38页，北京图书馆善本部藏。
〔2〕 《清世祖实录》卷二八，顺治三年十月乙酉，中华书局影印本，1985年。

六

清张吉午纂修的康熙《顺天府志》，具有多方面的重要价值。

康熙《顺天府志》于方志学史是一部承上启下的接轨性之作。其上的万历《顺天府志》，谢杰、沈应文、谭希思修，张元芳纂，凡六纲三十四目，六卷，567 页，页 18 行，行 20 字，约 204120 字，万历二十一年（1593）雕梓。其下的光绪《顺天府志》，周家楣、缪荃孙编纂，凡十一纲六十九目，一百三十卷，约三百余万字，光绪十二年（1886 年）梓行。而康熙《顺天府志》，从纲目、卷字、内容等方面，都比万历《顺天府志》为详，而较光绪《顺天府志》为略。它上距万历《顺天府志》约百年，下距光绪《顺天府志》亦约百年，恰为两志中间接轨之作，在方志学史上占有凸显的位置，具有重要的价值。

康熙《顺天府志》于版本学史是稀世之珍。它成书于清康熙年间，已属善本；又系世间孤本，更属国宝。且此种版本，颇为罕见。一般写本、抄本、稿本、底本等，比比皆是，未必俱珍。但康熙《顺天府志》为呈写正本，其缮写之工，酷似刻本，几可乱真，故于版本学确为稀世珍宝。

康熙《顺天府志》于文献学具有补缺纠谬的价值。全书所用顺天府档案、金石录、采访册等史料，为修史、证史、纂志、补志等提供了文献学的依据。其所收志料，有些原档已毁佚，有些则不见于他书；赖此载体加以保存，已成弥足珍贵之原始性资料。以清顺天府府尹为例。光绪《顺天府志》在《官师志》中，从顺治元年（1644）至康熙二十六年（1687），其四十四年间，仅列四位，且多舛误[1]，甚至连阎印、熊一潇、张吉午这样著名的府尹，均付阙如。而康熙《顺天府志》纂修者，依据顺天府档案，详列清代顺天府府尹自首任至二十二任之姓名、身世、任期等。这既填补光绪《顺天府志·国朝官师表》之空白，又纠正此书及他书载述之疏误。[2]

康熙《顺天府志》于北京史填充丰富资料。明末清初记顺天之书，孙承泽的《春明梦余录》和朱彝尊的《日下旧闻》等都是一代名著，但或侧重于宫署坛庙，或侧重于宫署城苑。康熙《顺天府志》则重笔于京师的人口、田赋、徭役、经费、物产等经济志料，疆域、形胜、山川、关梁、邮舍等地理志料，官制、学校、科举、人物、诗赋等人文志料，为北京史的研究与修纂提供了无可替代的资料。

康熙《顺天府志》于宫廷史学关系至切。清宫在顺天府疆域内，顺天又为王畿首善之区，顺天府志不同于其他通志、府志，它与宫廷有特殊之关系。诸如帝京之城池、朝廷之衙署、禁卫之武备、游幸之园囿、祭祀之坛壝、敕建之庙宇、圈占之房地、供奉之徭役、御制之诗文、殿试之进士，以及出入内廷之僧道、题咏宫苑之篇什等。康熙《顺天府志》书成呈览，留中不发，辗转传出，幸存孤本，即其版本特色，亦同宫廷攸关。这表明康熙《顺天府志》，既是研究清代宫史不可或缺之史书，也是研修清朝宫史必备插架之志书。

最后，清顺天府府尹张吉午主持纂修的康熙《顺天府志》，

---

[1] 光绪《顺天府志》卷八一，北京古籍出版社，1987年，第3332—3334页。如魏象枢于康熙十三年二月丙申，以左金都御史授顺天府府尹，该书误作"十二年"。

[2] 钱实甫《清代职官年表·顺天府府尹》有多处疏误，此不一一列举。

将顺治帝和康熙帝的御制文，全文著录于卷八《艺文志》之首，又将触碍时讳的奏疏，全文著录于卷八《艺文志》之内。此其两举，突破时例，体现了张吉午府尹可贵的民本思想。这必然在书成之后，引起朝廷官宦异议。呈览留中，未能雕刊。至翌年冬十二月，张吉午迁通政使。此书也就无人过问，尘封长达二百余年。然而，事出意外，否极泰生。张吉午纂修的《康熙顺天府志》，呈写正本，孤本尘封，成为中华古籍中的一颗珍珠，也成为人类书库中的一块瑰宝。

附　录

请停圈民地疏
张吉午

题为经国必先体〔草〕野垦植，宜筹实济，谨吁管窥，仰祈睿鉴事。窃思："邦以民为本，民以食为天。"此王政之首正经界，而次课桑麻者。其经国之道要，惟切切于体恤草野而已。今我皇上，深仁厚泽，已遍陬隅。然犹御驾亲巡，省方问俗，不使一夫不遂、一物失所。至矣，爱民之心，上媲五帝；大哉，宜民之德，远轶三王。臣荷圣恩，智术莫补，一寸蚁丹，凛遵睿念，因劝民垦荒植树，期与所属州、县，共相鼓励。于正月十四日，严檄通行。去后，今据：

大兴县知县张茂节申称："圈拨地亩，势不容已。则有新旧寄留、私买、私卖、入官、退出等地焉。惟开垦、清查二项，原属民业，若尽圈拨，民皆失所。必请停圈，庶肯争先垦植。"

又宛平县知县王养濂申称："近畿之地，尽归大圈。至于节年开垦，其中有零星连合成畦者，民种不一二年，又尽圈无遗。

366

嗟此小民，血汗徒劳。为今之策，必将开垦首报之地，请停圈给，庶垦荒植树之美政，方能责其子来。"

又东安县知县吴兆龙申称："自经圈地，民失恒产。后奉俞旨，永行停圈。百姓踊跃，用力开垦。后于康熙十六年，又奉恩旨，民间开垦隐漏地亩，悉于限内，许民首认，免其应得之罪，并免从前钱粮。民又鼓舞首认，并无遗漏。则此项开荒查出地土，实皆民力自垦之地，穷民满望子孙世传养命。乃自康熙二十三年，将节年开垦查出等地，圈给旗丁。又谁肯开荒植树，以候圈拨！"

又香河县知县韩镐申称："自顺治初年，房地尽圈，民失恒业。后奉俞旨，永行停圈。百姓思归，遂将夹空老荒等地，节年垦种。康熙十六、十七、十九等年，又奉圣旨，民皆鼓舞首认，以为世传养命之产。自康熙二十二、二十三两年，将开垦查出等地，圈给旗丁。今虽民愿垦植，而实畏圈拨。"

又永清县知县陈国祝申称："永邑自圈地以来，民失恒产。零星开垦，旋垦旋圈。谁肯再负资本！"

又文安县知县万联捷申称："民苦圈拨，恳将开垦完粮等地，概请停圈。庶民有恒产，自勤垦植。"

各等情到，臣余申同情，不敢尽琐。该臣看得圈地给旗，寓兵于农，国家定制，实为尽善。至于开垦良法，遵行已久；但圈给与开垦不相关碍而后可也。夫开垦原非易事，竭力于洼淤沙砾之区，措办以牛种籽粒之费，积血本苦工，方渐成熟土。一旦圈去，产业仍无。故虽垦法行，而无实济也。今海宇已尽升平矣，臣阅各申，欲以各州、县之旷土，听各州、县之民，随便开垦，照例起科，垦旁隙地，遍植榆、柳、果、木之类，力周地利，悉可资生。请自康熙二十四年起，凡开垦查出等地，概使各为世业，永行停圈。若有旗丁，例应圈给，俱于退出、丈出、入官、寄留等地，分给应给之人。夫然后旗丁、百姓，各得其所，而穷困安心，奋先垦植。将见阡陌连延，桑麻葱翠，群黎咸乐，比屋可封。击壤鼓腹之风，皞皞于今；而光天化日之治，绵绵于万世矣。臣为国本民生其见，冒昧管窥，上渎宸听。字多逾格，贴黄难尽。仰祈皇上，全赐睿鉴。如果不谬，伏乞敕议施行。

康熙二十四年四月初七日题

（本文最初是笔者在位于文津街的北京图书馆（今国家图书馆分馆）查阅《顺天府志》时，觉得该书重要，随手抄录原文。阅读中同管理人员聊天时，提及此书可能是孤本。第二天馆方便以整理图书为由，不再借阅，索然失望。于是笔者发愿考证其作者与版本。经二十年之国内外访查与求索，考证该书纂者为康熙朝的顺天府府尹张吉午，康熙《顺天府志》则为呈送之正写孤本。1997 年，在中华书局《文史》第 42 期发表）

附录 《北京文化史·自序》

　　我祖籍山东蓬莱，朋友戏言我是从蓬莱仙境走出来的。先祖因家乡地少土薄，不能糊口，来京打工。那时人力比畜力便宜，面粉作坊主用人力推磨，我的先祖在北京打工，就是干这种活儿。听祖母说，我祖父只有两身衣服，一身棉衣，一身单衣。冬天过后，把棉衣里的棉花掏出来，就成为夹衣，春秋时穿。入冬以后，再把掏出的棉花絮进夹衣，就成为棉衣，冬天时穿。至于夏天，只有一条单裤，穿脏了，晚上睡觉前洗一洗，天亮前干了穿上。一年或两年回乡探亲一次，往返3000里路，背着干粮，晓行夜宿，全是步行。我的曾祖父、祖父、父亲和我们兄弟，加上我的子女，已经五代生活在北京。曾祖父和祖父，按照旧时习俗，青年来京，打工谋生，晚年回乡，百年之前，落叶归根。但从我父母双亲开始，不再回乡，叶落北京。我们就成为地地道道的北京人。对于北京人的生活、习俗、礼仪、文化，或听长辈言传，或经自身亲历，或读文献笔记，或从报刊所知，就我来说——对旧北京人的悲苦，是非常熟悉的；对新北京人的幸福，是满怀欢喜的。

　　我曾在天安门西侧南长街南口西大街的北京市第六中学（习称"男六中"）读书，那时的体育课经常在天安门广场上。

我参加过 1949 年中华人民共和国成立的开国大典，白天庆典游行，夜间提灯晚会。回忆当时，激情澎湃，满怀洋溢，如在昨日。一瞬之间，新中国成立已七十周年，我同祖国的前进相伴而行，虽然道路并不笔直平坦，却是一步一步地走了过来。

我学习和研究历史，所在单位北京市社会科学院历史研究所、满学研究所，又是以研究北京历史文化而重任在肩。几十年的光阴，我骑着自行车，或公或私，东跑西串，北京上千条胡同，几乎都串遍了。

经历、学志、职任、兴趣——凝聚到一点，写一本北京文化史的书。这本书，从何时开始写作的呢？

20 世纪 50 年代，吴晗先生主编一套"中国历史小丛书"。事未竟而风浪起，留下半拉子工程。"文革"结束不久，当时主持编务工作的北京教育学院历史教研室张习孔先生，和我是街坊，有时互相串门。他找我："小丛书"缺《北京史话》，请您执笔。不便推脱，应承下来。写完稿子，交中华书局编辑胡宜柔先生。胡先生满怀热情，极其认真，逐字逐句推敲，逐条史料核实。经过修改，《北京史话》于 1982 年 3 月，由中华书局出版，首印 31000 册。

烧炷香，礼众佛。三年后，北京朝华出版社马悦编辑，约我撰写《古都北京》，三磨四催，终于应允，我撰写文字，严钟义先生摄影配片。1986 年，图文并茂的《古都北京》中文、英文版问世，后出德文、法文版。当时改革开放新政推行不久，中文译成西文的书更少，这本书图文并茂、印装精美，在法兰克福和莱比锡国际书展上，分获两个奖项。2008 年，第 29 届世界奥林匹克运动会在北京举行，应中国民主法制出版社杨瑞雪社长、刘海涛主任之请，我和严钟义先生再度合作，将《古都北京》做文字修订和图片增删，以《中国古都北京》为书名，由中国民主法制出版社出版中文版、英文版，分作特精本、精装本、平装本三种版本。此书，中国香港、美国相关单位给了两个奖项。2016年，朝华出版社王涛社长重新推出《古都北京》（修订本）的中文版、英文版、法文版。

2000年，我撰写的《古代北京》一书，在台北万卷楼图书公司出版，被列为"中华文化宝库"丛书之一。

2010年，中共北京市委常委、宣传部部长、副市长蔡赴朝和中共北京市委宣传部副部长傅华等，共同主编一套"领导干部半日读"丛书，其中有约我写的《北京文化史举要》一书。这本书我不仅更加简明地梳理了北京历史的文脉，而且以更加宏观的视野，提出中华文明是由中原农耕文化、西北草原文化、东北森林文化、西部高原文化、沿海暨岛屿海洋文化所组成，并以三个千年变局为线索，对北京3000多年文化史进行重新梳理、分析与整合，重点论述自元大都以来，北京是中华文明农耕、草原、森林、高原、海洋五种文化的中心。于此，我在2012年由北京出版社再版刊行的《北京文化史举要》一书中，做了简要的论述：

中华古代的文化发展，大体可以概括为五种文化形态：一是中原地区的农耕文化，二是西北地区的草原文化，三是东北地区的森林文化，四是西部地区的高原文化，五是沿海及岛屿地区的海洋文化等。在古代中国，高原文化、海洋文化都具有重要地位，都对中华文明发展做出过重大贡献；但是，高原文化和海洋文化都没有在中华文化史上占据过主体的或主导的地位。而中原农耕文化、西北草原文化、东北森林文化，都时间或长或短地在中华文化发展史上，占据过主体的或主导的地位，发生过主体性或主导性的重大历史作用。

2014 年，我在《辽宁大学学报》（哲学社会科学版）第 1 期发表《森林文化之千年变局》。

2018 年 4 月，拙著《森林帝国》一书，由生活·读书·新知三联书店出版。书中，我明确提出：北京是自元大都以来，由中原农耕文化、西北草原文化、东北森林文化、西部高原文化、沿海暨岛屿海洋文化五种文化所组成的全国政治中心、文化中心。

本书以上述观点为主轴，纵向以北京自有文字记载三千多年以来的三个千年、三大变局做经线，横向以中原农耕文化、西北草原文化、东北森林文化、西部高原文化、沿海暨岛屿海洋文化做纬线，经纬交织、彼此观照，阐述北京作为中国政治中心、文化中心而产生、演进和发展的历史。

北京出版社曲仲总经理约我以《北京史话》《古都北京》《古代北京》《北京文化史举要》等著作为基础，写一部《北京文化史》。于是，我重新研读文献、档案、文集、笔记、舆图、方志、考古、石刻等史料，吸纳七十年北京考古新收获、论著新成果，参酌踏查笔记，补充所见史料，更新陈旧观点，进行分析综合，拙著《北京文化史》撰写而成。

《北京文化史》一书，书名为什么没有"举要""简编"等限制词呢？一切文字历史，都是简要历史。即使 1500 卷、约 1500 余万字、38392 页的《清高宗实录》（汉文本），于浩瀚繁复的乾隆朝历史，也是一部"简史"、一部"举要"。既然一切文字记载的历史都是简史、举要，故本书不再以"北京文化史举要"为书名，而以"北京文化史"名书。

北京历史资料，浩瀚繁杂广博。据统计朱彝尊《日下旧闻》参考图书约 1500 种，于敏中等奉敕纂《日下旧闻考》又参考图书约 500 种，乾隆中期后的著作尚未包括，满、蒙古、藏、维吾尔、哈萨克等文相关著述和档案也未包括；另据统计，西方用英、法、德、意、葡、西、荷、俄、拉丁等文与北京相关著述约在 500 种以上，还有亚洲日、朝、越、泰等文的相关著述——总计当有 5000 余种，一人之力，难以穷尽。

本书着重于文化史的论述，当然经济史等也涉及，还是以文化的发展、演变及其影响为主线。这成为本书的一个特色。

本书于文化交流，花费较多的笔墨。除北京与亚洲的东北亚、东南亚、南亚、中亚、西亚诸国家和地区的文化交流外，对中西文化交流更多加以简要叙述。这成为本书的又一个特色。

本书于辽南京、金中都、元大都、明北京、清京师均列出一节该朝"文化殇鉴"，是因都城为其当朝的政治中心。这也成为本书的另一个特色。

本书从辽南京到清京师，分别简述其水灾、雪灾、瘟疫、地震等灾害的史实，为后人提出鉴戒。这也是本书的另一个特色。

金无足赤，书无完书。一切事物，都是过程。一本书的出版，只是治学旅途中的第一个驿站，下一站风光，尚未看到。在《北京文化史》研究与纂著中，如《尚书·大禹谟》所言："惟精惟一，允执厥中。"鉴于此，自警——谦虚敬慎，拾遗补阙，架构筋骨，丰满血肉，充实修正，苟新日新，彳亍前行，追求寸进。拙著《北京文化史》也尽量如此。

是为自序。

后　记

　　早在 30 年前，即 1988 年的一天，北京燕山出版社新成立不久，刘珂理社长找我，要给我出一本学术论文集。他说，经过反复研究，计划第一批出三位先生的学术著作：一位是北京大学侯仁之教授，一位是故宫博物院单士元副院长，再一位就是您。我立马说：还是出侯老和单老二位的吧！他干脆回答："已经商定，您准备吧。"在侯、单二老面前，我是后学，心存仰慕，想拖拖再说。珂理先生非常认真，过些日子就催一遍，过些日子再催一遍，三催四催，盛情难却，即翻检已发论文，做筛选修订，把稿子交了。出版社决定由历史编辑室赵珩主任做责编。书名叫什么？恩师白寿彝先生曾送我一本他的论文集《学步集》。先生"学步"，学生"跟步"，又因在燕京读书、研究，就定名为《燕步集》。赵珩先生请其父、著名历史学家、中华书局副总编辑赵守俨先生题签。是为我的第一本学术论文集。1989 年《燕步集》刚出版，恰逢我应邀到美国讲学，便带上《燕步集》作为与美国同行交流的"见面礼"。在美国耶鲁大学历史学系，应系主任、时任美国历史学会会长史景迁教授之邀，在该校做学术演讲。史景迁教授在台上主持报告会时，有一段开场白："当年钱穆教授就是在这个讲台上做演讲，今天阎崇年教授也是在这个讲台上做演讲。他们不同的是，钱教授穿着长袍、布鞋，阎教授穿着西服、革履。好，现在欢迎阎教授给我们做《清史研究的新资料》的学术演讲。"演讲结束之后，我郑重地将签名本《燕步集》赠给史景迁教授。他高兴地说："我们美国教授以能出版个人学术论文集而骄傲！"

1994年，我的《袁崇焕研究论集》，应台湾文史哲出版社彭正雄社长邀请，在该社出版。是为我的第二本学术论文集。1997年，燕山出版社陈文良社长到我家，约我再出一本关于北京史的学术论文集，由赵珩副总编做责编。这样，就有了《燕史集》的出版。是为我的第三本学术论文集。1999年，值满文创制四百周年、举行国际满学大会，我的《满学论集》由民族出版社出版。是为我的第四本学术论文集。2014年，《清史论集》，由中国友谊出版公司出版。是为我的第五本学术论文集。2016年《阎崇年自选集》，由九州出版社李勇副社长策划并出版。是为我的第六本学术论文集。这是零敲碎打地分卷出版论文集阶段。

2014年，一些热心朋友要出版25卷本《阎崇年集》，作为我80年人生著述的一个节点。《燕步集》《燕史集》《满学论集》《清史论集》和《袁崇焕研究论集》列在《阎崇年集》中，使我的学术论文集得以整体出版。于史学研究者而言，能够出版学术论文集，既是学术幸运，也是学术幸福，而能够连续地、集中地出版自己的五卷本学术论文集，我作为历史科学研究者的感受是：始在其难，苦在其中，乐在其后。

最后，感谢关心、支持和鼓励我的生活·读书·新知三联书店，感谢全国政协学习和文史委员会副主任、中国版权协会理事长阎晓宏先生，感谢中国紫檀博物馆陈丽华馆长，感谢我的夫人帮助查核史料、审读书稿和儿子阎天参与策划、讨论，感谢所有的良师益友，谨致敬诚谢意。

谨以上文，作为后记。